फुन्नक ताल

फुन्नक ताल

मुनव्वर राना

अनुवाद

कैफ़ सिद्दीक़ी सुलतानपुरी

वाणी प्रकाशन

वाणी प्रकाशन
4695, 21-ए, दरियागंज, नयी दिल्ली 110 002

शाखा

अशोक राजपथ, पटना 800 004

फ़ोनः +91 11 23273167 फ़ैक्स: +91 11 23275710

www.vaniprakashan.in
vaniprakashan@gmail.com

PHUNNAK TAAL
by Munavvar Rana
Translated by Kaif Siddiqi Sultanpuri

ISBN : 978-93-5072-546-7
Memoirs

प्रथम संस्करण
मूल्य : ₹300

न्यू कृष्णा ऑफ़सेट, दिल्ली-110093 में मुद्रित

वाणी प्रकाशन का लोगो मक़बूल फ़िदा हुसेन की कूची से

प्रो. रामगोपाल यादव
की सादगी और सरलता
को समर्पित

भूमिका

पेश लफ़्ज़

'फुन्नक ताल' मेरे इंशाइयों और ख़ाकों की ताज़ा तरीन किताब है। मेरी क़लम की रौशनाई और तहरीर दोनों की मेरी उम्र की कँपकँपाहट चुग़लखोरी कर रही है लेकिन मेरी पेशानी पर मेरे किरदार का नूर अभी तक मौजूद है क्योंकि मैंने अपनी क़लम से कभी बद दियानती नहीं की, अपनी तहरीरों से नाजाएज़ फ़ायदा नहीं उठाया। मैंने यक़ीनन बहुत बड़ा अदब तख़लीक़ नहीं किया लेकिन जो कुछ लिखा, जितना लिखा वह पूरी ईमानदारी और ज़िम्मेदारी के साथ लिखा है। कहीं-कहीं पर मेरी क़लम बे राह रवी का शिकार हुई है, लेकिन अदब और समाज में बैठे हुए खराब लोगों को देखकर शायद मुझसे यह जुर्म सरज़द हुआ हो क्योंकि बचपन से ही शायद नाइंसाफियों और ज़ालिमाना रविश से मुझे नफरत रही है। शायद यही वजह रही हो कि तालिब इल्मी के ज़माने में मुझे नक्सलियों से हमदर्दी भी हो गयी थी बल्कि कलकत्ता पुलिस रिकार्ड में मेरा नाम भी नक्सलवादियों की फ़ेहरिस्त में टाँक दिया गया था। हालाँकि इस गुनाह में मेरी शुमूलियत इतनी नहीं थी जितनी पुलिस वालों की बद दियानती थी। मेरे अन्दर भरी हुई एहतिजाज की आग ने मुझे जलाकर राख करने के बजाय शायर बना दिया। शायद यही सबब है कि मेरी शायरी में हुस्नो इश्क की कहानियाँ या शराब व शबाब के क़िस्से बिल्कुल नहीं हैं। मैंने अपनी क़लम को वही लिखने की इजाज़त दी, जिसे मेरा ज़मीर कुबूल करता था। फुन्नक ताल मेरे अन्दर के उस नौजवान के देखे हुए ख़्वाब हैं, जिसकी आँखें आज तक ताबीर के इन्तिज़ार में भटक रही हैं।

–मुनव्वर राना

अनुक्रम

और फ़िर संगीत के कितने घराने हो गये

ग़ज़ल ने अपने तीन सौ बरस के हिन्दुस्तानी सफ़र में बड़े उतार-चढ़ाव देखे हैं। अनगिनत तूफ़ानों से टकरायी है, रुसवाई के ज़ख़्मों से चूर-चूर हुई है, तंज (व्यंग) और तानों के तीर खाये हैं। तनक़ीद निगारों की भद्दी आलोचना का शिकार हुई है, कभी अवाम के बीच से उठकर दरबार में रक़्क़ासा (नर्तकी) की तरह दाख़िल हुई, कभी दरबारों से निकलकर अवाम के दिलों की मलिका बनी, कभी इतनी बुलन्दी पर पहुँची जहाँ ऑक्सीजन नहीं होती, और कभी इतनी पस्ती में पहुँचा दी गयी कि वहाँ भी ऑक्सीजन की उम्मीद नहीं होती। कभी उसे कलमा पढ़ाकर मुसलमान बनाने की कोशिश की गयी, कभी उसके माथे पर चन्दन टीका लगाकर उसके हिन्दू होने का दावा किया गया। कभी मज़हबी जम्हूरियत (लोकतंत्र) के सहारे उसे काफ़िर भी साबित करने की कोशिश की गयी।

आज़ादी की लड़ाई में वाजिद अली शाह अख़्तर से लेकर राम प्रसाद बिस्मिल और अशफ़ाक उल्लाह ख़ाँ के साथ-साथ रही, सरफ़रोशी की तमन्ना में भटकते हुए मुगल शहज़ादों की शहादत के वक़्त भी मौजूद रही, बहादुर शाह ज़फ़र को बेटों की शहादत पर तसल्ली देने के लिए लाल क़िला में भी मौजूद रही। जिला वतन वाजिद अली शाह के साथ तो कलकत्ते तक चली गयी। वहाँ से ख़ाली हाथ लौटना गवारा नहीं किया और मुद्दतों रंगून के क़ैदख़ानों में बहादुर शाह ज़फ़र के लफ़्ज़ों का लिबास पहनकर दीवानों की तरह फिरती रही है।

लेकिन फ़ायदे की सियासत के लिए हुए देश के बँटवारे में सबसे बड़ी मुजरिमा के लक़ब से नवाज़ी गयी। दोनों तरफ़ से रूठे हुओं को मनाने में साठ बरस से मुसलसल मसरूफ़ है और शायद ख़ुद मरने से पहले सरहदों का वजूद ख़त्म करने में भी कामयाब हो जाये।

मुद्दतों कोठों पर मुजरा बनकर आने-जाने वाले इज़्ज़तदार गुनहगारों से शर्मिन्दा होती रही। तालीमी डिग्रियों की सीढ़ी पर खड़े हुए अदबी तमाशबीनों के ज़रिये शिड्यूल कास्ट के लकब से भी नवाज़ी गयी, अपने ज़ख़्मी और पपड़ीज़दा होंठों को सख़्ती से भींचे हुए उसने ज़माने के हर जुल्म को हँसते हुए सिर्फ़ इसलिए बर्दाश्त किया कि यह ईरान या अरब से नहीं आयी थी, इसकी रगों में तो एक मेहनतकश

हिन्दुस्तानी जुलाहे का ख़ून था जिसे दुनिया कबीर कहती है। इसके चेहरे पर वह आँखें थीं जो इसे कवि सूरदास ने भेंट की थीं। इसके लहजे में जो मिठास थी वह तुलसी और रहीम की बख़्शी हुई थी। इसके पास जो मिठास थी वह समन्दर के खारे पानी के रास्ते नहीं आयी थी, वह शारीनी (मिठास) तो बख़्शिश के तौर पर इसे रसखान ने अता की थी। इसकी सादगी, मासूमियत और कशिश में हिन्दुस्तान झलकता था।

इसकी अपनाइयत में अमीर खुसरौ का जोश मारता हुआ इश्क़ नज़र आता था। गंगा और जमुना के शफ़्फ़ाफ़ (निर्मल) पानी से धुली धुलायी यह ग़ज़ल चेहरे से जब नक़ाब उलट देती थी तो चाँदनी को शर्मिन्दगी महसूस होने लगती थी, चिराग़ों के दम घुटने लगते थे। उजाला अपनी मानवीयत (अर्थ) की तशरीह (व्याख्या) पर इतराने लगता था।

सदियों तक सूफ़ियों, संतों और दुर्वेशों के मुक़द्दस होंठों पर अपनी रौशन पेशानी रखकर सोने वाली सिन्फ़े ग़ज़ल (ग़ज़ल की विधा) तक़द्दुस (पवित्रता) की दौलत से इतनी मालामाल हो चुकी थी कि इसकी जानिब उठने वाली उंगलियाँ लहूलुहान हो जाती थीं। इससे नफ़रत करने वालों को फिर कभी कोई मोहब्बत करने वाला नसीब नहीं होता था। यूँ भी ज़माने का यही दस्तूर है कि वल्दियत वही मान ली जाती है जिस तरफ़ माँ इशारा करती है। बृज भाषा और संस्कृत की गोद में खेली हुई उर्दू ने इशारा करके यह बता दिया था कि ग़ज़ल सिर्फ़ हिन्दुस्तान की बेटी है और हमेशा हिन्दुस्तान की बेटी कहलाएगी। बेटियों के घर बदलते रहते हैं कि यही कुदरत का खेल है लेकिन मायका मरते दम तक एक ही रहता है और हिन्दुस्तानी ज़बान की इस बेटी का मायका हिन्दुस्तान है :

जब तक हिन्दुस्तान रहेगा
ग़ज़ल तेरा सम्मान रहेगा

जब तक ग़ज़ल ने आईने के सामने खड़े होकर सिंगार नहीं किया था, उसने माँग में अफ़शाँ और पेशानी पर मेंहदी नहीं लगायी थी, अपनी ग़िज़ाल आँखों (हिरनियों जैसी आँखों) में सुरमे की सलाई नहीं फेरी थी तब तक दुनिया वाले उसे सिर्फ़ एक ग़रीब जुलाहे की बेटी समझते थे। जब तक काजल और सुरमे ने इसकी जादू भरी आँखों को छूने की इज़्ज़त नहीं पायी थी, यही ग़ज़ल एक सूरदास की दुखियारी बेटी कहलाती थी। जब तक इसने लखनऊ की नज़ाक़त, हैदराबाद का अल्हड़पन, देहली की शोख़ी, अज़ीमाबाद (पटना) का बेतकल्लुफ़ लहजा, रामपुर का चटख़ारापन, लाहौर का नमक और कलकत्ते की जादूबयानी को अपने अन्दर समोया नहीं था, यह एक जुलाहे और सूरदास के मुँह से निकली हुई तुकबन्दी और दोहा कहलाती थी, लेकिन जैसे ही इसकी साज-सज्जा ने अपने पर निकाले, जैसे ही इसके शबाब (यौवन) ने एक भरपूर अँगड़ाई ली, इसके लहजे की खनकसाज़ी ने मौसीक़ी

(संगीत) को आँखें दिखायीं, इसकी बीर बहूटी जैसी कोमलता और सुन्दरता ने अपने जलवों को बिखेरना शुरू किया... इसके जादुई लहजे ने सारे हिन्दुस्तान यानी विशाल अखंड भारत को अपना दीवाना बनाना शुरू कर दिया। मुग़लों, तुर्कों और ईरान से आये हुए शहज़ादों ने ग़ुलामों की तरह इसके क़दमों पर सिर रख दिये। बनारस से ठुकराये गये दोहे ने मगहर नाम के एक क़स्बे में पनाह लेते ही जब ग़ज़ल का रूप धारण किया तो ग़िज़ाल आँखों वाली इस सिन्फ़े ग़ज़ल ने अपना नाम ख़ुद ग़ज़ल रखा।

चढ़ती जवानी, पल-पल बदलता रूप, नज़रों को अपनी तरफ़ खींचता हुआ स्वरूप, सीने पर लहराता हुआ गंगा जमुनी आँचल, जिस्म के पोर-पोर से फूटती हुई शबाब की महक, इसकी मस्ताना चाल देखने के लिए हिरनों का जंगल से बाहर निकल आना, तितलियों का इसके फूलों जैसे होंठों को चूमने की कोशिश करना, भँवरों का हसरत भरी निगाहों से इसे मुस्तक़िल तकते रहना, इसकी क़ुरबत (निकटता) से जुगनुओं का चमक हासिल करना, नवजवानों की हसरत भरी ठंडी आहों से महफ़िलों का मौसम बदलना यानी एक ज़िन्दा क़यामत का जनम लेना, ऐसी क़यामत जिसके इन्तिज़ार में आशिक़ों की ज़ुल्फ़ें चाँदी का तार हो गयीं, ऐसी ज़िन्दा क़यामत जिसके आने की दुआएँ माँगी जाने लगीं, जिसकी आहट पर दीदार की हसरत में बिस्तर पकड़ लेने वाले उठकर बैठने लगे, मुग़ल बच्चे अपनी ज़बानें भूल गये, तुर्की शहज़ादे अपने होशो हवास खो बैठे, ग़ज़ल जब अपने लब खोलती तो महफ़िलें रक़्स करने लगतीं, ख़ामोश हो जाती तो लगता कि कायनात (सृष्टि) को नींद आ गयी। बृज भाषा की बेसाख़्तगी और उसका अल्हड़पन, प्रेम दीवानी मीरा की दीवानगी और जोगिया लिबास को ग़ज़ल ने हमेशा अपने सीने से लगाये रखा। कभी बनारस की सुबह का आग़ाज़ (शुरुआत) गंगा में मुँह धोकर करती, कभी अवध की शामों की छनती हुई रंगीनी से अपने लिबास और जिस्म को रंगीन करती, कभी मालवा की शब में खुनक (हल्की ठंडी) चादर ओढ़कर आराम करती। अमीर ख़ुसरौ के साथ जब हज़रत निज़ामुद्दीन औलिया के दरबार में पहुँची तो अपने स्वरूप पर हिजाब (पर्दा) की एक हल्की-सी चादर डाल ली लेकिन इसके बावजूद ग़ज़ल जिस रास्ते से भी गुज़र जाती रास्ते महकने लगते, फूल बेसबब खिलखिलाने लगते, फूलों से लदी शाख़ें उसके सरापा से छेड़छाड़ करने लगतीं। गुनगुनाती तो खुशरंग परिन्दे उससे तरन्नुम सीखने की फ़रमाइश करने लगते। अब सिन्फ़े ग़ज़ल, हुस्न के मुकम्मल हो जाने की उस मंज़िल पर पहुँच चुकी थी जहाँ मीर, सौदा, आतिश, नासिख़, ग़ालिब, ज़ौक़, मोमिन, दयाशंकर नसीम, जगत मोहन लाल रवाँ, बृज नरायन चकबस्त, राम नरायन मौज़ूँ, इंशा, मुसहफ़ी, रतननाथ सरशार सबके सब अपना अपना कासये दिल लिये हुए एक दिलनशीन निगाह की भीख के लिए क़तार दर क़तार मलिकये अदब के दरवाज़े पर खड़े रहते थे। ग़ज़ल ने भी बड़ी फ़राख़ दिली

से हर उम्मीदवार सवाली के दामने आरज़ू को इज़्ज़तों और शोहरतों से भर दिया। अपनी शाने बेनियाज़ी और तमकनत (शानो शौक़त) का भरम रखते हुए ग़ज़ल ने शहज़ादों को तो भिखारी बनाकर रखा लेकिन सच्चे आशिक़ों पर अपना सब कुछ कुर्बान कर दिया। इक़बाल तसव्वुफ (सूफ़ियाना चिन्तन) की ख़ानक़ाह से निकल कर ग़ज़ल के दरबार में आये तो वह भी लिबासे मजाज़ से नवाज़े गये। जोश मलीहाबादी के अन्दर का ज़िद्दी पठान भी ग़ज़ल पर निगाह पड़ते ही साबुन के झाग की तरह बैठ गया। पंडित आनन्द नरायन ने अपने मुल्ला होने का एलान कर दिया। हसरत मोहानी दोपहर की धूप में भी कोठे पर नंगे पाँव आने जाने लगे, फ़िराक़ ने ग़ज़ल को जमालियात (शृंगार रस) से इतना क़रीब कर दिया कि उसके रुख़सारों (गालों) से हिद्दत फूटने लगी, हिन्दी और हिन्दी के इज़ाफ़े ने ग़ज़ल की क़ातिलाना अदाओं में इज़ाफ़ा कर दिया... नजीते के तौर पर आशिक़ाने ग़ज़ल अलग-अलग ख़ेमों में बँट गये। किसी ने तरक़्क़ी पसन्दी का सहारा लिया तो किसी गिरोह ने अपने जदीद (माडर्न) होने का एलान कर दिया। कुछ सिरफिरे आशिक़ों ने ग़ज़ल के माथे पर हिन्दी ग़ज़ल की मोहर लगाने की कोशिश शुरू कर दी तो कोई गिरोह आधुनिकता के बाद की विधा को अपना मसलके अदब (साहित्यिक पन्थ) साबित करने पर तुल गया लेकिन वाह री सिन्फ़े ग़ज़ल! तूने अपनी चाहत के धागे में गुँथे हुए एक भी मोती को बिखरने नहीं दिया, किसी को भी क़ैदे इश्क़ से निकलने की इजाज़त नहीं दी और किसी भी फूल को अंगारा नहीं बनने दिया :

ये सच है उम्र सभी औरतें छुपाती हैं
मगर शबाबे ग़ज़ल वाक़ई सलामत है

हमदर्द दवाख़ाने का माजून है* अण्डा

मुझे तो शादी करने का शौक़ सिर्फ़ इसलिए हुआ था कि मेरे बड़े अब्बा के दामाद जब ससुराल आते तो उनकी मेहमान नवाज़ी में सुबह के नाश्ते में अण्डा, पराठा और अण्डे का हलवा बनता था और मुझे अपने भाइयों में सबसे बड़ा होने का एज़ाज (श्रेय) हासिल था। इसलिए नाश्ते पर मुझे अपने बहनोई के पास बैठने का शरफ़ (गौरव) हासिल होता था। उस ज़माने में फ़ार्मी अण्डों का चलन नहीं था। अण्डे, लीडर और कुत्ते देसी हुआ करते थे। उन दिनों इण्डिया ताक़तवर, लीडर सेक्युलर और कुत्ते वफ़ादार हुआ करते थे। यूँ भी वफ़ादारी दाल दलिया में ही क़ायम रह पाती है, घी और मक्खन तो इंसान को हरामख़ोर बना देते हैं।

उस ज़माने में अण्डा आम ख़रीदार की पहुँच से बाहर की चीज़ था। अण्डा पराठा खाने वाले उमराये अवध (अवध के नवाबों) के मीडियम क्लास रिश्तेदार मालूम होते थे। पहले ज़माने के हक़ीम सिर्फ़ जिंसी (Sexy) दवाओं का इश्तहार नहीं होते थे बल्कि वह नब्ज़ पहचानने के साथ-साथ मरदुम शनास (इंसान पहचानने वाले) भी होते थे। पोशीदा अमराज़ (गुप्त रोग) ही नहीं पोशीदा हालात से भी वाक़िफ़ हो जाते थे। वह अपने ज़माने के आलिम फ़ाज़िल और मुफ़क्किर (चिन्तक) होते थे। नामुरादी और नादारी दोनों को पहचान लिया करते थे। मरीज़ का इलाज उसकी जेब और हैसियत की गुंजाइश देखकर ही करते थे। मरीज़ को नहार मुँह (बासी मुँह) देखने का एक सबब यह भी था कि हर शख़्स की क़िस्मत में सुबह का नाश्ता नहीं होता, लिहाज़ा नाश्ते की क़ैद लगाते ही मरीज़ की ख़स्ता हाली का ग़म और बढ़ सकता है और ऐसे में कहीं वह अपनी बीमारी पर अपनी ज़रूरतों की मिट्टी डालकर उसे वक़्ती तौर पर ढाँप न दे, अपनी तकलीफ़ पर नज़र डालने से कतराने लगे, अपने दर्द को अपनी ही दवा से दूर करने की कोशिश न करने लगे। यूँ भी अल्लाह जब किसी को शिफ़ा (नीरोगता) देना चाहता है तो नीम के पेड़ को नर्सिंग होम बना देता है। बेज़बान मिट्टी से इंसान को बनाने वाला मिट्टी के इस पुतले को ख़ाक से भी अच्छा कर सकता है। वह जब किसी से उसका बाप छीनता है तो उसे बाप से ज़्यादा

---

* दवाओं का गुंधा हुआ मिश्रण।

बुर्दबार (गम्भीर), संजीदा और ताक़तवर बना देता है। आँधी से दरख़्तों को ज़मींबोस करने वाला सहराओं (रेगिस्तानों) में फूल खिला देता है। वह जब किसी को बिगाड़ना चाहता है तो उसके दरख़्तों को ज़मींबोस कर देता है और जब वह बनाना चाहता है तो भी उसके मज़बूत और घने दरख़्तों को ज़मींबोस कर देता है :

शिकवये ख़ाना ख़राबी तो बजा है लेकिन
क्या ख़बर उसने बिगाड़ा हो बनाने के लिए

भूख और नींद बचपन में मीठे फल की तरह होते हैं, लेकिन इनसे महरूमी (वंचित रहना) का मौसम भी यही होता है। अण्डे पराठे और हलवा खाने का जो मज़ा बचपन के उन दिनों में ज़बान ने महसूस किया उस लज़्ज़त और उस ज़ायक़े से ज़बान आज तक महरूम है लेकिन बचपन अपने आपको खुश रखने के बहाने तलाश कर लेता है। जामुन में गुलाब जामुन, जंगल जलेबी में जलेबी, राम दाने में राम भोग, बेरी में Strawberry, एक रुपये के सिक्के में कुल सरमायादारी, मौसी में माँ और आसमान में ख़ुदा सिर्फ़ बचपन ही तलाश कर सकता है।

घर में कबूतर पले हुए थे। मैंने कबूतरों के अण्डों से अपनी मुस्कुराती हुई नामुरादी की शाल की रफूगरी शुरू कर दी। इस मुतबादिल (वैकल्पिक) फ़ार्मूले का फ़ायदा-नुक़सान तो हकीम लोग जानें हाँ, कबूतर के अण्डों के इस्तेमाल में मेरी फ़िक्र और परवाज़े ख़याल (कल्पना की उड़ान) को पर लग गये। परवाज़े ख़याल और फ़िक्र की बुलन्दी से मेरी शायराना मुराद हर्गिज़ नहीं है... यह रेडीमेड क़िस्म की चीज़ें तो किताबी शक्ल में मिल जाती हैं और तस्दीक़ नामे (पुष्टि पत्र) तनक़ीद की दुकानों पर शबोरोज़ सजे रहते हैं। बक़ौल ज़फ़र इक़बाल :

यूँ सजी है फटी पुरानी उम्मीद
शाम के वक्त जिस तरह रंडी

फ़िक्र की बुलन्दी तो उस मुक़ाम को पहुँच गयी, जहाँ किसी बुज़ुर्ग के जूते उठाकर चलने में जो ख़ुशी होती है शायद वह ख़ुशी ताजेशाही सिर पर रखकर चलने में भी मयस्सर न होती हो। अपने से बड़ों के सामने सिर झुकाकर खड़े रहने में जो लुत्फ़ आता है वह लुत्फ़ बड़े से बड़े मुल्क़ को जंग के ज़रिये ज़ेर कर लेने में भी नहीं आता होगा। सच बोलकर नुक़सान उठाने में जो कैफ़ियत है, वह शायद झूठ के सहारे सारी दुनिया की दौलत हासिल करने के बाद भी मयस्सर नहीं हो सकती। दुश्मन से बेअख़्तियार लिपटकर जो सुरूर हासिल होता है, वह शायद चन्दन बदन हसीनाओं से विसाल (मिलाप) के बाद भी हासिल नहीं हो सकता।

कबूतर अपने घर को कभी नहीं भूलता। चाहे वह ज़मीन पर रहे या फ़िज़ाओं में। वह उक़ाब का शिकार भी सिर्फ़ इसलिए बन जाता है कि अपने घर को मरकज़ (केन्द्र) बनाकर उड़ता है और इसी मोहब्बत में मारा जाता है बल्कि कबूतर तो मारा ही इसलिए जाता है कि वह मन्दिर और मस्जिद दोनों से मोहब्बत करता है, दोनों

में क़याम करता है, दोनों को ख़ुदा का घर समझता है। कबूतर में कोई फ़िर्क़ापरस्ती नहीं होती। कभी मन्दिर पे जा बैठा, कभी मस्जिद पे जा बैठा। साइंस की तरक्क़ी का इतना फ़ायदा तो यक़ीनन हुआ कि मुर्गी अण्डे दे या न दे, होटल वाला माँगने पर ज़रूर दे देता है। मुर्गी के अलावा हर शख़्स कहता है कि अण्डे में बड़ी ताकत और गर्मी होती है। देखा तो यही गया है कि मौलवी की सरगर्मी में मुर्गे का बहुत बड़ा हाथ है बल्कि मेरे एक पण्डित दोस्त जो पितृपक्ष को तीतरपक्ष कहते हैं, उनका क़ौल है कि मुर्गा किसी पण्डित के पेट में चला जाये तो समझो कि वह सीधे स्वर्ग को सिधारता है। कबूतर तो सिर्फ़ इसलिए बचे रहते हैं कि मौलवी और पण्डित छतों और सूलियों पर नहीं चढ़ते। सूलियाँ तो वतन परस्त दीवानों की मुन्तज़िर रहती हैं और छतें सिर्फ़ उन मज़दूरों को आवाज़ देती हैं जो अपने बच्चों का पेट भरने के लिए सारी ज़िन्दगी मुसीबतों की सूलियों पर चढ़ते उतरते रहते हैं।

अण्डे की सबसे बड़ी ख़ूबी यह है कि मुसलमान उसे गोश्त और हिन्दू आलू समझकर खाता है। बहुत से दुकानदार फ़ार्मी अण्डों को चाय के रंग में डुबोकर उसे देसी अण्डे के दाम पर बेचते हैं जैसे कांग्रेसी नेता बेचारी सोनिया गाँधी को साड़ी पहनाकर इन्दिरा गाँधी साबित करना चाहते हैं, लेकिन ग्वाले की गवाही से डालडा कभी देसी घी नहीं हो सकता।

अण्डर हर शहर में और हर मोहल्ले में मिलता है। मुख़्तलिफ़ तरीक़े से इस्तेमाल होता है। घर की रौग़नी रोटी में भी इस्तेमाल होता है और घर वाली की चोटी में भी। मुक़व्वी (शक्तिवर्धक) दवाओं में भी इसकी खपत है और बाज़ारे हुस्न की अदाओं में भी इसकी ज़र्दी पालिश के काम आती है और सफ़ेदी घोड़े की मालिश में। इसका छिलका जलाकर उन बच्चों को दिया जाता है जो सोते में पेशाब कर देते हैं। इसका हलवा खाने वाले बुढ़ापे में भी भल-भल मूतते हैं। इसकी हाफ़ फ्राई खाने वाले सर्दियों में भी हाफ़ पैंट पहनकर घूमते हैं। उबला हुआ अण्डा खाने से जवानी में उबाल आने लगता है।

बहुत से लोगों से सुना है कि खड़ा अण्डा इतना मज़बूत होता है कि हाथी के पाँव रखने से भी नहीं टूटता, लेकिन इस कहनी में सदाक़त (सच्चाई) की बहुत कमी है क्योंकि तारीख़ में भी हाथी ने सबसे ज़्यादा महावत पर पाँव रखा है या ज़ालिम हुक्मरानों पर। अण्डे पर हाथी ने कभी पाँव नहीं रखा। चूज़ों को या तो बुज़दिल मारता है या बिल्ली मार देती है, हाथी और शेर जंगल के निगहबान होते हैं। वह गुजरात के हुक्मराँ नहीं होते जो बेकुसूरों और मासूमों की लाशों पर जूते पहनकर चलते हैं :

दुआ को नन्हे गुलाबों ने हाथ उठाये हैं
बस! अब यहाँ से तुम्हारा ज़वाल है ठाकुर

अण्डों की बहुत-सी ख़ूबियों में एक यह भी है कि ख़राब होने के बाद भी काम

आते हैं। गन्दे अण्डों की सबसे ज़्यादा ख़पत मुशायरों और जलसे जुलूसों में होती है। सामेईन (श्रोतागण) काग़ज़ क़लम के साथ गन्दे अण्डों का भी इन्तिज़ाम करते हैं और बवक़्ते ज़रूरत इस्तेमाल भी करते हैं। इसके फ़ौरी और बरवक़्त इस्तेमाल से समाअत (श्रवण शक्ति) ख़राब होने से महफ़ूज़ रहती है। सुरअते इंज़ाल (शीघ्रपतन) की बीमारी में मुबतिला कलाम ऐसे अण्डों से आइन्दा के लिए ताक़त हासिल करता है। कभी-कभी इन अण्डों से साहिबे कलाम (शायर व कवि) भी ठीक हो जाता है, जिससे नयी नस्ल बेराहरवी का शिकार नहीं होने पाती। फ़िरक़ापरस्त लीडरों के फलने-फूलने की वजह यह है कि देसी अण्डे नायाब (दुर्लभ) हो गये हैं और फ़ारमी अण्डे कभी गन्दे नहीं होते। इनके खाने वाले ज़रूर गन्दे हो जाते हैं।

एक नक़्क़ाद (आलोचक) अपनी बीवी के हर काम में शेरी मजमुओं (काव्य संग्रहों) की तरह ऐब का पहलू निकालने के आदी थे। एक रोज़ बीवी से अण्डे की फ़रमाइश की। बीवी ने किचन से एक अण्डा फ़्राई करके उनके सामने रख दिया। मौसूफ़ ने हस्बे आदत तनक़ीद करते हुए कहा कि मैं उबला अण्डा खाना चाहता था और तुम अण्डे को फ़्राई करके ले आयीं। दूसरे दिन फिर उन्होंने बेगम से अण्डे की फ़रमाइश की। बेगम किचन में गयीं और एक उबला हुआ अण्डा सामने लाकर रख दिया। नक़्क़ाद शौहर ने कीड़े निकालते हुए फ़रमाया कि आज मैं फ़्राई अण्डा खाने के मूड में था और तुम अण्डा उबालकर ले आयीं। शरीफ़ बीवी ने अपने नक़्क़ाद शौहर को वैसे ही झेला जैसे शायर झेलते हैं। एक दिन मौसूफ़ ने फिर बेगम से अण्डे की फ़रमाइश की। बेगम ने थोड़ी देर में उनके सामने दो प्लेटों में अण्डे लाकर रख दिये। एक प्लेट में फ़्राई अण्डा था और दूसरी प्लेट में उबला हुआ। मौसूफ़ ने गुस्से में अपने बाल नोचने शुरू कर दिये, मुँह से झाग उड़ाते हुए बीवी से कहने लगे कि दुनिया में तुमसे ज़्यादा फूहड़, बदसलीका और जाहिल दूसरी कोई औरत नहीं हो सकती। जिस अण्डे को फ़्राई करना था तुमने उसे Boil कर दिया और जिस अण्डे को Boil करना था उसे फ़्राई कर दिया :

मेरे सब अशआर अब नक़्क़ाद के हाथों में हैं
फूल से बच्चे मेरे जल्लाद के हाथों में हैं

ग़ज़ल का जादू और उर्दू की नव आबाद बस्तियाँ

उर्दू *ग़ज़ल* के ख़िलाफ़ तनक़ीद गला फाड़कर चीख़ती रहे, मुख़ालिफ़ीन इस सदाबहार सिन्फ़ (विधा) पर ओछे वार करते रहे, लेकिन जादू वही जो सिर चढ़कर बोले। *ग़ज़ल* आज भी क़सरे अदब (साहित्य के महल) की वह राजकुमारी है जिसके चाहने वालों की सफ़ में बूढ़े भी हैं और जवान भी, हिन्दू भी हैं और मुसलमान भी, हैदराबाद भी है और राजस्थान भी, हिन्दुस्तान भी है और पाकिस्तान भी, अरब मुमालिक भी हैं और इंग्लिस्तान भी। इसके हर चाहने वाले का अपना एक अलग मुल्क, मज़हब और मिज़ाज होता है। ग़ज़ल वह तीन सौ साला पुरानी जवान औरत है जिसके इश्क़ में कमसिन अपने बालिग़ (वयस्क) होने का एलान करते हैं और बूढ़े अदबी कूव्वते बाह (शक्तिवर्धन) की दुकान पर बैठे दिखाई देते हैं। सिन्फ़े ग़ज़ल वह तजरूबेकार हसीना है जो अपने बूढ़े तमाशबीनों से नज़रें चुराती है और नौजवान आशिक़ों के ग़ैर रूमानी लहजे में भी अपने लिए तारीफ़ के पहलू तलाश कर लेती है। जब तक लहजे में हलावत (मिठास) न हो, लफ़्ज़ों में ज़िन्दगी की हरारत न हो, क़लम की नोक में तीर जैसी छटपटाहट न हो, तहरीर में बेसाख़्तगी न हो, ज़बान और बयान पर कुदरत न हो, ज़ेह्न में ज़िन्दगी की फ़िलास्फ़ी की मुकम्मल तस्वीर न हो, चेहरे पर कई रतजगों की थकान न हो, आँखों से ख़ूने दिल न टपक रहा हो, फ़िक्र के अंगारे न दहक रहे हों... ग़ज़ल के ख़ूबसूरत होंठ प्यासे ही रहते हैं।

अगरचे हम उस अहृद में साँस ले रहे हैं जहाँ ग़ज़ल काफ़ूरी लिबास पहनती है और तवायफ़ें मंगल सूत्र की नुमाइश करती हैं, लेकिन शायद अदबी इजारादारों को यह नहीं मालूम कि ज़मीन तंग होते ही परिन्दे को आसमान अपने परों के बराबर दिखाई देता है। बक़ौल डॉक्टर बशीर बद्र :

चमक रही है परों में उड़ान की ख़ुशबू
बुला रही है हमें आसमान की ख़ुशबू

ऐवाने ग़ज़ल में अपने आपको मुस्तनद (प्रमाणित), मोहतरम और मुअतबर (निश्वसनीय) बनाये रखने के लिए ढेरों दुख झेलने पड़ते हैं, बहुत ख़ून थूकना पड़ता है क्योंकि ग़ज़ल सिद्धार्थ को *सिद्धार्थ* से *गौतम बुद्ध* बनाने वाला वह निर्वाण है, जिसे हासिल करने के लिए क़लम के सिपाही को मसाइल (समस्याओं) के रेगिस्तान पर

नंगी पीठ लेटकर सूरज से आँख मिलाना पड़ता है। दक्षिण की मासूमियत, पंजाब की बेबाकी, देहली का रख रखाव, लखनऊ की रवायती तहज़ीब, बंगाल का सलोनापन, सिन्ध की महबूबियत और ख़ानक़ाहों की तरबियत ने उर्दू अदब की इस शहज़ादी को दुनिया की हर ज़बान की शायरी की मलिका बना दिया है। अरब सागर के खारे पानियों से ईरान होती हुई जब यह डरी-डरी-सी सिन्फ़े ग़ज़ल हिन्द महासागर तक पहुँची तो इसके इस्तक़बाल के लिए दकन से गोदावरी और कृष्णा, हिमालय से गंगा, इलाहाबाद से जमुना और सरस्वती को अपने साथ लेती हुई कलकत्ते का आँचल कही जाने वाली हुगली नदी के साथ थकी माँदी-सी ग़ज़ल के इस्तक़बाल के लिए बेख़तर हिन्द महासागर में कूद गयी। अरब का फ़ौजी लिबास पहने, ऊपर से फ़ारसी की लम्बी चौड़ी ओढ़नी डाले ग़ज़ल जब दकन पहुँची तो *वली* ने इसे गले लगाया, देहली में *मीर* ने अपने बराबर बिठाया, *सौदा* ने हौसला अफ़ज़ाई की, *सिराज औरंगाबादी* ने लगावट की नज़र से देखा, *मुसहफ़ी* ने अमरोहे के आमों की मिठास से नवाज़ा, *इंशा* ने ज़ुल्फ़े बंगाल से कशीद किया हुआ काजल पेश किया, *आतिश* ने लखनऊ में इसके लिबास पर नगीने जड़े तो *नासिख़* ने हमजोलियों में उठने-बैठने का सलीक़ा सिखाया, *शैख़ इब्राहिम ज़ौक़* ने दरबारदारी के आदाब सिखाये और *मोमिन खाँ मोमिन* ने इसके कान में सरगोशी की :

तुम मेरे पास होते हो गोया
जब कोई दूसरा नहीं होता

ग़ालिब ने अपनी जवानी का सारा खुमार इसकी पेशानी पर बोसे की सूरत में चस्पाँ कर दिया, *दाग़* ने इसकी ज़बान दुरूस्त की, *अमीर* ने इसका आँचल बराबर किया, इक़बाल ने खुद्दारी का पहला सबक़ पढ़ाया, *हसरत* ने चक्की की मशक़्क़त का हुनर सिखाया, *यगाना* ने अपने मिज़ाज की सीमाबी कैफ़ियत (पारे जैसी दशा) से सरफ़राज़ किया, *फ़ानी* ने लज़्ज़ते ग़म से आशना (परिचित) कराया, *असग़र* ने सूफ़ियाना निगाह डाली, *जिगर* ने इसे कोयल कंठी बनाया, *फ़िराक़* और *आरजू* लखनवी ने इसकी झोली में हिन्दी ज़बान का क़ीमती ख़ज़ाना डाल दिया, *फ़ैज़* ने इसे अपने क़ैदोबन्द और जिलावतनी की दास्तानें सुनायीं और अब एक सीधी सादी सी सिन्फ़ जिसे दुनिया *ग़ज़ल* कहती है, बर्रे सगीर (उप महाद्वीप) की मुख़्तलिफ़ ज़बानों की मलिका बन चुकी थी। अब तो ग़ज़ल का जादू उस उरूज पर पहुँच गया कि जो उसे देखना चाहते, रात-रात भर जागते रहते और जिनको दीदार नसीब हो जाता, वह सारी उम्र न सोने की दुवाएँ माँगते। महल में रही तो शाहों को दीवाना बनाये रखा, ख़ानक़ाहों में पहुँची तो बक़ौल जोश मलीहाबादी 'एक मौलवी के हाथ से तस्बीह गिर गयी'। दिन के उजाले में निकली तो इसकी हिद्दत से मौसम अपना मिज़ाज बदलने लगे, चाँदनी रात में निकलना चाहा तो चाँद वापस लौट जाने की मिन्नतें करने लगा।

उरूज (तरक़्क़ी), हरदिलअज़ीज़ी, शोहरत और चाहने वालों की भीड़ देखकर

ग़ज़ल के मुख़ालिफ़ीन भी पैदा हो गये और हसद (ईर्ष्या) करने वालों की एक बड़ी फ़ौज भी... लेकिन मुहज़्ज़ब (सभ्य) दुनिया का यह अजब दस्तूर है कि ग़ीबत (पीठ पीछे बुराई करना) अगर मुँहज़बानी की जाये तो ग़ीबत कहलाती है और अगर तहरीरी शक्ल में की जाये तो तन्क़ीद कहलाती है। लिहाजा ग़ज़ल के उरूज ने बहुत से ख़ुदसाख़्ता (स्वयंभू) नाक़िद पैदा किये।

सिन्फ़े ग़ज़ल पर तन्क़ीद करने वालों में किसी ने इस पर तुकबन्दी का बोहतान (इल्ज़ाम) लगाया, किसी ने इसके किरदार पर चूमा-चाटी की शायरी कहकर सवालिया निशान लगाया, किसी ने इसकी फ़िक्री बेतरतीबी पर उँगली उठायी, किसी ने इसकी मक़बूलियत (लोकप्रियता) को बाज़ारी कहा... और तो और कलीमुद्दीन अहमद जैसे संजीदा और गम्भीर शख़्स ने इसे नीम वहशी सिन्फ़े सुख़न (अर्ध जंगली साहित्यिक विधा) के लक़ब से नवाज़ा जब कि ग़ज़ल इब्तिदा से आज तक अपने लुगवी मानी (शाब्दिक अर्थ) का एहतराम करती रही है। महबूब से गुफ़्तगू के हर पहलू को अपने आप में समो लेने का नाम ग़ज़ल है। ग़ज़ल नुमाइशी तहबीज़ और तरबीयत का नाम हर्गिज नहीं है, बल्कि ग़ज़ल तो उस बेतरतीबी का नाम है जो शायर के तसव्वुर में होती है और ज़ाहिर है कि हर तसव्वुर किसी न किसी तस्वीर का धुँधला अक्स होता है :

कहानी मेरी रूदादे जहाँ मालूम होती है
जो सुनता है उसी की दास्ताँ मालूम होती है

कोई भी तख़्लीक (रचना) जब अवामी तजुरबों से गुज़रती है तो कहीं-कहीं उसकी शक्लो सूरत बिगड़ जाती है। ग़ज़ल के साथ भी यही हुआ कि अपने ज़ाती कर्ब (पीड़ा) और तजरूबात को बयान करने के लिए आम लोगों ने जब ग़ज़ल को इज़हार का वसीला बनाया तो ऐसे कुछ शेर भी ग़ज़ल के दामन पर टाँक दिये :

क्या ख़ता मुझसे हुई जो ख़त का आना बन्द है
आप हैं मुझसे ख़फ़ा या डाकखाना बन्द है

•

कर्ज़ अहबाब को देने से मुहब्बत छूटे
हाथ से जाये रक़म मुफ़्त में गाहक छूटे

•

दूल्हा भाई ने मेरी जान ग़ज़ब में कर दी
जब से पहने हुए देखा है ग़रारा मुझको

•

दुपट्टे को आगे से दोहरा न ओढ़ो
नमूदार चीज़ें छुपाने से हासिल?

•

अल्लह रे नाज़ुकी कि चमेली का एक फूल

सिर पर जो रख दिया तो कमर तक लचक गयी

•

हमें दुनिया से क्या मतलब कि मोटर है वतन अपना
दबेंगे टायर के नीचे कि ट्यूब है कफ़न अपना

•

गुल गया, गुलशन गया, गयी होंठों की लाली
अब तो पीछा छोड़ दे ज़ालिम हो गयी बच्चों वाली

•

उनसे छींके से कोई चीज उतरवायी है
काम का काम है अंगड़ाई की अंगड़ाई है

•

लेकिन अवामी मक़बूलियत का अपना नशा होता है। अवामी पसन्द पर खरी उतरने वाली हर चीज़ को यकसर (पूरी तरह) नज़र अन्दाज़ नहीं किया जा सकता, क्योंकि इसी अवामी भीड़ से वह ख़वास (ख़ास लोग) पैदा होते हैं जो जम्हूरी सल्तनतों के बादशाह कहलाते हैं, अदब के ताजदार कहलाते हैं। क़व्वाली की महफ़िलों और ग़ज़ल गाने वालों की अफ़ादीयत (फ़ायदे) से इंकार करने वालों को यह मालूम होना चाहिए कि जिस गाँव में नदी नाले न हों वहाँ इंग्लिश चैनल पार करने वाले पैदा ही नहीं हो सकते। सिर्फ़ दो मिसरों (शेर की पंक्तियों) में एक मुकम्मल कहानी को समेट लेना कितना दुश्वार काम है, इसका अन्दाज़ा सिर्फ़ उसी शख़्स को हो सकता है जो ग़ज़ल की अरक़रेज़ी और नादिराकारी से वाक़िफ़ हो। एक अच्छा मतला कहना किसी अन्धे सर्राफ़ से कानों के झुमके बनवाना है यानी सिर्फ़ दो मिसरों में कायनात की तस्वीर बयान करना नाक़ाबिले यक़ीन हुनर है।

सिन्फ़े शायरी आज चाहे जिस मुक़ाम पर हो लेकिन हमें याद रखना चाहिए कि ग़ज़ल के बग़ैर उर्दू शायरी बग़ैर छाती की औरत होकर रह जाती है। हरचंद कि ग़ज़ल की क़ाफ़िया पैमायी से भागने वाला हर शायर हवाले के तौर पर यही कहता है कि ग़ालिब ने भी तंगनाये ग़ज़ल (ग़ज़ल का तंग रास्ता) की शिकायत इस तरह की थी—'कुछ और चाहिए वुसअत मेरे बयाँ के लिए' लेकिन इसके बावजूद ग़ालिब दुनिया के हर बड़े शायर से सिर्फ़ ग़ज़ल के तुफ़ैल में आँख मिलाता नज़र आता है। पता नहीं हर शायर अपनी परेशानियों को ग़ालिब की परेशानियों से क्यों तश्बीह (उपमा) देता है। प्रो॰ अब्बास अली खाँ 'बेखुद' मौलाना आज़ाद कालेज में ग़ालिब पर लेक्चर दे रहे थे। लेक्चर के दौरान हवाले के तौर पर उन्होंने ग़ालिब का यह शेर पढ़ा :

नींद उसकी है दिमाग़ उसका है रातें उसकी हैं
जिसके शाने पर तेरी ज़ुल्फ़ें परेशाँ हो गयीं

एक नौजवान ने खड़े होकर प्रोफ़ेसर साहब से तंक़ीदी लहजे में शिकायत करना

चाही कि सर! शाने पर ज़ुल्फ़ों के परेशान होने का अमल थोड़ा सा घिनौना लगता है क्योंकि महबूबा की ज़ुल्फ़ों में जुएँ भी तो होती हैं। अब्बास अली खाँ बेखुद ने उस तालिब इल्म को यह कह कर अपनी सीट पर बैठ जाने का हुक़्म दे दिया कि यहाँ आपकी महबूबा नहीं, ग़ालिब की महबूबा का ज़िक्र हो रहा है।

तंक़ीद की नील गाय ने कई बार ग़ज़ल की सरसब्ज़ खेती पर मुँह मारना चाहा लेकिन इसे कुदरत की फ़य्याज़ी कहना चाहिए कि ग़ज़ल बेले की शाख़ नहीं बल्कि चने का खेत साबित हुई :

हम तवक़्क़ो से ज़ियादा सख़्त जाँ साबित हुए
सब समझते थे कि पत्थर से समर गिर जाएँगे।

उर्दू अदब की तरतीब और तहज़ीब में ग़ज़ल *आदाब अर्ज़* का मुक़ाम रखती है। हर ज़माने में ग़ज़ल आशिक़ाने अदब का जम्ए ग़फ़ीर (भारी भीड़) लेकर चलती रही है। डॉक्टर, प्रोफ़ेसर, साइंसदाँ, मुफ़क्किर, फ़लसफ़ी, दानिशवर, सूफ़ी, सन्त, बादशाह, वज़ीर, सिपाही और फ़क़ीरों की हमेशा चहेती रही लेकिन कमाल की बात तो यह है कि ऐसी हमः जेहती (बहुमुखी) शख़्सियतों के बीच रहने के बावजूद उर्दू अदब की यह राजकुमारी हमेशा अपने हाथों में वरमाला लिये टूटे बिखरे हुए अवाम के दरम्यान घूमती रही। कभी कारख़ाने के मज़दूरों के आसपास, कभी मुजाहिदीने आज़ादी की सऊबतों (मुसीबतों) पर शोर मचाती हुई, कभी सड़क कूटती और बीड़ी बनाती औरतों के दुखों का इज़हार करती हुई, कभी कोठे पर ज़बर्दस्ती पहुँचायी गयी औरत की सिसकियों के हमराह, कभी कोठे से उतरते हुए तमाशबीन के उतरते नशे की सूरत, कभी मयख़ाने की हाव हू में, कभी नापाकियों के दरम्यान, कभी हालते वज़ू में, कभी काग़ज़ चुनते हुए लड़कों के गले में पड़े हुए मफ़लर की तरह, कभी मुफ़लिस की मसकती चादर की तरह, कभी कोयले की अन्धी खानों में, कभी गलते हुए फ़ौलाद के कारख़ानों में, कभी चौपाल और चायख़ानों में, कभी हुस्न के आइनाख़ानों में, कभी पान और सिगरेट की दुकानों में, कभी हल जोतते किसानों में, कभी सय्यदों और पठानों में, कभी महफ़िल में, कभी बालाख़ानों में, खान अब्दुल गफ्फ़ार से महात्मा गाँधी तक, आचार्य रजनीश से आसाराम बापू तक कूचये ग़ज़ल में चहल क़दमी करते हुए देखे गये। लालकृष्ण अडवाणी से बाला साहब ठाकरे तक अँधेरे उजाले में छुप कर सिन्फ़े ग़ज़ल से इश्क़ फ़रमाते रहे। कलीद बरदारे काबा मौलाना अबुल हसन अली नदवी भी क्लासिकल ग़ज़ल के आख़िरी ताजदार हज़रत जिगर मुरादाबादी से अपना इश्क़ छुपा नहीं सके। मौलाना मौदूदी और जोश मलीहाबादी की बेइन्तिहा दोस्ती तो जग ज़ाहिर है।

एक रंगीन मिज़ाज शायर का बयान भी क़ाबिले ज़िक्र है कि शायरी का सबसे बड़ा फ़ायदा तो यही है कि तवायफ़ें तक पचास फ़ीसदी का डिस्काउंट दे देती हैं। ज़ाहिर है कि यह ग़ज़ल का ही जादू है कि भरे बाज़ार में बैठ कर मर्दों को लूटने

वाली तवायफ़ें भी लफ़्ज़ी रियायत के बजाय नक़दी रियायत से काम लेती हैं, लेकिन औरत की केले जैसी बरहना (नंगी) रानों की मदद से बनाये गये सिगार पीने वाले ख़ुदसाख़्ता (स्वयंभू) दानिशवर और मुफ़क्किरीने अदब बीड़ियाँ बनाती हुई औरतों का कर्ब (पीड़ा) क्या जानें। ग़ज़ल तो उस तवायफ़ का दुख भी बयान करती है जो शाम होते ही चिराग़ों की तरह जल जाती है और उस नौजवान एयरहोस्टेस के कर्ब से भी आशना है जो उस वक़्त अपने चेहरे के नुकूश उभारने में मसरूफ़ होती है जब तवायफ़ें तक अपना मेकअप उतार चुकी होती हैं। ग़ज़ल तो अख़बार के उस हाकर के साथ-साथ भी चलती दिखाई देती है जो अख़बार को मंज़िल तक पहुँचाने के लिए सीढ़ियों तक हाँफ्ता और ख़ून थूकता चलता है। ग़ज़ल तो उस शराबी की ग़मख़्वारी भी करती है जो शराब के साथ अपने फेफड़ों का ख़ून पीता रहता है। ग़ज़ल तो बेटे की आँखों से टपका हुआ वह आँसू है जो अगर माँ के दामन पर गिरता तो मोतियों में शुमार किया जाता। ग़ज़ल तो घर से रूख़्सत होती हुई बहन की सिसकी है जिससे सारी कायनात लरज़ती है। ग़ज़ल तो माँ की आँखों से टपके हुए वह आँसू हैं जो अगर मस्जिद के सहन पर गिर जायें तो उन्हें तस्बीह के दानों में शामिल कर लिया जाये। शायद यही वह आँसू हैं जिनसे अल्लाह आसमान के आँचल पर चाँद सितारे टाँकता है। ग़ज़ल तो मजबूरियों की वह तस्वीर है जिसकी नुमाइश बरोज़े हिसाब मैदाने हश्र में होगी। ग़ज़ल तो गुर्बत और महरूमियों का वह मुक़दमा है जिसकी सुनवाई क़यामत के रोज़ होगी। ग़ज़ल तो दुनिया में होने वाली नाइंसाफ़ियों का वह कफ़न है जिसकी गिरह ख़ुदा के सामने खोली जाएगी। ग़ज़ल तो वह मज़लूम और सतायी गयी सिन्फ़ है जिसे हिसाब किताब के बग़ैर ही जन्नत का खुला हुआ दरवाजा नसीब होगा।

लखनऊ वाले जब किसी शायर के मिसरे की तारीफ़ में यह कहते थे कि 'मिसरा ही शेर है' तो उसे लखनवी तबर्रा समझा जाता था क्योंकि मिसरा कभी शेर हो ही नहीं सकता। दो मिसरों का तसलसुल, हमआहंगी और रब्त ही शेर कहलाता है। अगर मिसरा ही शेर है तो फ़िर दूसरा मिसरा ग़ैर ज़रूरी कहलाएगा।

मुल्क की तक़सीम और हिज़रत की तेज रफ़्तार आँधी ने उर्दू ज़बान के बेशतर सरमाये को तितर बितर करके दो हिस्सों में तक़सीम कर दिया। यानी ग़ज़ल के शेर का एक मिसरा तक़सीम की भेंट चढ़ गया और दूसरा मिसरा ग़ैर ज़रूरी होकर रह गया, लेकिन अपने तलवों के काँटे चुनते हुए मुसाफ़िरों की नज़र जब ग़ज़ल के हिज़रत नसीब मिसरों पर पड़ी तो गेसुये ग़ज़ल के गिरफ्तारों ने इन मिसरों की क़लम जहाँ ज़रख़ेज़ (उपजाऊ) ज़मीन देखी वहाँ लगाते चले गये और फ़िर साइंस की तरक़्क़ी ने सारी दुनिया को जब एक तरक़्क़ी याफ्ता गाँव के बराबर कर दिया तो अन्दाज़ा हुआ कि हिजरत की भीड़ में भटकते मुसाफ़िरों और उनको तलाश करती हुई आँखों ने इस तरक़्क़ी याफ़्ता गाँव की हर रहगुज़र पर उर्दू ग़ज़ल की कहकशाँ

सजा रखी है। ऐसी कहकशाँ जो रातों को पुरनूर करती है और दिन के उजाले में मुश्तरिका (अविभाजित) हिन्दुस्तान के उन अदबी चिराग़ों की निशानदेही करती है जिनके ख़ूने जिगर की महक अभी तक दामने ग़ज़ल से आती है। आज दुनिया में जहाँ भी हिन्दुस्तान और पाकिस्तान से गये हुए लोग मौजूद हैं वहाँ मीर व ग़ालिब, फ़ैज़ व फ़िराक़ और इक़बाल व जिगर के तसव्वुराती (काल्पनिक) मुजस्सिमे निस्ब हैं। आज उर्दू ग़ज़ल की बेपनाह मिठास अरब के खारे पानियों में भी मौजूद है। बस्तियों को निगल जाने वाला सहरा भी ग़ज़ल के खुशरंग फूलों की हिफ़ाजत में बादे सबा और नसीमे सहर की अदाएँ चुरा लाये हैं। यूरोप के बेशतर तारीख़ी और तहज़ीबी शहरों की फ़सीलों (चहारदीवारी) और यादों की मुण्डेरों पर ग़ज़ल के खुशनुमा चिराग़ झिलमिलाते रहते हैं। यूनाइटेड अमेरिका के बेशतर हिस्सों में ग़ज़ल के दीवाने 'वो तेरा कोठे पे नंगे पाँव आना याद है' गुनगुनाते हुए मिल जाते हैं। कनाडा और आस्ट्रेलिया की बर्फ़पोश वादियों में भी ग़ज़ल के ख़ूबसूरत फूल खिलते दिखाई देते हैं। ग़ज़ल अपने रूप-स्वरूप, सोलह-सिंगार और चमक-दमक के एतबार से एक ऐसी शमा की सूरत बनकर रह गयी है, जिसके परवाने साइन्स की तरक्क़ी के बावजूद गिने नहीं जा सकते। उस रक़्स करती मोरनी के दुःख को सिर्फ ग़ज़ल ही समझ सकती है, जिसे बारिश की एक बूँद और मोर की आँख से टपके हुए एक कीमती आँसू का सारी ज़िन्दगी इन्तिज़ार रहता है।

दुनिया में जहाँ भी हैदराबाद, लाहौर, देहली, अज़ीमाबाद, कराची, रामपुर और लखनऊ वाले मौजूद हैं, वहाँ की हर शब एक मुशायरागाह मालूम होती है। जहाँ भी अलीगढ़ यूनिवर्सिटी, जामिया मिल्लिया इस्लामिया, कराची यूनिवर्सिटी, जवाहर लाल नेहरू यूनिवर्सिटी, लाहौर यूनिवर्सिटी और लखनऊ यूनिवर्सिटी के सब्ज़ाज़ार (हरा-भरा मैदान) पर शबोरोज़ गुज़ारने वाले क़याम करते हों, अब वही ग़ज़ल की क़यामगाह है। दुनिया में जहाँ भी मेंहदी हसन, आबिदा परवीन, जगजीत सिंह और गुलाम अली क़दम रख देते हैं, वहाँ की ज़मीन सितार के तारों की तरह मौसीक़ी के सिक्के लुटाने लगती है। वहाँ के आइनाख़ानों में आहट, इन्तिज़ार और उम्मीद की शम्एँ रौशन हो जाती हैं। वहाँ के दरो-दीवार गुनगुनाने लगते हैं।

उनके होठों पे मुहब्बत का फ़साना आया
बुझ गये हम तो चिराग़ों का ज़माना आया।

दुनिया की जिन बस्तियों में तहज़ीब मौजूद है वहाँ उर्दू ग़ज़ल भी मौजूद है और दुनिया में जब तक तहज़ीब मौजूद रहेगी ग़ज़ल भी पूरी आबो-ताब के साथ ज़िन्दा रहेगी, और जब तक ग़ज़ल रहेगी दुनिया से उर्दू को कोई भी ताक़त मिटा नहीं सकती :

तूने कभी जो दर्द के पौधे लगाये थे
अब आ के देख उनमें बहुत फूल आये हैं।

सो गुफ़्तगू भी बड़ी शायराना करते हैं

लखनऊ तहज़ीब की वह जन्नत है जहाँ से निकलकर भी आदमी सारी ज़िन्दगी अपने सीने से यादे लखनऊ को लगाये रखता है। लखनऊ वासी दुनिया के किसी भी कोने में रहे, अपने दिल में एक लखनऊ बसाये रखता है। कितने ही अंग्रेज़ वाजिद अली शाह को लखनऊ बदर करें लेकिन वह किसी लखनवी से सुनहरी यादों का दोशाला नहीं छीन सकते। लखनऊ दिल में, आँखों में और ज़ेहन में ज़िन्दा रहता है। मरता है तो दुनिया की उतनी मिट्टी लखनवी हो जाती है जहाँ वह आदमी सुकून के दिन गुज़ारता है क्योंकि बज़ाहिर तो एक क़ब्र होती है लेकिन उस क़ब्र में इंसान नहीं होता, हसरतें सो रही होती हैं। वह तहज़ीब और शराफ़त आँखें बन्द किये लेटी होती है जिसकी परवरिश में लखनऊ की आबो हवा शामिल होती है। लखनऊ वाले कहीं भी रहें, अपने लखनऊ पर आँच नहीं आने देते। वह अपनी गुर्बत के चनों को बादाम से बदल देते हैं, वह अपनी मुफ़लिसी के ज़ख़्मों को खुश लिबासी से छुपाये रखते हैं, सब्ज़ी के छिलकों के कबाब अह्ले लखनऊ के सब्रो शुक्र और क़नाअत (संतोष) की यादगार हैं। शेरवानी उनकी परेशानियों का हिजाब (पर्दा) है। 'पहले आप पहले आप' कह कर बिछ जाना शराफ़त और रवादारी की वह दौलत है जिससे सारी दुनिया के हर तहज़ीबी शहर का ख़ज़ाना खाली है। लफ़्ज़ों की तरतीब (क्रम) और तहज़ीब से मुख़ालिफ़ के दिल में भी अपनी शराफ़त के ताजमहल की बुनियाद रख देना लखनवी होने का सबसे बड़ा सुबूत है। ज़िन्दगी की शदीद कड़वाहटें भी लखनवी लहजे की मिठास का कुछ नहीं बिगाड़ पातीं। अपने आप को पैदाइशी मेहमान नवाज़ समझने का गुरूर लखनऊ वालों की पेशानी से झलकता है। ज़िन्दा दिली और बाँकपन लखनऊ वालों का पुश्तैनी असासा (पैतृक सम्पत्ति) है जिसे न हुकूमत छीन सकी और न सियासत। फ़िरक़ा परस्ती और तास्सुब का आज भी लखनऊ में दम घुटता है। नफ़रतों के बड़े-बड़े होर्डिंग और आदमक़द इश्तहारात भी 'आदब अर्ज़' के सीने से क़ौमी यकजहती का दिल नहीं निकाल सके। शहर अपने रक़बे (क्षेत्रफल) में कितना ही इज़ाफ़ा कर ले तहज़ीबी मरकज़ीयत (केन्द्रीयता) कभी नहीं बदलती। 'क्या दुश्मनों की तबीयत नासाज़ है?' कह कर हाल पूछना खुद ही ऐसी चारागरी जिसका जवाब साइंस रहती दुनिया तक पैदा नहीं कर सकती। अच्छा

हुआ कि अमेरिका वाले उर्दू तहज़ीब और ज़बान से नावाक़िफ़ हैं वर्ना हम हिन्दुस्तानियों से यह तहज़ीबी चारागरी (इलाज) भी छीन लेते। जिस तरह म्युनिसिपल कार्पोरेशन के हज़ारों हैण्डपम्पों के जाल के बावजूद कुएँ के मीठे पानी की चाह कभी कम नहीं होती। मिनिरल वाटर पीने वाली क़ौम क्या जाने कि जब कुएँ में रस्सी के सहारे उतरता हुआ मिट्टी का घड़ा पानी के सीने पर अपना सिर रख देता है तो कुआँ उसमें पानी नहीं, आबेहयात (जीवन जल) भर देता है। कुएँ हर ज़माने में इलेक्शन जीतने के लिए नहीं बल्कि दिल जीतने के लिए खोदे जाते थे और लखनऊ तो हमेशा ही कुओं का सरचश्मा (श्रोत) रहा है। जिस तरह किताबे इश्क़ का पहला सबक़ कभी भुलाया नहीं जा सकता, दिल के दरवाज़े से चाहत की पहली दस्तक का निशान कभी नहीं मिट पाता, जिस तरह कतरनों से बने गुड़िया के कपड़े दुनिया के किसी भी आलीशान Boutique को शर्मिंदा करते रहते हैं उसी तरह अहले लखनऊ के लहजे की सरसराहट हर वक़्त कानों में घुँघरू की तरह बजती रहती है। अहालियाने लखनऊ (लखनऊ वालों) की गुफ़्तगू में आज भी इतनी मिठास है कि कभी कोई शकर कम होने की शिकायत नहीं करता। लखनऊ में शुगर के मरीज़ों की तादाद हमेशा कम रही है क्योंकि यहाँ लोग शकर खाते नहीं हैं, शकर बोलते हैं। मग़रिबी (पश्चिमी) उत्तर प्रदेश अपने गन्ने की खेती पर फ़ख़्र करता रहे लेकिन शकर तो लखनऊ वालों की तक़दीर है।

लखनऊ हिन्दुस्तान की तहज़ीबी और कल्चरल राजधानी है। यह आज भी तहज़ीब और सिक़ाफ़त (कल्चर) का इतना ऊँचा मीनार है जिसे नफ़रत और सियासत का ज़लज़ला कभी हिला भी नहीं सका। गोमती का शफ़्फ़ाक पानी जब तक लखनऊ की बुनियादों में मौजूद रहेगा, इसके तहज़ीबी दरो दीवार में दरारें नहीं पड़ सकतीं। जब तक शाहमीना की दरगाह से उठने वाली अगरबत्तियों की ख़ुशबू फ़ज़ा में अक़ीदतों की चादर ताने रहेगी उस पर न्युक्लियर बम का असर भी नहीं हो सकता। जब तक मिली जुली तहज़ीब की गोद में परवरिश पाये हुए अवाम अपने अपने दरवाज़ों पर सबील का एहतमाम करते रहेंगे लखनऊ में कोई प्यासा नहीं रह सकता, चाहे जुग़राफ़िया उसे रेगिस्तान में ही क्यों न तब्दील कर दे, जब दहकते अंगारों से हँसते हुए बरहना पा (नंगे पैर) गुज़रने वाले ज़िन्दा रहेंगे शहीदाने कर्बला की क़सम लखनऊ का एहतराम बाक़ी रहेगा। लखनऊ के इमाम बाड़े ग़मे हुसैन में छलकते हुए उन आँसुओं की तरह हैं जिनसे अभी तक शोहदाये कर्बला के पैरहन (लिबास) की ख़ुशबू आती है, आँसुओं का सैलाब पत्थर को बहा कर नहीं ले जाता है लेकिन हाँ, ऐसे नुक़ूश ज़रूर छोड़ देता है कि सारी दुनिया कर्बला वालों के एहतराम में आँखों को झील बना लेती है :

आ गया है जब कभी दरिया को प्यासों का ख़्याल
एतहरामन रुक गया है कर्बला के सामने

लखनऊ जब किसी को हिजरत पर रवाना करता है तो उसके गले में तहज़ीब का तावीज़ डाल देता है, शराफ़त उसके सिर पर शफ़क़त से हाथ रख देती है, नर्मगुफ़्तारी उसके होंठों पर फूल रख कर कोई वादा लेती है, इंसानियत वफ़ादारी की क़सम लेती है, ग़ज़ल दिल के निहाँख़ाने में चुपके से एक चुटकी ख़ाक रख देती है, ज़िन्दा दिली हाथ उठाकर दुआएँ करती है, गोमती नदी अपने सिर को किनारों से पटक पटक कर आते रहने का वादा लेती है, खुशरंग पतंगें उसको दूर तक छोड़ने जाती है, डोर उसके पैरों से लिपटकर अपने ज़ंजीर होने का एलान करती है, रास्ते की ख़ाक उसके पैरों से लिपट लिपट जाती है, दरख़्तों की शाख़ें अपने हाथ हिला कर उसे रुख़्सत करती हैं, कबूतरों का एक क़बीला कुदरत के हवाई जहाज़ों की तरह दूर तक उसकी रखवाली करता है, मस्जिद, मन्दिर और इमामबाड़े सब उसकी ताउम्र (आजीवन) सलामती की दुआ माँगते हैं और जाने वाला हसरत की तजसीम (प्रतिमूर्ति) बन जाता है :

दरो दीवार पे हसरत से नज़र करते हैं
खुश रहो अह्ले वतन हम तो सफ़र करते हैं

लखनऊ एक तरफ़ अपनी हाज़िर जवाबी, ख़ुशमिज़ाजी, शोख़ी, शादाब चेहरगी (चेहरे की प्रफुल्लता), दोस्तनवाज़ी और क़लंदराना तौर तरीक़ों के लिए मशहूर है तो दूसरी तरफ़ अदबी तंग नज़री, ख़ुदपरस्ती, अदीबों की घटिया मोर्चे बाज़ियों, बेजा ठिठोलबाज़ी और दूसरों की शख़्सियत में कीड़े निकालने के लिए भी बदनाम है। दरअस्ल देखा यही गया है कि अदब जब भी इक़्तिदार के ज़्यादा करीब पहुँच गया है तो उसने बड़े-बड़े मर्दे क़लंदर को भी मुसाहिब (दरबारी) बना कर रख दिया है और शायर व अदीब पर एक ऐसा बुरा वक़्त भी आता है, जब वह मुसाहिबी और जी हुज़ूरी को भी 'आग लेने को जायें पयम्बरी मिल जाये' समझने लगता है और यही वह बुरा वक़्त होता है जब अना (Ego) यतीम बच्चों की तरह फूट फूट कर रोती है, खुद्दारी अपनी मैली सी चादर के फटे कोने से अपना मुँह छिपाती है और शायर व अदीब भाँडों, नक़्क़ालों और ख़्वाजासराओं (हिजड़ों) की सफ़ में भी जगह हासिल करके अपने आप को सुर्ख़रू समझते हैं। दरअस्ल शायर और अदीब को लहरों के साथ नहीं बहना चाहिए बल्कि लहरों की मुख़ालिफ़ सिम्त (दिशा) में तैरना चाहिए चाहे वह डूब ही क्यों न जाएँ क्योंकि लहरों के साथ तो मुर्दे बहते हैं, जिन्दा लोग लहरों का रुख मोड़ते हैं और यही उनकी जिन्दगी की सबसे बड़ी शिनाख़्त है।

कबूतर जब डार (झुण्ड) से बिछड़ता है तो उक़ाब के मुँह का निवाला बनता है या शिकारी के तीर का निशाना बन जाता है। डार से कटने की यह सज़ा शायद कुदरत की तरफ़ से मुक़र्रर है। यह और बात है कि कुछ अपने शहपरों का ज़ोर दिखाने के लिए कटते हैं और कुछ अपनी कमनसीबी का शिकार हो जाते हैं और फिर बुलंदी उड़ान भरने के लिए ही होती है। सोचने समझने का अमल तो ज़मीन छूटते ही ख़त्म हो जाता है। *इंशा अल्लाह खाँ इंशा* अपनी मुर्शिदाबादी डार से कटे

तो नवाब सआदतअली खाँ की उक़ाबी अना और इन्तिक़ाम का शिकार हो गये। *यगाना* भी डार से कट कर लखनऊ गये और सारी ज़िन्दगी अजनबीयत की तलवार से क़त्ल होते रहे। लखनवी तहज़ीब के अलमबरदार शायर और अदीब हमेशा उनके ज़ख़्मों पर नमकपाशी में मसरूफ़ रहे।

हिन्दुस्तान से कटी एक पूरी नस्ल के साथ जोश मलिहाबादी भी फ़रारनुमा हिजरत के एवज़ निशाने पाकिस्तान (पाकिस्तानी सरकार द्वारा दिया जाने वाला बड़ा सम्मान) जैसा कुछ हासिल करने पाकिस्तान जा पहुँचे, लेकिन उन्हें यह नहीं मालूम था कि अपना शिकार कोई किसी को नहीं देता। दोनों तरफ़ के पंजाबी तक़सीम का सियासी जुआ खेल रहे थे और मुहाजिरीन (शरणार्थियों) का सदियों पुराना भरम द्रोपदी के लिबास की तरह तार तार हो रहा था। काश! जोश पाकिस्तान न गये होते, यगाना ने अज़ीमाबाद न छोड़ा होता और इंशा ज़ुल्फ़े बंगाल की क़ैद से न निकले होते लेकिन यह तमाम ख़ुश ख़यालियाँ उमर अंसारी के इस शेर का तर्जुमा हैं बस और कुछ नहीं :

वही हिकायते हस्ती वही शिकायते ग़म
सिनेमा देख के पलटे हुवों की सी बातें

लखनऊ ने अपने तहज़ीबी रख रखाव के बावजूद यगाना से अच्छा सुलूक नहीं किया। हम अस्रों (समकालीनों) की मुस्तक़िल छेड़ छाड़, मुक़ामी शायरों की तंग नज़री, मुसलसल अदबी गिरोह बन्दी और न किये हुए गुनाहों के शबोरोज़ के तानों ने यगाना को उस नुक़्तये अज़ीयत (यातना के बिन्दु) तक पहुँचा दिया था कि वह दीवानों और सिरफिरों की तरह औल फ़ौल बकने लगे। ग़ालिब के तो वह मुख़ालिफ़ थे ही लेकिन उन्हें ख़ुदा से भी मुंकिर (इन्कार करने वाला) बता कर उन पर हर तरह के ज़ुल्म ढाये गये। अजब मिज़ाज था लखनऊ वालों का। एक तरफ़ तो 'मस्जिद के ज़ेरे साया ख़राबात' वाले ग़ालिब को सिर आँखों पर बिठाते थे और दूसरी तरफ़ यगाना को ख़ुदा का मुंकिर कह कर संगसार करते थे। एक तरफ़ तो 'जिसे दे नहीं मौला, उसे दे आसिफ़ुद्दौला' कहने वालों के हाथ पर इस्लाम का हिमायती होने की मोहर लगाते थे दूसरी तरफ़ यगाना को मुरतिद (मुकर जाने वाला) कह कर उसकी गर्दन पर ज़िल्लत की तलवार चलाते थे। शायद दुनिया का हमेशा यही दस्तूर रहा है कि पागलों को छेड़ते सताते हैं, पत्थर मार कर लहू लुहान कर देते हैं लेकिन अगर जवाब में दीवाना एक कंकरी भी फेंक देता है तो उसे ज़ंजीरों में बाँधकर बाग मौलवी अनवार के खम्भों में लपेट आते हैं। भला बताइए, आज़ाद हिन्दुस्तान में नेहरू के दौरे हुकूमत में मुहज़्ज़ब तरीन लखनऊ में नाम निहाद ख़ुदाये सुख़न और पैग़म्बराने अदब (तथाकथित साहित्यिक अवतारों) की मौजूदगी में यगाना के चेहरे पर ग़िलाज़त (गन्दगी) मल कर सारे शहर में गधे पर बिठा कर घुमाया जाता है। कोठों और दरबारों में तबले की थाप और घुंघरूओं की लय पर नाचने वाली उर्दू ग़ज़ल को

नये लफ़्ज़, नये मज़ामीन और नयी अलामतें बख़्शने वाले पहले जदीद शायर को, लखनवी तहज़ीब के इश्क़ में मुब्तिला एक मेहमान को, अपने शहर के अज़ीमाबादी दामाद को जितना रुसवा किया गया, उसकी मिसाल दुनिया की तारीख़ में ढूँढे से भी नहीं मिलती मगर वाह रे लखनऊ की मिट्टी के इश्क़ में गिरफ्तार यगाना चंगेज़ी! इतनी रुसवाइयों के बावजूद हैदराबाद से यह कहते हुए फिर लखनऊ लौट आये कि :

कशिशे लखनऊ अरे तौबा
फिर वही हम वही अमीनाबाद

मैदान चाहे अदब का हो या जंग का, अदबी चश्मकें (छेड़ छाड़) हों या इक़्तिदार की हवस के लिए खून ख़राबा हो रहा हो सिपाही मैदान नहीं छोड़ते क्योंकि मैदान तो सिपाहियों की चहल क़दमी के लिए ही होते हैं। मैदान से वापसी में ज़िल्लत तो मुमकिन है लेकिन दुश्वारी कुछ नहीं होती क्योंकि मैदान में दरवाज़े तो होते ही नहीं हैं। अज़ीमाबाद मुद्दतों से अपनी बाँहें खोल यगाना का मुन्तज़िर था और जुल्फ़ों की आड़ से मुर्शिदाबाद का साँवला सलोना चेहरा *इंशा* को बराबर इशारे से बुलाता रहता था। मिर्ज़ा रुसवा की आशिक़ाना नज़र और शायराना डींगें अपनी जगह लेकिन फ़ैजाबाद के एक मध्यम लेकिन शरीफ़ घर की लड़की लखनऊ आयी तो बाज़ारे हुस्न के एक कोठे की ज़ीनत बन कर रह गयी। नवाब सआदत अली खाँ के शजरे (वंशावली) की कजी (टेढ़ापन) ने इंशा के होंठों से हँसी छीन कर उन्हें तन्हाई के क़ब्रिस्तान में दफ़्न कर दिया। बक़ौल इरफ़ान सिद्दकी :

अब मैं चकरा के गिरा हूँ तो हवा पूछती है
आप इस दश्त में क्यों आये थे वहशत के बग़ैर

लखनऊ अपने मिज़ाज की शोख़ी और हाज़िर जवाबी की दौलत से हमेशा मालामाल रहा। कुछ वाक़ियात को काग़ज़ ने क़लम से गोद ले लिया और बेशतर वाक़ियात गौरे ग़रीबाँ (क़ब्रिस्तान) के सफ़र पर रास्ते में गुम हो गये। दौलत की ज़्यादती भी आदमी को हिसाब किताब में कमज़ोर कर देती है, फिर मुल्क की तक़सीम ने अंग्रेज़ों से ज़्यादा मुल्क को ख़ास तौर से उत्तर प्रदेश को नुकसान पहुँचाया वरना लखनऊ की मिली जुली तहज़ीब उत्तर प्रदेश के सियासी भेड़ियों को गोमती के पानी से नहला धुलाकर बकरियों का चौकीदार बना देती लेकिन तक़सीम की आँधी में हफ्तों तहज़ीब और शराफ़त को महसूर (क़ैद) रखा। ग़मे हुसैन के बाद हिन्दुस्तानी मुसलमानों के लिए तक़सीम का सानिहा (दुखपूर्ण घटना) ऐसा ग़म था जिसके निशानात हिन्दुस्तान की सबसे बड़ी अक़लियत (अल्पसंख्यक वर्ग) के चेहरे पर दूर से नज़र आते हैं। ऐसे हालात में लखनवी तहज़ीब लालटेनों के चिटख़े हुए शीशों पर काग़ज़ चिपकाती रह गयी और उत्तर प्रदेश फ़िक़्रापरस्त सियासत का सबसे बड़ा अखाड़ा बन गया। वह कबूतर उड़ कर फिर जंगलों की तरफ चले गये जो मन्दिर व मस्जिद की तहज़ीबी यकसानियत देख कर गुम्बदे मीनार और शिवालों पर आबाद हो गये थे। उड़ते हुए कबूतर यह भी

सोच रहे होंगे कि हम सिर्फ़ अम्न की झूठी नुमाइश में उड़ाये जाने के लिए पैदा हुए हैं। कबूतरों को सिर्फ़ घर छूटने का ग़म सता रहा होगा लेकिन कबूतरियाँ तो मायका और घर दोनों से बिछड़ने का ग़म लिये हुए उड़ रही होंगी। काश, मन्दिर और मस्जिद की सियासत करने वाले कभी वीरान गुम्बद और शिवालों पर भी निगाह डाल लेते :

कबूतर शौक़ से इक दूसरे के घर पहुँचते हैं
शिवालों से उड़ा दीजे तो गुम्बद पर पहुँचते हैं

लखनऊ ने करख़्त (सख़्त) लहजे, फूहड़ गुफ़्तगू और ऊँची आवाज़ को अपने मिज़ाज का हिस्सा कभी नहीं बनने दिया। आप, जनाब, हुज़ूर, बंदापरवर, ख़ाकसार, इंशाअल्लाह, माशाअल्लाह, खुदा हाफ़िज़, आदाब अर्ज़, तशरीफ़ लाइए, तशरीफ़ रखिए, तशरीफ़ आवरी का शुक्रिया, अमाँ, भाई, प्यारे, खुदा न ख़्वास्ता जैसे सैकड़ों अल्फ़ाज़ हिन्दुस्तानी मिट्टी से अवध की गंगा जमुनी तहज़ीब की तख़्ती पर इस तरह लिख दिये जाते हैं कि उनका अक्स हर लखनऊ वाले की पेशानी पर चन्दन के टीके और सजदे के निशान की तरह चमकता है। लखनऊ के लिबास, गुफ़्तगू और अन्दाज़े तख़ातुब (वार्ताशैली) से फ़िर्क़ापरस्तों को हमेशा परेशानी होती है। तहज़ीब और नज़ाकत लखनऊ के लोगों का हिस्सा हैं, नागवार गुफ़्तगू से यहाँ के फूलों तक की रंगत बदल जाती है।

एक नवउम्र तवायफ़ अपने तमाशबीनों के दरम्यान रक्स करने के लिए हाज़िर हुई। महफ़िल में नवाबज़ादे भी मौजूद थे और शोरफ़ाये लखनऊ भी, जागीरदार भी तशरीफ़ फ़रमा थे और सेठ साहूकार भी। सोने का चमचा लेकर पैदा हुए दौलतमंद भी मौजूद थे और कुछ नवदौलतिये भी। नवउम्र तवायफ़ ने पेशावराना तमीज़ के साथ तमाम हाज़िरीने महफ़िल को आदाब किया। रक्स अन्दाज़ होने से पहले पहनी हुई पश्वाज़ (नर्तकी का लिबास) में अपना रूमाल अड़स लिया। रक्स की सरमस्ती और साँसों के उतार चढ़ाव के सबब अचानक रूमाल फ़र्श पर गिर गया। एक नवदौलतिये ने हँसते हुए कहा, 'मोहतरमा, देखिए गिर गया'। नवउम्र तवायफ़ एक लम्हे को रूकी फिर फ़ौरन ही चोट खायी हुई नागिन की तरह पलटकर उसने नौजवान को देखा और मुस्कुराते हुए जवाब दिया, 'खुदा की शान, बोलने भी लगा'। उस दिन के बाद से उस नवदौलतिये को किसी महफ़िल में नहीं देखा गया। वह लखनऊ की तवायफ़ज़ादी जिसने आँखें खोलते ही यह रेशमी लहजा और शबनमी गुफ़्तगू सुनी हो कि :

आपके पाँव के नीचे दिल है
इक ज़रा आपको ज़हमत होगी

वह कोठे पर बैठकर भी बाज़ारी लहजे को कैसे बर्दाश्त कर सकती थी। यूँ भी तहज़ीब तो वह बहती हुई नदी है जिससे जो जितना चाहे, अपने को सैराब (तृप्त) कर ले :

हम उसका ज़िक्र जो रोज़ो शबाना करते हैं
सो गुफ़्तगू भी बड़ी शायराना करते हैं

मैं तो शायर हूँ मेरी बात कहाँ मानोगे

आँखों में मेरठ की उदासी, गले में देहली की सिसकियाँ, माँग में अहमदाबाद का लहू सजाये हुए ईद उस बरस किसी रोते हुए बच्चे की तरह आयी और ग़रीब के होंठों की हँसी की तरह फ़ौरन ग़ायब हो गयी। आमतौर से लोगों का ख़याल यह है कि चाँद नज़र नहीं आया। लेकिन मेरे ख़याल से छत पर चाँद देखने कोई गया ही नहीं क्योंकि छतों से चाँद दिखाई देता या न दिखाई देता... दूर कहीं उफ़ुक़ (क्षितिज) में जलता हुआ मेरठ और सुलगती हुई देहली ज़रूर दिखाई देती, बालों में ख़ाका उड़ाती हुई बीवियाँ ज़रूर दिखाई देतीं, सीना पीटती हुई माँयें ज़रूर दिखाई देतीं, बरहना सिर (नंगे सिर) जवान बहनें ज़रूर दिखाई देती, नन्हें नन्हें मासूम फूलों जैसे बच्चे ज़रूर दिखाई देते। बशीर बद्र से इज़हारे हमदर्दी करते हुए ज़की अनवर ज़रूर दिखाई देते... वही ज़की अनवर जिनका क़त्ल 1979 ई॰ में जमशेदपुर में किया गया था और लाश घर के कुएँ में फेंक दी गयी थी। वह बशीर बद्र जिनका मकान यकजहती (मेल मिलाप) की चिनगारियों से जला दिया गया। वह मेरठ जहाँ के बच्चों की मुस्कुराहट की तस्वीर लफ़्ज़ों से बनायी गयी थी, वह मेरठ जहाँ अमीरउल्लाह शाहीन और बशीर बद्र की वह किताबें भी न बच सकीं जिन पर *'सारे जहाँ से अच्छा हिन्दोस्ताँ हमारा'* लिखा हुआ था। वह मेरठ जहाँ से शमीम जयपुरी और हफ़ीज़ मेरठी अपने नग़मों का जादू जगाया करते थे। बक़ौल बशीर बद्र :

दिल की बस्ती पुरानी दिल्ली है
जो भी गुज़रा उसी ने लूटा है

सियासत के बाज़ीगरों ने उस सदाबहार शहर को भी शोले के हवाले कर दिया जिसने मीर और ग़ालिब की मुस्कुराती हुई आँखें देखी थीं। दाग़ देहलवी की शोख़ियाँ देखी थीं। बहादुर शाह और दाराशिकोह की इल्मदोस्ती देखी थी। शंकर व शाद की इंसानियत देखी थी। कुँवर महिन्दर सिंह बेदी सहर और धरमपाल गुप्ता की बेलौस कुर्बानियाँ देखी थीं। वही पुरानी दिल्ली जिसने तारीख़ की नाइंसाफ़ियाँ देखी थीं और शाहजहाँ का इंसाफ़ भी। वही दिल्ली जिसने मुल्क को तक़सीम होते हुए भी देखा और तक़सीमशुदा मुल्क का एत्तहाद भी। दिल्ली की उन्हीं गलियों में कानून और इंसाफ़ का गला घोंटा जा रहा था। जिन गलियों में कभी उठते बैठते शाहजहाँ और

अकबरे आज़म की इंसाफ़ पसन्दी के क़िस्से दोहराये जाते थे। चूड़ियों की वीरान दुकानें, सड़क पर बिखरा हुआ सिन्दूर, टूटी हुई दूध की शीशियाँ, आग में जलते हुए खिलौने, बच्चों की तख़्तियाँ और स्लेट, घरेलू चेहरों को बरहना करके उड़ते हुए दुपट्टे, ईद की नमाज़ के लिए ख़रीदी हुई मख़मल की नन्हीं नन्हीं टोपियाँ, बच्चों के लिए बिलखती हुई औरतों की दूध उबलती छातियाँ, काली सफ़ेद आँसुओं में भीगी हुई नूरानी दाढ़ियाँ... गरज़ कि सियासत की मकरूह (घृणास्पद) हुक्मरानी ने क़ौमी यकजहती के तनावर दरख़्त की लकड़ियों को लाठी बनाने वालों के हवाले कर दिया। फ़िरक़ापरस्ती ने सोने की चिड़िया को आग में जलाकर त्रिशूल बनाने का हुक्म दे दिया। भोली-भाली जम्हुरियत को बाज़ारों के हवाले कर दिया गया। फ़िरक़ा परस्तों की लाठियों से उन बच्चों के सिर कुचले जा रहे थे जिनसे मिलते हुए पंडित जवाहर लाल नेहरू खुद मासूम बच्चों जैसी हरकतें करने लगते थे :

शहर को फ़िरक़ा परस्ती की वबा खा जाएगी
यह बुज़ुर्गों की कमायी दाशता खा जाएगी

इस वक़्त मग़रिबी बंगाल को छोड़कर तक़रीबन तमाम मुल्क अक़लियतों (अल्प संख्यकों) की क़त्लगाह बना हुआ है। कुछ तो महाज़ी हुकूमत (कम्युनिस्ट मोर्चे का शासन) की सख़्तगीर पालिसी और सेक्युलारिज़्म की मज़बूत जड़ें हैं जो मग़रिबी बंगाल की अक्लियतों को फ़िरक़ावारियत के आतिशफ़िशाँ (ज्वालामुखी) से बचाये हुए हैं।

श्रीमती इन्दिरा गाँधी के क़त्ल के तीन चार दिनों बाद मैं हवाई जहाज के ज़रिये लखनऊ से कलकत्ता पहुँचा। हवाई अड्डे से टैक्सी लेकर घर की तरफ़ आ रहा था। रास्ते में मैंने बंगाली टैक्सी ड्राइवर से कलकत्ता के हालात पूछे। उसने बताया कि थोड़ी बहुत लूटमार हुई थी वह भी शहर के एकाध इलाके में। जब मैंने उससे अपनी मालूमात के लिए यह पूछा कि सारे मुल्क में सिक्खों के ख़िलाफ़ जो नंगा नाच हुआ है वैसा कलकत्ते में क्यों नहीं हुआ तो उसने बहुत ही मुफ़क्किराना (चिन्तनपूर्ण) लहजे में कहा कि अगर एक सिक्ख पुलिसमैन ने वज़ीरेआज़म की जान ली है तो इसमें पूरी क़ौम का क्या कुसूर! फिर थोड़ा सोचने के बाद उसने कहा—'दादा! कल अगर कोई बंगाली किसी क़ौमी लीडर को मार दे तो क्या पूरे मुल्क के बंगालियों पर इताब नाज़िल होगा? यह खेल दिल्ली और उत्तर प्रदेश वालों को मुबारक हो, हम बंगाल वालों को इसमें कोई दिलचस्पी नहीं है।'

कलकत्ता के मुसलमान जो किसी ज़माने में पूरे शहर में फैले हुए थे, 1947 ई० और 1964 ई० के भयानक फ़सादात ने उन्हें कुछ मोहल्लों में समेट कर रख दिया। उन्हें मोहल्ला भी क्यों कहिये क्योंकि मोहल्ले तो वह होते हैं जहाँ लोग छोटे बड़ों का एहतराम करते हैं, जरायम पेशा (अपराधी) लोग शरीफ़ों से डरते हैं, जहाँ लोग एक-दूसरे के दुख में शरीक होते हैं, जहाँ एक आदमी के इंतिक़ाल पर लोग

अपने-अपने कारोबार पर नहीं जाते हैं। हर वक़्त एक दूसरे पर जान निछावर करने के लिए तैयार रहते हैं लेकिन यह क्या कि एक शरीफ़ आदमी पर सरकारी या ग़ैरसरकारी गुण्डे लाठियाँ तोड़ रहे हैं और कोई उन्हें टोकने वाला भी नहीं। शायद हम लोग मोहल्लों में नहीं, होटलों में रहते हैं। कोई चाँदनी चौक होटल में, कोई ज़करिया स्ट्रीट होटल में, कोई कोलूटोला होटल में, कोई पार्क सर्कस होटल में, कोई खि़द्रपुर होटल में, कोई राजाबाज़ार होटल में तो कोई केलाबगान होटल में। यही वजह है कि पड़ोसियों में कोई शनासा (परिचित) नहीं है।

मेरठ जल रहा था, दिल्ली लुट रही थी, गुजरात ख़त्म हो रहा था, जमशेदपुर में क़त्ल हो रहा था और हम शबेबरात का लज़ीज़ हलवा खाने में मशग़ूल थे। राँची और मेरठ वालों को भूल कर हम ईद की गर्मबाज़ारी का लुत्फ़ ले रहे थे। मेरठ के मातमी चेहरों को भूल कर हम अपने मोहल्लों को रंगीन रौशनियों से सजा रहे थे। वहाँ मातम हो रहा था और हम कई मोहल्लों में क़व्वाली और मुजरा सुन रहे थे। वहाँ नन्हें नन्हें बच्चे दूध को तड़प रहे थे और हम लज़्ज़ते कामोदहन (ऐशोइशरत की लज़्ज़त) से वफ़ादारी निभा रहे थे। जब हम अपनी क़ौम की इस बेराहरवी (गुमराही) को ख़त्म नहीं कर सकते तो हमें मेरठ का ग़म नहीं, खुशी मनाना चाहिए। हमें तो फ़िज़ाओं में गुलाल उड़ाना चाहिए। जब हम भिवंडी के फ़सादात के ज़माने में फ़ेडेरेशन कप जीतने का जश्न मना सकते हैं, जब हम फुटबाल के तफ़रीही खेल में पूरी क़ौम की जान और माल को दाँव पर लगा सकते हैं तो फिर अपनी क़ौम के ग़म पर हमें बिलकुल रोना नहीं चाहिए। बाज़ूओं पर बंधी हुई यह काली पट्टियाँ एक नुमाइश मालूम होती हैं। यह आँसू ग्लिसरीन की देन मालूम होते हैं। यह शोला बयानियाँ नाटक के मुकालमे (Dialogue) मालूम होते हैं, यह तकरीरें नौटंकी मालूम होती हैं।

जब हमें नये कपड़े बनवाते वक़्त अपने भाइयों की बेकफ़न लाशों का ख़याल नहीं आता, जब हमें रौशनियाँ करते हुए मेरठ के बुझे हुए चूल्हों का ख़याल नहीं आता, जब हमें नये जूते ख़रीदते हुए अपनी बहनों के बरहना सिरों का ख़याल नहीं आता तो यह नुमाइशी आँसू तौहीन है मरने वालों की, यह काली पट्टियाँ नहीं काली गालियाँ हैं जो हम मरने वालों को दे रहे हैं। उन काली पट्टियाँ बंधवाने वालों से पूछिए कि उस वक़्त आँखों में आँसू क्यों नहीं आये जब सीना फुला फुला कर ईद के कपड़ों की नाप दे रहे थे। हमने खुशबुओं का इस्तेमाल करते वक़्त मेरठ में जलते हुए इंसानी गोश्त की बदबू क्यों नहीं महसूस की। लेकिन यह हमारे क़ौमी रहनुमा तो उस रूमाल बेचने वाले की तरह हैं जो चाहता है कि सारे शहर को ज़ुकाम हो जाए। यह हमारे क़ौमी रहनुमा तो उस कफ़न बेचने वाले की तरह हैं जो लोगों को ज़िन्दगी की नहीं, मरने की दुआएँ देता है। यह हमारे क़ौमी रहनुमा तो उस भेड़िये की तरह हैं जो नीची दीवारों वाले घरों में छलांग लगाने के लिए तैयार बैठे रहते हैं।

यह हमारे क़ौमी रहनुमा तो इन्तिज़ार करते रहते हैं एक ऐसी साअत (लम्हा)

का जब यह अपने महफ़ूज़ मोहल्लों से अपने उन भाइयों के लिए रोटी के टुकड़े फेंकें जो अपनी अपनी झुग्गियों और बस्तियों को छोड़कर पनाह लेने आये हों। यह क़ौमी रहनुमा तो इन्तिज़ार करते रहते हैं किसी औरत के बेवा होने का कि वह उनके मकानों में ख़ादिमा (सेविका) बनने पर मजबूर हो जाए। उन्हें तो कपड़ों और नौकरों को बदलने में कोई फ़र्क़ महसूस नहीं होता।

ज़ात पात और मसलकी (पंथी) झगड़ों में क़ौम को उलझा कर ख़ूनी राज सिंहासन पर विराजमान यह हमारे क़ौमी रहनुमा कब तक यह शतरंजी चालें चलते रहेंगे। क़ौम के यह रहबर कब तक अपने महलों के बुझे हुए हुक़्क़े की राख हमारे छप्परों पर झाड़ते रहेंगे। बाबरी मस्जिद अगर मिल भी जाए तो हमारे यह क़ौमी रहनुमा एक लड़ाई और करवाएगे कि इसमें नमाज़ कौन पढ़ेगा? शिया या सुन्नी, देवबंदी या बरेलवी। कोई तो इस बेसहारा लेकिन जाँबाज़ क़ौम को इन अन्धे सियासतदानों से बचा ले जो इनके पाक और साफ़ ख़ून से अपने इक्तिदार की कुर्सियों पर रंगोरौग़न करना चाहते हैं :

मैं तो शायर हूँ मेरी बात कहाँ मानोगे
तुमने झुठला दिये दुनिया में पयम्बर कितने

इक गीत जा रहा है किसी और गाँव में

ग़ज़ल भी कितनी सितम रसीदा सिन्फ़ है। ईरान में थी तो नवख़ेज "सिन्फ़े मुआफ़िक़" के इर्द-गिर्द रक्स अंदाज़ रहती थी, जब हिन्दुस्तान आयी तो पहले दरबार की चुहलबाज़ियों की नज़्र हो गयी, फिर मुद्दतों कोठों और कोठेवालियों के ठुमके और दादरे के आस पास रही। मुद्दतों शफ़्फ़ाक चाँदनी पर गाव तकिये के सहारे पानदान की आड़ में सब कुछ खोले बैठी हुई नायिका के इशारे पर रक़्क़ासा बनी रही। ग़रज़, अपनी कमसिनी से ही ग़ज़ल को अपने दुःख के बावजूद अमीरज़ादों के सुख में शामिल रहना पड़ा जिसके नतीजे में बदनामी के साथ-साथ उसके हिस्से में सदियों की थकन शामिल हो गयी।

जिस तरह हिन्दुस्तान की सियासी जम्हूरियत में हर वह शख़्स इलेक्शन जीत कर मुल्क के आला से आला मंसब (ओहदा) तक पहुँच सकता है, जिसे उसके हल्कये इन्तिख़ाब (निर्वाचन क्षेत्र) के ज़्यादा से ज़्यादा पच्चीस फ़ीसदी लोगों ने अपना नुमाइंदा (प्रतिनिधि) चुना हो यानी सत्तर पचहत्तर फ़ीसदी वोटरों की हैसियत को दरगुज़र करते हुए सिर्फ पच्चीस फ़ीसदी लोगों के चुने हुए शख़्स को मुल्क की बागडोर सौंप दी जाती है। शायद जम्हूरियत की आड़ में नाइंसाफ़ी का सबसे बड़ा क़हबाख़ाना (वेश्यालय) हिन्दुस्तान में चलता है।

यही सूरतेहाल हिन्दुस्तान के उर्दू अदब में भी मौजूद है जहाँ अदब और कल्चर के हर शोबे (विभाग) से निकाले गये कुछ मख़सूस लोगों को मसनदे इंसाफ़ पर बिठा कर नाइंसाफ़ी करने की छूट दे दी जाती है। ज़बान से मोहब्बत करने वाले हर संजीदा शख़्स को इस बात का बेहद दुःख है कि वह उर्दू ज़बान जो कभी तहज़ीबी तरक़्क़ी और आलिमाना लबो लहजे की ज़ामिन (ज़मानतदार) थी, अब सिर्फ़ रोज़ी-रोटी कमाने का ज़रिया बनकर रह गयी है। शायद इसकी सबसे बड़ी वजह यही है कि ज़बान जिससे माँ की तरह मोहब्बत करना चाहिए था, वह सिर्फ़ रोज़ी-रोटी का ज़रिया और बाज़ारी महबूबा बन कर रह गयी है।

हमारे अदबी अरबाबे इक्तिदार (साहित्यिक सत्ताधारियों) ने Nature के सबसे बड़े शायर नज़ीर अक़बराबादी को हिन्दुई शायर कहकर अपनी कमइल्मी को छुपा लिया। शाद और यगाना जो हमारी उर्दू शायरी का Turning Point कहलाते हैं,

उन्हें भी तरह-तरह की ज़ेहनी और जिस्मानी सऊबतों (यातनाओं) के भयानक पल से गुज़रना पड़ा। यह चन्द नाम तो वह हैं जो पौधे से मुकम्मल पेड़ बन जाने के बावजूद हमेशा अदबी लकड़हारों के ज़द (निशाने) पर रहे। ऐसे हज़ारहा शायर व अदीब होंगे जिन्होंने अपनी अदबी गोद को हरा होते हुए नहीं देखा। ऐसी सूरतेहाल में किसी एक शख़्स के साथ हुई नाइंसाफ़ी को कैसे याद रखा जा सकता है। हमारे अहूद के नाक़िदीन (आलोचकों) ने हज़रत बेकल उत्साही के साथ कमोबेश वही सुलूक किया जो गुज़श्ता (गुज़रे हुए) अहूद में नज़ीर अकबराबादी के साथ हुआ था। नज़ीर अकबराबादी Nature का इक़लौता शायर था, लेकिन उस अहूद में शायर के लिए मुसव्विरे फ़ितरत (प्रकृति का कल्पनाकार) नहीं, मुसव्विरे जज़्बात और दरबारदार होना ज़रूरी था। होली और दिवाली पर आसान ज़बान में शेर कहना शायर की इल्मी कमज़ोरी में शुमार होता था। अदक़ (मुश्किल) अल्फ़ाज़ के बग़ैर अवामी मौज़ूआत (जन सामान्य के विषय) को छूते ही शायर को अछूत समझ कर उसका अदबी हुक़्क़ा पानी बन्द कर दिया जाता था। अगर मुझे सच कहने की इजाज़त दी जाए तो दस्ताबरता (करबद्ध) अर्ज़ करना चाहूँगा कि किसी भी ज़बान को मुश्किल बनाना उस ज़बान को क़त्ल करने के मुतरादिफ़ (समान) है।

हज़रत बेकल उत्साही का पहला गुनाह यह है कि वह उत्तर प्रदेश के एक छोटे से क़स्बे बलरामपुर के रहने वाले हैं। दूसरा गुनाह यह कि वह किसी अदबी गिरोह या तहरीक (मिशन) में शामिल नहीं हैं। तीसरा गुनाह यह कि वह एक ऐसी आम ज़बान में शेर कहते हैं, जिसे अदब के कुछ मग़रूर हज़रात ''देहाती बोली'' के लक़ब से नवाज़ते हैं। चौथा गुनाह यह कि वह अल्फ़ाज़, मौज़ूआत और लहज़े में दुर्वेशों और संतों के नक़्शे क़दम पर चलना चाहते हैं।

ज़ाहिर है कि इतने बड़े गुनहगार को तंक़ीद की बेहिसी की सलीब पर तो चढ़ना ही था, सो हुआ भी ऐसा ही, लेकिन अगर ईमानदारी से जायज़ा लिया जाए तो हिन्दुस्तान की तक़्सीम और आज़ादी के बाद से आज तक बेकल उत्साही इकलौते शायर हैं जो हिन्दी और उर्दू के बीच एक मज़बूत पुल की हैसियत रखते हैं। ज़ाहिर है पुल सिर्फ़ गुज़रने के लिए होते हैं, याद रखने के लिए हर्गिज़ नहीं होते। खेत, खलिहान, धान और गेहूँ की बालियों, लालटेन की रौशनी में ख़ामोशी की चादर ओढ़ कर सोता हुआ गाँव, झील के किनारे उतरती हुई कपासी रंग की चादर ओढ़े शाम, वीरान से रेलवे स्टेशन पर 'जागते रहो' की आवाज़ लगाता हुआ बूढ़ा चौकीदार, उजड़ती हुई चौपालों के मंज़र, शहनाइयों की धुन पर रोता हुआ पनघट, किसानों की छोटी-छोटी सिर उठाती आरज़ूएँ, नीम के दरख़्तों पर पड़े हुए वीरान झूले, कच्ची सड़कें, पुले सिरात जैसी पगडण्डियाँ, आम की कैरियों और इमली के लिए लड़ती झगड़ती लड़कियाँ, तालाब में कमलगट्टे और मुर्ग़ाबियाँ, झाड़ियों में छुपी हुई करौंदे और बेर की डालियाँ, मेले में घूमते हुए भोले भाले लोग, लहँगे और चुनरी की दुकानों

पर सुहागिनों की क़तारें, बैलगाड़ियों पर बैठ कर गाँव से दूर जाते हुए उतरे-उतरे चेहरों वाले लोग, महुवे की खुशबू, जामुन का खट्टा-मीठा ज़ायका, रंग बिरंगी चिड़ियों से पटे हुए पेड़ और तालाब, मस्जिद और मन्दिर से टेक लगाये हुए गंगा जमुनी तहज़ीब, होली की गुझियों में सिवइयों जैसी मिठास और लज़्ज़त, कुएँ की जगत पर बैठा हुआ हिन्दुस्तानी समाज, ज़ात-पात पूछे बग़ैर पानी पिलाता हुआ मज़हब, सिर्फ़ इंसानियत का सबक़ पढ़ाते हुए मकतब (मदरसे और स्कूल) और ऐसे ही हज़ारहा मज़ामीन, मौज़ूआत और मुशाहिदात को बरतने के लिए पहली शर्त यह भी है कि आपके दिल, आँखों और तसव्वुर में आपका गाँव मौजूद हो। दूसरी शर्त यह है कि आप किसी अदबी गिरोह के मेम्बर न हों। तीसरी शर्त यह है कि आप जिन्नाती ज़बान के इस्तेमाल के बग़ैर अपनी बात कह सकते हों। चौथी शर्त यह है कि आप सूफ़ियों, संतों, फ़क़ीरों और दुर्वेशों से मोहब्बत रखते हों और पाँचवी सबसे बड़ी शर्त यह है कि आप भोले-भाले अवाम के दरम्यान बैठने-उठने, उनके दुःख-दर्द सुनने और उनके आँसुओं से ग़ज़ल और गीत लिखने का हुनर जानते हों।

ज़ाहिर है कि इतनी सख़्त शरायत (शर्तों) की रस्सी पर चलने से पहले आपको सचमुच का बेकल उत्साही होना पड़ेगा वर्ना जहाँ इस मुल्क में नक़ली दवाएँ, डुप्लीकेट शायर, झूठमूठ के हिन्दू-मुसलमान, बरसाती मेंढकों की तरह टरटराते मेंढक, लाल पीले कपड़े, नीली-पीली बत्तियाँ, लाल-पीले चेहरों की एक भीड़ है... उस भीड़ में आपको कई बेकल उत्साही मिल जाएँगे। मोबाइल उठाइए, कम्प्यूटर ऑन कीजिए, ई-मेल रवाना कीजिए और कई बेकल उत्साही इकट्ठा कर लीजिए।

शत्रुघ्न सिंहा ने किसी महफ़िल में अपनी छोटी सी शोहरत और उससे भी छोटे शराब के पैग के नशे में कहा था कि प्राण (फ़िल्म एक्टर) ने जो मुक़ाम तीस बरस में हासिल किया है वह मुक़ाम मैंने सिर्फ़ तीन बरस में हासिल कर लिया है। जब किसी महफ़िल में प्राण साहब से किसी फ़िल्मी सहाफ़ी (पत्रकार) ने उनका रद्देअमल (प्रतिक्रिया) जानना चाहा तो उन्होंने बरजस्ता कहा था कि उनसे आपको यह भी पूछना चाहिए था कि क्या वह मेरी तरह तीस बरसों तक उस मुक़ाम पर ठहर सकेंगे।

हज़रत बेकल उत्साही पिछले पैंतालिस बरसों से जिस बुलंदी पर ठहरे हुए हैं यही उनके मुनफ़रिद (अद्वितीय) और मुमताज़ (श्रेष्ठ) होने की दलील है। उनका पूरबी लहजा, तरन्नुम का सलोनापन, अवाम की ज़बान में गुफ़्तगू करते हुए अवाम तक पहुँचने का हुनर, उनकी सादा मिज़ाजी, उनका शरीफ़ाना लिबास, शहद और शबनम से धुली ज़बान, लफ़्ज़ों से फूल खिलाने का शौक़ ही उन्हें अपने तमाम हमअस्रों (समकालीनों) से अलग करता है।

हालाँकि मुशायरों में गीत की बिदअत (नया रिवाज) को फ़रोग़ देने में हज़रत बेकल उत्साही बहुत पेश-पेश रहे हैं जिसका नतीजा यह है कि अब मुशायरों में अगर गीत शामिल न हों तो मुशायरा बग़ैर सिन्दूर की सुहागिन मालूम होता है। यह और

बात है कि अब गीत के साथ दाढ़ी नहीं बल्कि साड़ी का चलन आम हो चुका है। शायरा या शायर की कमर का लचकना उसकी Body Language से ही ज़ाहिर होने लगा है। बेकल साहब अपने गीतों से शहर में बसे हुए क़स्बों और देहातों के रहने वालों को उनके गाँव, घर, आँगन, खेत और पगडण्डियाँ याद दिलाते हैं। लेकिन अब गीत तरन्नुम की स्क्रीन पर रसीले लफ़्ज़ों की ब्लू फ़िल्म की तरह चलता है... फिर ज़िन्दा नाच किसे बुरा लगता है। मोर का नाच तो अब सिर्फ़ क़िस्से कहानियों में रह गया है। उसके सुनहरे पर सिर्फ़ किताबों की निशानी और जादू टोने के लिए इस्तेमाल किये जाते हैं।

सच्चाई तो शायद यही है कि शायरी करना कुएँ में नेकियाँ फेंकने जैसा अमल है। शायरी तो वह सब्र है जिसका बाँध कभी-कभी तो सदियों बाद टूटता है। शायरी तो वह इम्तिहान है जिसका नतीजा आते-आते कई नस्लें मर खप चुकी होती हैं, लेकिन यह सब्र इस लिहाज़ से क़ाबिले मुबारकबाद है कि आज तुलसी, कबीर, जायसी और ग़ालिब को तक़रीबन सभी जानते हैं लेकिन उस अहृद के राजा, महाराजा, नवाब और बादशाहों के बारे में वह मोअर्रिख़ (इतिहासकार) भी यक़ीन के साथ नहीं बता सकते जिनकी उँगलियाँ तारीख़ लिखते-लिखते शल हो गयीं, हाथ काँपने लगे और चेहरा झुर्रियों से मकड़ी के जाले जैसा हो चुका है।

बेकल साहब ने गीत भी लिखे और ग़ज़लें भी, नज़्में भी कहीं और दोहे भी, सॉनेट भी लिखे और माहिये भी, क़ताअत (मुक्तक) भी लिखे और रुबाइयों के अलावा छन्द भी लेकिन उनकी शोहरत और अज़मत की इमारत सिर्फ़ गीतों की बुनियाद पर खड़ी है। बक़िया दूसरी असनाफ़ (विधाएँ) मौरंग, बालू और बजरी की तरह उनकी अदबी शख़्सियत की बुनियाद को मज़बूत व मुस्तहक्म करती हैं।

बेकल साहब अभी तक लिख रहे हैं और खूब लिख रहे हैं। उन्होंने खूबसूरत ज़िन्दगी गुज़ारी। हिन्दुस्तान से बाहर जहाँ-जहाँ भी गये वहाँ उन्होंने हिन्दुस्तान और उर्दू ज़बान की बाविक़ार (गरिमापूर्ण) नुमाइंदगी की। उर्दू के बहुत से शोअरा जब ग़ैर मुल्क़ों की हिज्जे लिखने की कोशिश कर रहे थे उस वक़्त तक बेकल उत्साही आधी दुनिया घूम चुके थे। आज गंगा-जमुनी तहज़ीब और उर्दू-हिन्दी दोस्ती के वह सबसे बड़े अलमबरदार हैं। हरचन्द कि वह एक मुर्दा क़ौम के ज़िन्दा शायर हैं लेकिन उन्हें हर ज़माने में अदब, एहतराम और पसन्दीदगी की नज़रों से देखा जाएगा। यूँ भी फ़क़ीरों और दुर्वेशों की अज़मत का अंदाज़ा दस-बीस बरस में नहीं लगाया जा सकता। बक़ौल इरफ़ान सिद्दीक़ी :

कभी तो कोई पढ़ेगा लिखा हुआ मेरा
कभी तो काम ये शौक़े फ़िज़ूल भी देगा

आज से हम भी मुसलमान हुए जाते हैं

इब्तिदा (शुरू) में जब मेरा बेटा ग़लत तलफ़्फ़ुज़ (उच्चारण) के साथ उर्दू में गुल अफ़्शानियाँ करता था तो मैं उर्दू के साथ ही साथ उसके मुस्तक़बिल (भविष्य) से भी मायूस हो जाता था। पूत के पाँव पालने में ही नज़र आते ही मुझे ये अन्दाज़ा लगाने में क़तई दुश्वारी नहीं होती थी कि या तो मेरी तरह शायर हो जाएगा और उर्दू के नाम पर ग़ज़ल की जज़्बाती रगड़ के ज़रिये उर्दू से नाबलद (अपरिचित) सामिईन (श्रोताओं) की आँखों में बिजली की चमक पैदा करेगा या क़ौम के बेअमल नौजवानों को मज़ीद (और ज़्यादा) बेअमल करने के लिए अपने घटिया शेर को किसी इस्लामी वाक़िये से जोड़ेगा (जैसे बेचारे मुलायम सिंह यादव उत्तर प्रदेश की तरक़्क़ी को अपने गाँव सैफ़ई के एयरपोर्ट से जोड़ देते हैं), किसी रटी रटाई ग़ज़ल के कासये गदाई (भिखारी का प्याला) में दाद के सिक्के बटोरेगा और मुशायरे के फ़ौरन बाद कन्विनर से उलझते हुए किसी मुतशायर के पीछे खड़े होकर करारे नोट गिनते हुए मुशायरा कन्विनर की ईमानदारी की ब्लड रिपोर्ट देखेगा। फ़िर किसी शायर के जिस्मे ग़ज़ल पर अगले मुशायरे की तारीख़ डालते हुए अपनी नदी मंज़िल की तरफ़ रवाना हो जाएगा।

अगर किसी सरकारी कोटे या मुसाहिबी (खुशामद) के ईनाम की बदौलत ज़्यादा तरक़्क़ी कर गया तो किसी भी प्राइमरी स्कूल के टीचर से भी कम सलाहियत के बावजूद अपने नाम से पहले डॉक्टर लिखा करेगा और पते में किसी यूनिवर्सिटी के कैम्पस का पता ज़रूर तहरीर करेगा जिस तरह ख़ुशतर गिरामी के ज़माने में शायर और अदीब के नाम के साथ एम.ए. और बी.ए. का फुँदना लगाया जाता था :

है तो बी.ए. नाम एम.ए. ख़ान है

यह भी उम्मीद बन चली थी कि वह हमेशा एक अदद सूटकेस, दो चार जोड़े कपड़े, आधा दर्जन टाइयाँ, दो तीन रंग की ऐनकें, एक स्वीट सिक्सटीन सेन्ट की शीशी, हल्के फुल्के दिल्ली मेड मेकअप का सामान, दो चार बदकिरदार (चरित्रहीन) सियासतदानों के साथ खिंची हुई तस्वीरें, कच्चे पक्के मक़ाले (लेख), दो चार अदद सिफ़ारिशी मुसव्विदे और दिल की जेब में उर्दू की नव आबाद बस्तियों को जाने वाले जहाज़ों का टाइम टेबिल रखे हुए हमेशा किसी सरकारी ओहदेदार या सियासी माफ़िया के दरे इंसाफ़ पर सजदा करते हुए शर्मिन्दगी या हिचकिचाहट महसूस नहीं

करेगा। एक दिन कहने लगा, "पापा! कल टेलीविज़न पर उर्दू के बड़े बड़े डायनासोर बैठे थे"। पहले तो मैं समझा कि शायद ये किसी उर्दू मुख़ालिफ़ पार्टी में शामिल हो गया है और उर्दू की तज़हीक (मज़ाक़ उड़ाना) के नये पहलू तलाश कर रहा है, लेकिन जब बेगम ने मेरे कन्धे पर हुकूमत की तरह लगावट से हाथ रखते हुए फ़रमाया कि, "यह दानिशवर कहना चाह रहा है लेकिन चूँकि अभी इसका कोमल कंठ नहीं फूटा इसलिए इसके मुँह से डायनासोर निकल रहा है।" तो मुझे इस रवायत पर ईमान ले आना पड़ा कि बच्चे हमेशा सच बोलते हैं और मुस्तक़बिल की आवाज़ होते हैं। एक दिन साहबज़ादे स्कूल से वापसी पर घर में दाखिल होते ही फूट फूट कर रोने लगे। मैंने पूछा, "क्या बात है बेटे? क्या किसी से लड़ाई हुई है या स्कूल में डाँट पड़ी है?" वह और ज़ोर-ज़ोर से रोते हुए कहने लगा कि रास्ते में मामूँजान मिले थे, मुझे एक लिफ़ाफ़ा देते हुए कहने लगे, "यह लिफ़ाफ़ा अपने पापा के हाथ में रख देना, उनका मुँह काला है।" मैंने खुशूनत (गुस्सा) भरी नज़रों से बेगम की तरफ़ देखा। उन्होंने लपक कर बेटे के हाथ से लिफ़ाफ़ा ले लिया। लिफ़ाफ़े को ऐसे फाड़ा जैसे झगड़ा करते हुए मेरा कुर्ता फाड़ती हैं। लिफ़ाफ़े के अन्दर एक मक़ाला (लेख) बरामद हुआ। मैंने बेगम के हाथ से मक़ाला लेकर बेटे को दिखाते हुए कहा कि बेटा ये तुम्हारे मामूँ का मज़मून है जो उन्होंने मेरे ऊपर लिखा है। उसने मासूमियत से पूछा कि पापा क्या आप पर लिखने वाले का मुँह काला हो जाता है? मैं उसकी ज़बान से यह ज़ूमानी (द्विअर्थी) जुमला सुनकर उन बेज़मीर क़ौमी रहबरों (लीडरों) की तरह खुश हुआ जो हर हादसे की भट्ठी से अपने लिए सियासी तवानाई (ताक़त) हासिल कर लेते हैं। ज़िहानत (बुद्धिमानी) के निकलते हुए इन पुर्ज़ों में बला के सियासी इम्कानात (सम्भावनाएँ) थे। मुझे यक़ीन हो गया कि यह बड़ा होकर बड़ी आसानी से सियासी लीडर बन जाएगा और इलेक्शन का मौसम आते ही टिकट हासिल करने के लिए जब वह बहन मायावती के पास पहुँचकर उनको खुशामद भरे लहजे में "बहन जी" कहेगा तो वह फ़ौरन यह सोच कर पिघल जाएँगी कि कोई नौजवान जिसे उनको "माँ जी" कह कर मुख़ातिब करना चाहिए था वह बहन जी कहकर उनकी उम्र को जवानी से मालामाल कर रहा है। सियासी सिल बट्टे से कुचली हुई क़ौम का यह नवजवान साथ में जब ये कहेगा कि हम और आप एक ही बिरादरी के लोग हैं, आप ज़ात से हरिजन हैं और हम लोग हालात से हरिजन हैं यानी दोनों ही ज़माने की सतायी हुई क़ौमों के लोग हैं, तो यक़ीनन मायावती उसे इलेक्शन में टिकट देने पर आमादा हो जाएँगी। अगर किसी वजह से मायावती उसे अपनी बिरादरी में शामिल नहीं करती हैं तो वह मुलायम सिंह के पास पहुँच कर अपनी क़ौम की तरफ़ से उनकी झूठी पैग़म्बरी के दावे को कुबूल कर लेगा और उन्हें यह भी बावर कराने (यक़ीन दिलाने) की कोशिश करेगा कि आपकी इमामत के बग़ैर मिल्लते इस्लामिया नमाज़े सियासत से महरूम हो जाएगी। साथ में उन्हें यह भी

समझाने की कोशिश करेगा कि आप भगवान कृष्ण के क़बीले से ताल्लुक़ रखते हैं। कृष्ण जी तो राधा का लिबास छुपा देते थे, लेकिन आप तो राधाओं को लिबास पहनने ही नहीं देते हैं। कृष्ण की राधा ग़रीब थी इसलिये उसे नहाने के लिए नदी के किनारे जाना पड़ता था। आपकी राधाएँ तो इटालियन तर्ज़ (शैली) के बाथरूम में नहाती हैं। इस Butter Mix गुफ़्तगू के बाद बहुत ज़्यादा इम्कानात हैं कि मुलायम सिंह उसे अपनी पार्टी का नौजवान अक़लियती लीडर बना दें। अगर बिलफ़र्ज़ किसी सबब से उम्मीद की यह किरन भी ज़्यादा रौशन नहीं हो सकी तो फ़िर तो वह दुनिया की सबसे ज़्यादा ख़ुशामद पसन्द पार्टी का रुख़ करेगा। खद्दर के कुर्ते पाजामे सिलवाएगा, गाड़ी पर कांग्रेस का झण्डा लगाएगा लेकिन अन्दर अन्दर मायावती का महावत बना रहेगा और गाहे-गाहे मुलायम सिंह की साइकिल की ओवर हालिंग भी करता रहेगा। कांग्रेस में ऐसे लोगों की बड़ी क़द्र होती रही है जो अन्दर अन्दर पार्टी मुख़ालिफ़ काम करते रहते हैं। कहने वाले तो यह भी कहते हैं कि सीता जी के अग़वा (अपहरण) के फ़ौरन बाद रावण ने भी कांग्रेस पार्टी ज्वाइन कर ली थी। ये और बात है कि बाज़ाब्ता (बाक़ायदा) तौर पर इसका एलान आज़ादी के बाद हुआ। फ़िर कांग्रेस पार्टी का यह भी कल्चर रहा है कि वह अपने लोगों को इतनी बुलन्दी पर पहुँचा कर सीढ़ी खींचती है कि आदमी हेमवती नन्दन बहुगुणा और नटवर सिंह होकर रह जाता है। कांग्रेस पार्टी की शबाहत (शक्लो सूरत) मौजूदा अह्द के मुसलमानों से बहुत मिलती जुलती है। मिसाल के तौर पर अफ़्तार पार्टी करती है, ईद की नमाज़ें पढ़ती है, अजमेर में चादर चढ़ाती है, हज पर जाने वालों को एयरपोर्ट तक पहुँचाती है। हूबहू मुसलमान लगती है लेकिन मुसलमान होती नहीं है।

अगर अपनी तमाम कोशिशों के बावजूद वह कांग्रेसियों को रिझाने में कामयाब न हो सका तो मजबूरी में उस ख़ुशनसीब पार्टी में दाख़िले के लिए दरख़्वास्त देगा जिसकी ख़ाकी नेकर हिन्दुस्तान की हर सियासी पार्टी का रहनुमा अपनी धोती और पाजामे के नीचे शगुन के तौर पर पहने रहता है। मुसलमान बज़ाहिर तो उससे भागते हैं लेकिन अपनी अहमक़ाना (मूर्खतापूर्ण) हरकतों और जज़बाती बयानबाज़ियों के ज़रिये उसकी भरपूर मदद करते रहते हैं। इस पार्टी से टिकट मिलना तो बहुत दुश्वार होता है लेकिन फिर भी पार्टी वाले अक़लियती मण्डल कमीशन के पैमाने के मुताबिक़ राज्य सभा और विधान परिषद की दीवारें तो फँदवा ही देते हैं। कुछ उतावले क़िस्म के शायरों और अदीबों के गले में उर्दू एकेडमी की चेयरमैनी का तौक़े मलामत (घृणास्पद माला) ही डाल देते हैं। यूँ भी दुनिया के हर मुल्क में वह कितने ज़्यादा मक़बूल हैं जो काटने की जगह सिर्फ़ भौंकते रहते हों।

लिहाज़ा मेरा बेटा कई पार्टियों के टिकटों को सलीक़े से ठुकराते हुए किसी ऐसी पार्टी का टिकट हासिल करने की कोशिश करेगा जो इलेक्शन से पहले उसकी नाज़

बरदारी करे, क्योंकि इलेक्शन जीतने के बाद तो उसे भी दीगर क़ौमी लीडरों की तरह पार्टी की बारबरदारी (बोझ उठाना) के लिए इस्तेमाल किया जाएगा। इलेक्शन जीतने के लिए वह अपनी तमाम ज़िहानत का इस्तेमाल करेगा। मिसाल के तौर पर एक रुपये किलो के हिसाब से तक़रीबन सौ ट्रक आलुओं का अपने, गोदामों में स्टॉक करेगा। फिर दस किलो गोश्त ख़रीदेगा और रात के अँधेरे का फ़ायदा उठाकर आधा आधा गोश्त दो मुख़्तलिफ़ मज़हबों की इबादतगाहों में फिंकवा देगा। सुबह होते होते सारे शहर में कर्फ़्यू लग जाएगा। तमाम शहर अवामी ज़रूरत की चीज़ों की क़िल्लत से परेशान हो रहा होगा। ऐसे मौक़े पर वह अपने स्टॉक का बेशतर हिस्सा दस गुना ज़्यादा क़ीमत पर फ़रोख़्त कर देगा। बाक़ी हिस्सा हल्क़ये इन्तिख़ाब (निर्वाचन क्षेत्र) में मुफ़्त तक़सीम करके इलेक्शन से हफ़्तों पहले ही अपनी जीत का ग़ैर सरकारी एलान कर देगा। यानी जब दूसरे तमाम उम्मीदवार अपने इलेक्शन की तैयारी कर रहे होंगे तो यह आलू की Black Marketing से कमाई गयी दौलत से सियासत के Super Market अपने लिए वज़ारत की कुर्सी ख़रीद रहा होगा। वज़ारत साज़ी (मंत्री मण्डल के निर्माण) वाले दिन अपने माज़ी (अतीत) को हाल (वर्तमान) की भट्ठी में जला कर राख करेगा, शराफ़त को सर्दियों के कपड़े और उर्दू को शेरवानी की तरह लपेट कर माज़ी की काल कोठरी में दफ़्न करेगा। ऐवाने हुकूमत में आकर हिन्दी में हलफ़ (शपथ) ले लेगा और उर्दू ज़बान को पाँच साल के लिए बिल्कुल भूल जाएगा।

चूँकि हक़ीक़त में अब उर्दू हिन्दुस्तानी तहज़ीब की वह चादर है जिसके चारों कोनों को उसके नाम निहाद (तथाकथित) मुहाफ़िज़ अपनी ख़ुदगर्ज़ियों के दाँतों से कुतर रहे हैं। महफ़िलों में उर्दू की ज़ुबूँहाली (दुर्दशा) का नौहा पढ़ते हैं, ग्लिसरीन ज़दा आँसुओं की बारिश फ़रमाते हैं, टेलीविज़न चैनल मौजूद हो तो सीनाकूबी (सीना पीटना) भी करते हैं। किसी ग़रीब और ग़ैर सिफ़ारिशी शायर व अदीब के मुसव्विदे (अप्रकाशित साहित्य) के वरक़ से नाक पोंछते हैं। फिर आडिटोरियम के ग्रीन रूम में आकर वह दुबारा मेकअप करते हैं। कनविनर से दाद (प्रशंसा) और उर्दू फ़रोशी की रक़म वसूल करते हैं, फिर हवाई जहाज़ों और एयरकंडीशंड डिब्बों में बैठकर अंग्रेज़ी अख़बारात निकाल लेते हैं :

है यही शर्त अगर कुफ़्र की रौनक़ के लिए
आज से हम भी मुसलमान हुए जाते हैं

हम उठते थे अज़ानों से भी पहले

ग़ीबत (पीठ पीछे बुराई) और पान का रिश्ता बहुत पुराना है। कितना पुराना है इसकी कभी मुकम्मल तहक़ीक़ नहीं हो सकी क्योंकि इस काम पर जिसे भी मुक़र्रर किया गया वो या तो बेमौत मारा गया या ख़ुद भी ग़ीबतख़ोरा हो गया। बक़ौल हकीम साहब जो बात ज़बानी बयान की जाए वो ग़ीबत है और तहरीरी शक्ल में कही जाए वह तनक़ीद है। अपने इस कमज़ोर दावे की दलील में हकीम साहब ये भी कहते थे कि दुनिया के किसी भी अदब में तनक़ीद निगार (आलोचक) औरतें नहीं हुई हैं। अगर एकाध दिखाई दे जाएँ तो पहले उनकी निस्वानियत (स्त्रीत्व) का अल्ट्रासाउण्ड ज़रूरी है। वैसे हकीम साहब के तजरुबे को Challenge नहीं किया जा सकता क्योंकि वह अपने बचपन में ख़ानदान की बड़ी-बूढ़ियों के मुख़बिर की हैसियत से पूरे मोहल्ले में मशहूर थे। यूँ भी ग़ीबत और तनक़ीद में उतना ही फ़र्क़ है जितना शिर्क और शुक्र में होता है। एक घरेलू महफ़िल में मेरे मोहल्ले की कई बड़ी बूढ़ियाँ पानदान की आड़ में मुख़्तलिफ़ ख़ानदानों की Blood Report पर तब्सिरा कर रही थीं। बक़ौल हकीम साहब पिछले ज़माने के पानदानों में कत्था, चूना, सुपारी, तम्बाकू और लौंग इलायची रखने के अलावा भी कई ख़ाने होते थे जिनमें बज़ाहिर तो कुछ भी नहीं होता था लेकिन ख़ुफ़िया तौर पर शहर के बेशतर ख़ानदानों के शजरे (वंशावली) तरतीब से रखे जाते थे और बवक़्ते ज़रूरत ये शजरे अपनी कजी (टेढ़ापन) के साथ बेतरतीबी से निकाले जाते थे। इत्तिफ़ाक़ से मैं अपने सुसराल की एक बुजुर्ग ख़ातून से सलाम के एवज़ दुआवों के फूल हासिल करने की ग़रज़ से मकान के अन्दरूनी ख़ाने के उस हिस्से में पहुँच गया जहाँ ग़ीबत की ख़ुफ़िया तब्लीग (प्रचार) हो रही थी। मेरे आदाब करने पर तक़रीबन तमाम बड़ी-बूढ़ियों ने बहुत बुरे मुँह बनाये (कुछ के मुँह तो कुदरती तौर पर बुरे थे)। एक ख़ातून ने ज़बान तो नहीं बन्द की लेकिन पानदान फ़ौरन बन्द कर दिया जैसे उर्दू एकेडमियों के चेयरमैन अरबाबे इक़्तिदार को ख़ुश करने के लिए ग़रीब और बीमार शायरों का वज़ीफ़ा बन्द कर देते हैं। जिन ख़ातून को सलाम करने की ग़रज़ से मैं हाज़िर हुआ था उन्होंने मुझे देखते ही ऐसे मुँह फेर लिया जैसे जल्दबाज़ लोग नमाज़े जनाज़ा में सलाम् फेरते हुए निकल लेते हैं।

बज़्मे तालीमे निस्वाँ (महिला शिक्षा गोष्ठी) में मौजूद ख़वातीन अपनी अपनी बहुओं के बेटे-बेटियों के ऐब इस तरह खोल रही थीं जैसे अपनी बहू के बच्चों से उनका कोई रिश्ता ही नहीं है। कई बार तो Same Side Goal का ख़तरा भी पैदा हो गया क्योंकि उनमें कुछ ख़वातीन आपस में समधनें भी थीं। एक ख़ातून ने जो पान से ज़्यादा ख़ातूने ख़ाना को चूना लगाने पर आमादा थीं, यह जुमला फ़ज़ा में उछाला कि इस ज़माने के लड़के लड़कियाँ भी फ़ार्मी अण्डों की तरह एक जैसे होते हैं। वही हुलिया, वही चाल-ढाल, वही बेहूदा पहनावे, वही बेमक़सद मटरगश्तियाँ, वही अंदाज़े गुफ़्तगू यहाँ तक कि सूरतें तक मुर्दारों की एक जैसी होती हैं। बात मुकम्मल होने से पहले ही एक ख़ातून ने दूसरी ख़ातून के जुमले की पतंग को हत्थे से काटते हुए फ़रमाया कि बहन, हमारे ज़माने की औरतें सास-ससुर की ख़िदमत में हमेशा सरशार रहती थीं, नन्दों और देवरों के मुँह को नहीं आती थीं, मायके को मायका और सुसराल को सुसराल समझती थीं। अब की औरतें तो पहले ही दिन यानी सुहागरात में ही शौहरों के कान में अपनी ख़ुदमुख़्तार हुकूमत का एलान कर देती हैं। सुसराल में पहले दिन ही ऐसे दाख़िल होती हैं जैसे हाई जैकर हवाई जहाज़ में दाख़िल होते हैं। जब से यह कमबख़्त मुआ मोबाइल आ गया है सुसराल की पल-पल की ख़बरें हेडक्वार्टर यानी अपने मायके पहुँचाती रहती हैं और मायके वाले भी इतने बदज़ात हैं कि हर वक़्त ताज़ा कुमक के साथ आ धमकने के लिए तैयार रहते हैं। हर वक़्त गले में मोबाइल मंगलसूत्र की तरह झूलता रहता है। ट्वायलेट में भी मोबाइल लेकर जाती हैं। अदब लिहाज़ तो छू कर नहीं गुज़रता है। हमारे ज़माने की बहुएँ तो सास के कपड़ों को धोकर इतना शफ़्फ़ाफ़ (निर्मल) रखती थीं कि पड़ोसिनें अगर जल्दी में होतीं तो दुपट्टे को जानमाज़ के तौर पर इस्तेमाल कर लेती थीं। घर की बड़ी-बूढ़ियों के सिरों में बिला नाग़ा तेल मलती थीं, कंघी-चोटी करती थीं। अब तो मोबाइल से निकलती हैं तो टी॰वी॰ में घुस जाती हैं, टी.वी. से निकलती हैं तो बेडरूम में, फिर फ़ौरन बाथरूम में घुस जाती हैं और फिर बन सँवर कर बाज़ार या किसी सहेली के घर की तरफ़ रवाना हो जाती हैं। हमारे ज़माने की बहुएँ तो बर्तनों को धो-माँझ कर इतना चमका देती थीं कि धनतेरस की रात में चोर नये बर्तनों के धोखे में पुराने बर्तन उठा ले जाते थे।

हमारे ज़माने में नये मेहमान की आमद का एलान नर्सिंग होम का फार्म भर कर नहीं मस्जिद की *ताक़* भर कर किया जाता था। बहुएँ शर्म से घर की बड़ी-बूढ़ियों के सामने भी नहीं पड़ती थीं। आज कल की बहुएँ तो ससुर के साथ कैरमबोर्ड खेलने को तैयार रहती हैं। गोद हरी होने से पहले तक हमारे ज़माने वालियाँ शबो रोज़ नमाज़ें पढ़ने और दुवाएँ माँगने में गुज़ार देती थीं। हाथ में मुस्तक़िल तस्बीह रहती थी और नज़रें दीवार पर टँगे इस्लामी कैलेण्डर से चिपकी रहती थीं। इस हालत में भी घर का सारा काम खुद करती थीं। सास तो सास है, नन्दों तक को चारपाई से

नीचे पाँव नहीं रखने देती थीं। अरी बहन! हमारी ख़ाला अम्मा तो जिस घर में ब्याह कर गयी थीं वह घर तो मुआ सासों का ट्रेनिंग स्कूल था। हर उम्र और हर साइज़ की सासें मौजूद थीं। ससुर और उनके भाई आये दिन निकाह कर लेते थे जैसे निकाह न कर रहे हों, पाजामा बदल रहे हों। ज़मींदार घराना था, हर फ़स्ल के साथ नयी औरत उग आती थी। वह तो ख़ाला अम्मा का जिगर था कि अपने बुढ़ापे तक नये-नये रंग की सासों का नुजूल (अवतरण) बर्दाश्त करती रहीं। यह अलग बात है कि डिस्को शाह बाबा से तावीज़ लिखवा कर हवेली पर ऐसा असर करवा दिया था कि फिर कई नस्लों तक मिट्‌टी और डोली उठा उठा कर कहारों और मुहल्लेवालों के काँधे जवाब दे गये थे। आज कल की बहुएँ तो डायरेक्टर का रूप धारे रहती हैं। हमारे ज़माने में भरा पुरा ख़ानदान देखकर लड़की को रुख़्सत किया जाता था। अब ख़ानदान से ज़्यादा नौकरों की तादाद देखकर लड़कियाँ डोली में बिठाई जाती हैं। मशाता (लड़के-लड़कियों के रिश्ते बताने वाली औरतें) किसी भी घर में रिश्ता लेकर जाती है तो सबसे पहले यही बताती है कि लड़का बिल्कुल अकेला है, एक बहन थी वह अपने घर की हो गयी है। मज़े का कारोबार है। ससुर और सास बीमार रहते हैं। गारण्टी पीरियड पार कर चुके हैं। देर सवेर क़ब्र के कीड़ों की ग़िज़ा बन जाएँगे। लाखों की जायदाद है, गाँव में काफ़ी खेती है और आम का एक छोटा मोटा बाग़ भी है। लड़का दीनदार है। ऊपर की आमदनी भी मज़े की है। रानी बिटिया अपने हुस्न के जादू से उसको गुलाम बनाकर रखेगी। लड़का सास ससुर को हज पर भेजने का जज़्बा रखता है। माशा अल्लाह उसके पास कार भी है। इस तरह हमारी रानी बिटिया बेकार नहीं रहेगी। हाय हाय बहन! कैसा बेग़ैरत ज़माना आ गया है कि बहुएँ अपने हाथ में दबे रिमोट से शौहर और टी.वी. दोनों को क़ाबू में रखती हैं। निगाहें मुस्तक़िल ऐसे सीरियल की तलाश में रहती हैं जिनमें सास ससुर को बहू के हाथों ज़लील होते दिखाया जा रहा हो। टोकने पर जानमाज़ भी मुए टी॰वी॰ के सामने बिछा लेती हैं जैसे टी.वी. न हुआ पिलौठी का लड़का हो गया। जब देखो नर्सिंग होम के सोफ़े पर बैठी दिखाई देती हैं या मर्दों जैसा लिबास पहने डॉक्टरनियाँ घर में घुसे रहती हैं। मेरे ज़माने में तो मुए डॉक्टर मौत की तस्दीक़ (पुष्टि) के लिए बुलाये जाते थे। ज़िन्दगी की तस्दीक़ तो माँ की कोख खुद कर देती है। दुवाओं के तुफ़ैल में ही घर के आँगन में ढेर सारे फूल खिल जाते थे। दवाओं और चीरफाड़ के लिए किसी सर्जन के यहाँ जाने की ज़रूरत नहीं पड़ती थी। छातियों से इतना दूध उबलता था कि पास पड़ोस के नौज़ाइदा (नवजात) बच्चे भी पल जाते थे और हर मोहल्ले में दूध शरीक भाइयों की फौज हुआ करती थी। दूध के डिब्बे तो उन्हीं घरों में दाख़िल हो पाते थे जहाँ बीमारियों ने मुस्तक़िल डेरा जमा रखा हो। डोमनियों और नाइनों के तजरुबे में कई-कई अस्पताल छुपे रहते थे। ज़च्चा और बच्चा के जिस्म पर यूँ तेल की मालिश कर देती थीं जैसे मेरे ससुर अपनी लाठी को सरसों

का तेल पिलाते थे। माँ के दूध और मालिश का ये असर होता था कि हड्डी बिठाने वाले हाथ पर हाथ धरे बैठे रहते थे। प्लास्टर का चलन दीवारों के लिए था। छोटी-मोटी मोच तो सिर्फ़ हाथ झिटकने से ठीक हो जाती थी। माँ के दूध में इतनी बरकत होती थी कि सारी ज़िन्दगी दूध पीने की ज़रूरत नहीं पड़ती थी। अल्लाह ने हमें यूँ ही अशरफुल मख़्लूकात (जीव धारियों में श्रेष्ठ) नहीं बनाया है। हमारा दूध मीठा भी होता है। हमारे ज़माने में शुगर की बीमारी धन्ना सेठों और बदलचन नेताओं को होती थी। यह डिब्बों के दूध की देन है कि पैदा बाद में हो रहे हैं, शुगर पहले हुई जा रही है। अब इन नयी उम्र वालियों को कौन समझाये कि माँ का दूध पीने वालों के ख़मीर में खुद्दारी, आँखों में मुरव्वत और लहजे में मिठास मरते दम तक क़ायम रहती है :

यूँ ज़िन्दगी से टूटता जुड़ता रहा हूँ मैं
जैसे कि माँ खिलाती है बच्चा उछाल के

मुशायरे में लिये फिरते हैं जिसे शायर

लोकसभा की रायबरेली सीट के लिए ज़िमनी इलेक्शन (उपचुनाव) की एक मीटिंग के दौरान भीड़ को रोके रखने की ग़रज़ से देहली की एक डांस पार्टी के स्टेज शो पर सारे हिन्दुस्तान में ज़बर्दस्त एहतिजाज (विरोध) हुआ। हर टी॰वी॰ चैनल के कैमरों की आँखों ने इस मंज़र को कई-कई बार बल्कि कुछ ने तो कई दिनों तक अपने-अपने स्क्रीन पर दिखाया, कई चैनलों पर इस घटना पर बहस मुबाहिसे और तज़किरे भी हुए। सोनिया गाँधी के हरदिल अज़ीज़ ख़ामोशी के समन्दरी सुकूत (ख़ामोशी) को देखते हुए सभी चैनल यह कहना भी नहीं भूले कि इन जल्दबाज़, ख़ुशामदी, बेतुके और खुदसाख़्ता कांग्रेसियों पर शिकंजा कसा जाएगा बल्कि उनकी इस ग़ैर ज़िम्मेदाराना हरकत की उन्हें बड़ी सज़ा भुगतनी पड़ेगी। रायबरेली के अवाम के दरम्यान भी इस जिस्मानी इश्तिहारबाज़ी पर सख़्त गुस्सा था। वैसे तो हिन्दुस्तान का इलेक्शन अब सिर्फ़ जम्हूरियत के झूठे इश्तिहार से ज़्यादा हैसियत नहीं रखता लेकिन फिर भी रायबरेली वालों का गुस्सा, मीडिया की नाराज़गी और पूरे हिन्दुस्तान के अवाम का ज़बरदस्त एहतिजाज इस शेर की ग़म्माज़ी (व्याख्या) कर रहा था :

अभी मौजूद है इस मुल्क की मिट्टी में ख़ुद्दारी
अभी बेवा की ग़ैरत से महाजन हार जाता है

लेकिन ग़ौर तलब बात ये है कि वह उर्दू ज़बान जो सूफ़ियों और संतों की गोद में खेली, ख़ानकाहों, मदरसों और दानिशकदों में पली-बढ़ी, सिपाहियों और मुजाहिदीने आज़ादी की शान रही, जिसने अगर रेत पर इंक़लाब लिख दिया तो ऐवाने हुकूमत के दरोदीवान से 'ज़िन्दाबाद' की सदाएँ बुलन्द होने लगीं... शाइस्तगी से आदाब कर लिया तो हर हिन्दुस्तानी का चेहरा रवादारी की तस्वीर बन गया... 'ख़ुदा हाफ़िज़' कह दिया तो अल्लाह ने उसकी हिफ़ाज़त के लिए फ़रिश्तों की फ़ौज उतार दी... जिस ज़बान ने इश्क़े रसूल में काग़ज़ पर इतनी बार क़लम रखा कि काग़ज़ बनाने वालों की तक़दीरें सँवर गयी, नाते रसूल के लिए जिन लफ़्ज़ों को अपनी झोली में जगह दे दी वह ख़ुशबुओं के गवाह बन गये। वह उर्दू ज़बान तहज़ीब का आइना बन गयी जिससे क़ौमें अपनी शाइस्तगी की सनद माँगने लगें, वह उर्दू ज़बान जिसके बग़ैर हिन्दुस्तान की तारीख़

मुकम्मल नहीं हो सकती, उसी उर्दू को थोड़े से नासमझ, बेहिस, मफ़ादपरस्त (स्वार्थी) और इक्तिदार के भूखे शायरों अदीबों और कनविनरों ने बाज़ारी बना दिया है।

एक तरफ़ तो उर्दू अख़बारात और रिसाले, शेरी मजमुए, नस्री किताबें अपनी बेवक़अती (हीनता) और कारिईन (पाठकों) का रोना रो रहे हैं तो दूसरी तरफ़ मुशायरों के नाम पर सारे हिन्दुस्तान में तक़रीबन पचास करोड़ रुपये दीवाली की रात के पटाखों की तरह बर्बाद हो ज़ाते हैं। होटलों का ऐश, शराब की बारिश, महँगे खानों की क़ाबें, एयरकंडीशंड टैक्सियाँ और कारों का सफ़र, हवाई जहाज़ की बुलन्दियों से पस्ती में जाती हुई उर्दू ज़बान को देखने वाले नामनिहाद ख़ुद्दामे अदब अपनी अपनी शिकार गाहें सजाये बैठे हैं।

ये हैरतअंगेज़ बात है कि दुनिया में इल्म सीखने का हुक्म सबसे ज़्यादा हमारी क़ौम को दिया गया, हमारी मज़हबी किताबों में ज़्यादा से ज़्यादा इल्म हासिल करने की ताकीद की गयी, लेकिन इल्म के मामले में हम दुनिया की सबसे पिछड़ी क़ौम साबित हो रहे हैं। हमारे मज़हबी और सियासी लीडर भी शायद हमेशा यही कोशिश करते रहते हैं कि कुछ भी हो जाये मगर क़ौम तालीमयाफ़्ता (शिक्षित) न होने पाये।

भारतीय जनता पार्टी के क़ौमी लीडर के.आर. मलकानी (जो पार्टी के Think Tank भी कहलाते थे) ने एक बार अपनी तक़रीर में कहा था कि जो लोग कहते हैं कि हम हिन्दुस्तान से मुसलमानों को भगाना चाहते हैं वह ख़्वाबों की जन्नत में रहते हैं क्योंकि अगर हम लोग मुसलमानों को हिन्दुस्तान से बाहर का रास्ता दिखा देंगे तो फिर हमारे जानवरों के लिए ख़ादिम का काम कौन करेगा, उन्हें चारा पानी कौन देगा, हमारे कल कारख़ानों के लिए मज़दूर कहाँ से आएँगे और हमारे घरों की सफ़ाई कौन करेगा? शायद हमारी क़ौम के रहबरों ने भी ऐसी ही किसी मसलहत के पेशे नज़र तालीमी मैदान से मुसलमानों को दूर-दूर रखा कि अगर क़ौम सचमुच पढ़ लिख गयी तो उनके इशारों पर कौन नाचेगा और वह सियासी पार्टियों से किसके नाम पर इक्तिदार और दौलत हासिल करेंगे।

गुफ़्तगू को मौज़ू (विषय) के दायरे में रखते हुए यह अर्ज़ करना चाहता हूँ कि मुशायरों ने जिस तरह पेशावराना रूप धर लिया है वह मिल्लते इस्लामिया और खुद हिन्दुस्तानी समाज के लिए बहुत नुक़सानदेह साबित हो रहा है। इलेक्शन के सियासी स्टेज पर लगे हुए दो चार ठुमकों पर पूरे हिन्दुस्तान के लोगों ने नापसंदीदगी का इज़हार किया, दबे लफ़्ज़ों में नाराज़गी भी जताई, अख़बारात ने सफ़हात सियाह कर दिये, लेकिन यह कितने अफ़सोस का मुक़ाम है कि उर्दू मुशायरे के नाम पर मुजरे को फ़रोग़ (तरक़्क़ी) दिया जा रहा है। क़व्वाली से ज़्यादा फूहड़ और बेतुके शेर परोसे जा रहे हैं। मैं अक्सर कहा करता हूँ कि मुशायरे इतने ख़राब हो गये हैं कि उसके स्टेज पर बैठ कर कोई शरीफ़ आदमी अपनी माँ का ख़त भी नहीं पढ़ सकता। मुशायरे में अगर आप अपने किसी ग़ैर मुस्लिम दोस्त के साथ चले जाते हैं तो दूसरे

दिन आप उससे निगाह मिलाते हुए शर्मिन्दगी महसूस करते हैं। स्टेज पर इस्लामी शायरी के गुलबूटे टाँकने वाले शायर हज़रात स्टेज के पीछे खड़े होकर पेशाब करते हुए मिल जाएँगे। मुशायरों के कनविनर या तो सियासी लोग होते हैं या कारोबारी। उन्हें शहर में सियासत के कारोबार को फ़रोग़ देना होता है और ज़ाहिर है कि भीड़ लगाने के लिए, खुसूसी तौर पर अक़लियतों को एक जगह जमा करने के लिए मुशायरे से ज़्यादा मुनासिब कोई दूसरा ज़रिया नहीं है।

मुशायरा कभी अदब की तरसील (प्रचार-प्रसार) और नवउम्रों की ज़ेहनी तरबियत की जगह थी लेकिन अब सिर्फ़ जज़्बात भड़काने का ज़रिया है। आज मुशायरे की मंडी में तीन हज़ार से लेकर पन्द्रह हज़ार तक के शायर मौजूद हैं जो कम से कम महीने में चार से चौदह मुशायरों में शिरकत करते हैं। मैंने दर्जनों शायरों को मुशायरो के बाद कोने में खड़े होकर लिफ़ाफ़े में रखी रक़म गिनते तो देखा है, लेकिन बस या ट्रेन पर बैठने से पहले अख़बार या कोई रिसाला (पत्रिका) ख़रीदते नहीं देखा, बल्कि भीख में मिले तोहफ़ों के लिए बैग भी भीख में ही हासिल हो जाते हैं। हिन्दुस्तान से बाहर के मुल्कों में मिले हुए तोहफ़े हिन्दुस्तान में फ़रोख़्त हो जाते हैं। कई शायर हज़रात सिगरेट और शराब नहीं पीते, लेकिन अमेरिका या किसी और यूरोपीय मुल्क में तोहफ़े में मिली शराब की बोतलें और सिगरेटों के पैकेट हासिल कर लेते हैं और वह हिन्दुस्तान में लाकर बेच देते हैं।

इन तमाम ख़राबियों की अस्ल वजह ये है कि वह शायर जिन्हें उनकी लियाक़त (योग्यता) के एतबार से पाँच हज़ार रुपये महीने की नौकरी नहीं मिल सकती, वे लफ़्ज़ों से जिन्सी आसूदगी (Sexual Satisfaction) का सामान मुहैया करके और क़ौमी जज़्बात भड़का कर माहाना (मासिक) तीस हज़ार रुपये कमा लेते हैं। इससे ऊपर की आमदनी वाले मुशायरे के सुपर माफ़िया हैं जो अपने इर्द-गिर्द रहने वाले शायरों की सरपरस्ती करते हैं और ये तमाम ही जूनियर शायर अपने-अपने सरपरस्तों की इश्तिहारी एजेन्सियाँ चलाते हैं।

एक हैरतअंगेज़ तब्दीली ये भी आयी है कि पहले हर नाज़िमे मुशायरा (मुशायरा संचालक) एकाध शायर अपने साथ रखता था, अब तक़रीबन हर शायर अपने साथ एकाध एनाउंसर भी रखता है। ये एनाउंसर सिर्फ़ अपने गिरोह के शायरों की तारीफ़ें ही नहीं करता बल्कि उसकी झूठी इल्मी लियाक़त, उसकी अदबी मसरूफ़ियत के क़िस्से, उसकी डिग्रियों और सारी दुनिया के मुशायरों में शरीक होने की कहानियाँ भी सुनाता है और साथ ही साथ मुनासिब मुक़ाम पर उसके प्लेसमेंट की राह हमवार करता है।

स्टेज पर भी ये तमाम शायर हज़रात टोलियों की शक्ल में बैठते हैं जैसे किसी शादी की महफ़िल में दबंगों के गिरोह अपने अपने बन्दूक़ बरदारों के साथ बैठते हैं। स्टेज पर गिरोह बन्दी, ग़ीबत, साज़िशों और अगले मुशायरों के मीटिंग प्वाइंट पर गुफ्तगू होती रहती है। नातजरुबेकार या शरीफ़ शायर रात भर चीख़ते रह जाते हैं कि, "स्टेज पर बैठे हुए हज़रात की तवज्जो चाहता हूँ।" बक़ौल क़ैफ़ भोपाली

जिस शेर पर स्टेज के शायर हज़रात तवज्जो फ़रमाते हैं उसमें लफ़्ज़ी हेराफेरी करके अपनी अपनी अज़मतों (महानताओं) के आँचल में टाँक लेते हैं।

तजरुबेकार नाज़िमे मुशायरा और बेइंतिहा पेशावर शायर स्टेज पर या सफे सामिईन (श्रोताओं की पंक्ति) में बैठे हुए ऐसे लोगों के नाम लेना नहीं भूलते हैं जो आइंदा उन्हें किसी मुशायरे में बुला सकते हैं या किसी मुशायरे से नाम कटवा सकते हैं। कुछ शायर हज़रात तो मुद्दतों से स्टेज पर सिर्फ़ इसलिए मौजूद हैं कि शहर का डिप्टी कलेक्टर, एस.पी. या कोई और सरकारी ओहदेदार उसकी मुसाहिबाना रविश (ख़ुशामदाना शैली) की बिना पर उसके लिए नर्म गोशा (Soft Corner) रखता है। शहूद आलम आफ़ाक़ी मरहूम अक्सर कहा करते थे कि 'मुशायरे में कैसे आया हूँ, ये सिर्फ़ दो चार लोग जानते हैं। मैं माइक पर खड़ा हूँ यह हज़ारों लोग देख रहे हैं बल्कि अब तो E.T.V. की बदौलत दुनिया के चव्वन मुल्कों में देख रहे हैं।' मुशायरे में नक़ली कलाम दवाओं से ज़्यादा इस्तेमाल हो रहा है। मुशायरे के मैदान में ताज़ा दम क़लाम की कुमक अब मोबाइल के ज़रिये फ़ौरन पहुँचा दी जाती है। सीनियर शोअरा भी एक मुशायरे के एवज़ में एक ग़ज़ल की सप्लाई करते हैं। चालाक किस्म के मक़बूल शायर एक कलाम पर कई उस्तादों से इस्लाह (त्रुटि सुधार) की मोहर लगवा लेते हैं, नतीजे के तौर पर ग़ज़ल के ख़दोख़ाल इतने बदल जाते हैं कि D.N.A. Test के ज़रिये भी उसके नुत्फ़े और नस्ल का पता नहीं लगाया जा सकता है।

सबसे अफ़सोसनाक तब्दीली यह आयी है कि मुशायरे के मक़बूल शायरों में तक़रीबन साठ फ़ीसद तादाद उन शायरों की है जो शायर नहीं हैं। पैंतीस फ़ीसदी हज़रात वह हैं जो हिन्दी में कलाम लिख कर लाते हैं और उर्दू में सुनाते हैं। शायरात (उर्दू की कवयित्रियों) की सूरते हाल ये है कि आज कल पैंतालीस बरस से ज़्यादा उम्र की कोई भी सचमुच की शायरा स्टेज पर नहीं है। उनमें तो कई ऐसी भी हैं जो तीसरी जमाअत (कक्षा) तक पढ़ी हैं। शायरों में भी बेशतर का यही हाल है। वह तो अल्लाह भला करे हिन्दुस्तान के रिश्वतख़ोर समाज का कि हर तरह की डिग्रियाँ बाज़ार में दस्तयाब (उपलब्ध) हैं। ख़रीद लाइए और ड्राइंग रूम में सजा लीजिए। कौन आपकी लियाक़त या डिग्री देखने आता है?

हैरत है कि सानिया मिर्ज़ा के लिबास पर एतराज़ करने वाले मुआशरे (समाज) के इस्लाह पसन्द (सुधारवादी) हज़रात को मुशायरे के स्टेज पर बैठी हुई नवख़ेज (नवउम्र) शायरा के भड़कदार लिबास और उनके नाज़ नख़रे क्यों नज़र नहीं आते। मुशायरा के स्टेज पर नाश्ते के सामान की तरह शायरात रखी जाती हैं। उस्ताद शोअरा दायें बायें तशरीफ़ फ़रमा रहते हैं और पुराने ज़माने के मुजरे की महफ़िल का समाँ (नज़ारा) आँखों के सामने नाचने लगता है :

मुशायरों में लिये फिरते हैं जिसे शायर
ग़ज़ल नहीं है वो इक कासये गदाई है।

शादी के घर में सारे थे दूल्हा बने हुए

आमतौर से मेरे क़राबतदार (निकट सम्बन्धी) ही नहीं, अहबाब तक इस बात से दुखी रहते हैं कि मैं शादी ब्याह की तक़रीब (आयोजन) से ऐसे ही भागता हूँ जैसे मुशायरे बाज़ शायर हज़रात अदब से, बल्कि मैं तो साफ़ साफ़ कह देता हूँ कि अपनी ही शादी में गया था और आज तक परेशानहाल घूम रहा हूँ। और यूँ भी गँजा आदमी बार-बार बेल के पेड़ के नीचे नहीं जाता है।

सच्चाई तो यही है कि मैंने गुर्बत के दिनों में भी बीवी को हमेशा ऐसे रखा है जैसे मुक़द्दस किताबों में मोर के पर रखे जाते हैं। आज भी बेगम की खूबसूरती में उनके हुस्न से ज़्यादा मेरे Maintenance का कमाल है। इसके बावजूद वह सजदये शुक्र से दूर ही रहती हैं और गाहे-गाहे यही गुहार लगाती रहती हैं कि अगर तुमसे शादी न हुई होती तो मेरी दो चार फ़िल्में सिल्वर जुबली मना रही होतीं। यह और बात है कि अब मौसूफ़ा की उम्र खुद गोल्डेन जुबली से एकाध मोमबत्ती पीछे रह गयी है। बेटियों के कपड़े पहन कर उम्र और नाज़िरीन (दर्शकों) को धोखा देकर खुश होती हैं। उनका बस चले तो अपने आपको मज़ीद (और अधिक) कम उम्र साबित करने के लिए अँधेरे उजाले में मुझे पापा भी कह दें लेकिन ख़ौफ़े खुदा से ज़्यादा ये ख़ौफ़ पेशेनज़र रहता है कि विरासत में लड़कियों को सिर्फ़ एक तिहाई हिस्सा मिलता है।

मुसलमानों की रिश्तेदारियाँ भी रेशम की उलझी डोर की तरह होती हैं। सुलझाने से और ज़्यादा उलझने का ख़तरा रहता है। ऐसे ही किसी रिश्ते से वह मेरी फुफी भी लगती हैं। लिहाज़ा "जीत न पाये तो ज़बान-चलाये" की तरह वह ज़बानी तौर पर भी मुझ पर हावी होने की कोशिश करती रहती हैं। मैं भी अपनी बुज़दिली पर शराफ़त का मोनोग्राम लगाकर दिली मसर्रत महसूस करता हूँ। इस तरह रुसवाई और ज़िल्लत का एहसास भी कम होता है और अज़दुआजी ज़िन्दगी (वैवाहिक जीवन) के चेहरे पर ख़राशें भी नहीं आती हैं। वैसे भी बीवी वह क़ाबिले रहम मख़्लूक (प्राणी) है जो बेचारी उम्र भर अपने शौहर को शरीके हयात (जीवन साथी) समझ कर खुश होती रहती है, मगर यह तो सिर्फ़ हयात ही जानती है कि और कौन-कौन शरीक रह चुका है।

एक दिन कॉलगेट की मुस्कुराहट होंठों पर बिखेरे हुए मेरे पास आकर बैठ गयीं।

मैंने एख़्लाक़ी तौर पर सिर्फ़ 'हेलो' कहा था कि वो सरापा Miss Call बन गयीं। मैंने पूछा तुम्हारी अम्मा आने वाली हैं क्या? झट से बोलीं "ऊँ हूँ"। मैंने कहा 'शायद पैसे ख़त्म हो गये हैं'। बुरा मानने के बावजूद कॉलगेट के इश्तिहार में कोई फ़र्क़ नहीं आया। कहने लगीं, 'आपके पैसे आपको मुबारक़, मेरी तरफ़ से ईद मुबारक़'। मैंने भी चेहरे पर जलते तवे जैसी मुस्कुराहट सजाते हुए कहा कि पास पड़ोस के लोग तो बक़रीद के लिए छुरियाँ तेज़ करने में मसरूफ़ हो गये हैं और आप अभी तक ईद मुबारक के सियासी प्लेटफ़ार्म पर खड़ी हैं। कहने लगीं—'तीस बरस पहले आपने जिस छत पर चाँद देख कर ईद मनायी थी, मैं अभी तक उसी प्लेटफ़ार्म पर खड़ी हूँ।' इस बेइन्तिहा भरपूर और ख़ूबसूरत जुमले को सुनते ही ऐसा लगा जैसे मैं पच्चीस बरस का वह नौजवान हूँ जो ख़ाली क्लास रूम के ब्लैक बोर्ड पर किसी लड़की का नाम लिख रहा है :

ये लड़के अब लिफ़ाफ़े सूँघते हैं
किसी ख़त में न अपना नाम लिखना

मैंने बेगम की खुश फ़हमी का और ज़्यादा इम्तिहान न लेते हुए कहा कि, 'मुनाफ़िक़ों (कपटाचारियों) की तरह नहीं, मुसलमानों की तरह बताइए, क्या चाहती हैं?' उन्होंने मेरे लहजे की तेज़ाबियत को बड़े सलीक़े से अपने सब्र के पैमाने में उँड़ेल लिया, (सब्र वह असलहा है जिसने कभी किसी असलहे वाले को नुक़सान नहीं पहुँचाया) लिहाज़ा मैंने भी लहजे के चिराग़ की लौ को मद्धम करते हुए पूछा कि, "मलिकये दिलो जान, यह गुलामे बेसरोसामान आपके ख़मे अबरू के इशारे का मुतमन्नी, आपकी चश्मे तवज्जो का तालिब ही नहीं आपकी जुम्बिशे लब का मुनतज़िर और जज़्बये जाँनिसारी से सरशार भी है।" हालाँकि जितने भी ख़ूबसूरत अलफ़ाज़ चरख़ी की डोर की तरह मेरे मुँह से निकल रहे थे उनसे मेरे जज़्बात की कोई हम आहंगी (एक सुरता) नहीं थी क्योंकि हम दोनों उस अह्द में साँस ले रहे थे जहाँ आवाज़ किसी की होती है लेकिन बोलता कोई और है। अपने ही होंठों से उबलने वाले लफ़्ज़ों से अजनबीयत की इतनी तेज़ खराँद (बदबू) आ रही थी कि बार-बार उबकाई सी महसूस हो रही थी।

मुझे बेरब्त गुफ़्तगू और ज़ेहनी उलझन में घिरा देखकर उन्होंने फ़ौरन ही अपने आरज़ुओं के बाज़ूबन्द खोल दिये, कहने लगीं 'बहुत दिनों से आप किसी शादी में नहीं गये।' मैंने फ़ौरन कहा कि मेरे होते हुए आपकी हो नहीं सकती और मैं एक ही शादी में गोरों का क़ब्रिस्तान हो चुका हूँ। मेरे ख़ामोश होते ही फिर चहकती हुई बोलीं कि मेरी ख़ालाज़ाद (मौसेरी) बहन की शादी आपके मामूँज़ाद भाई से हो रही है। रिश्तों की बिसात पर आपका मोहरा दोनों तरफ़ से पिट रहा है। फिर ख़ाला ने दावतनामे के लिफ़ाफ़े पर आपके नाम के आगे 'अज़ीम शायर' भी लिखा है। मैंने कहा कि बशीर बद्र के रहते जब ग़ालिब और मीर ही अज़ीम नहीं रह गये हैं तो

मैं किस जौनपुरी खेत की मूली हूँ। वह हँसती हुई बोलीं कि बशीर बद्र की तो आदत है कि अपने सिलसिले का हर काम वह खुद ही कर लेना चाहते हैं। मुमकिन है कि वह इस बात से परेशान हों कि आने वाले ज़माने में उनको Search करने के लिए दर्जन Research Scholars को परेशान होना पड़ेगा और फिर आप तो खुद ही कहते हैं कि बशीर बद्र, उल्लू और तवायफ़ रात में ही अच्छे लगते हैं। दिन में तो तीनों एक जैसे दिखाई देते हैं। फिर हँसती हुई बोलीं कि शादी में चलने को तैयार हो जाइए, क़ायदे के कपड़े पहनिएगा ताकि आप मेरे साथ चलें तो शौहर दिखाई भी दें। मैंने तीस बरस बाद ही सही, लेकिन बेगम को यह इत्तिला देना ज़रूरी समझा कि मैं जब भी किसी ख़ूबसूरत ख़ातून के साथ चलता हूँ तो शौहर ही दिखाई देता हूँ। हर चन्द कि मेरा यह बयान कई खुफ़िया मुआशिक़ों से पर्दा उठा सकता था लेकिन बेगम ने किसी फ़ौरी बदमज़गी से बचने के लिए इस जुमले को यूँ नज़रअंदाज़ किया जैसे रिश्वतख़ोर अफ़सर ताल्लुक़ात को नज़रअंदाज़ करता है :

एक सखी के ब्याह से आकर बीवी मुझसे कहती है
आज तो साजन मैं भी कुँवारी तुम भी कुँवारे लगते हो

शादी के घर की रौनक़ ही अलग होती है। कुमकुमों की तरह दमकते हुए चेहरे, अनार की तरह छूटते हुए कहकहे, इत्रदान की तरह महकते हुए रिश्ते और रिश्तों की मुनासिबत से छेड़ख़ानियाँ, मज़ाक़ और शरारतें बूढ़ों को भी कमसिनी के गलियारों की तरफ़ ले जाने लगती हैं। शादी वाले घर में हर शख़्स मसरूफ़ दिखाई देता है, जिसके पास कुछ काम नहीं होता कुछ ज्यादा ही मसरूफ़ नज़र आता है। शादी वाले घर में कुछ लोग ताश के बादशाह की तरह ज़बान चलाते रह जाते हैं और हुकूमत जोकरों के हाथ लग जाती है। वज़ीर इस इन्तिज़ार में चिलमनों (पर्दों) और क़नातों के इर्द-गिर्द चक्कर काटते रहते हैं कि न जाने कब बेगम की तरफ़ से कोई फ़ौरी हुक्म आ जाए। बुज़ुर्ग गद्दियों से और इक्के ताश की गड्डियों से निकलते ही बेवक़त (सम्मान विहीन) होकर रह जाते हैं। शादी के घरों में तो ये दोनों गोशये आफ़ियत (सुकून का कोना) में पड़े या खड़े दिखाई देते हैं। हमज़ुल्फ़ (साढू) नहले-पे-दहले के फ़िराक़ में रहते हैं, साले छक्कों की ट्रेल ढूँढ़ते नज़र आते हैं, समधी एक दूसरे पर पंजा ताने हुए दिखाई देते हैं और बेचारी सरसब्ज़ (हरी भरी) सालियाँ 'वन टू का फ़ोर' करती रह जाती हैं। गरज़ कि सारी झोंक वही दुग्गियाँ और तिग्गियाँ रोकती हैं, जिनका शुमार सरहद पर बसी हुई मशकूक (संदिग्ध) आबादी में होता है :

जंग में क़त्ल सिपाही होंगे
सुर्ख़रू ज़िल्ले इलाही होंगे

शादी के घर में सुकून ढूँढना रेलवे स्टेशन पर असली मिनरल वाटर ढूँढने की तरह होता है लेकिन आदमी अपने को शाइस्ता, ख़ानदानी और साहिबे सरवत (हैसियतदार) साबित करने के लिए घोड़े के हौदे का पानी भी मिनरल वाटर की तरह

ख़रीदता है। इसी तरह मैं भी ज़मीन के ऊपर सुकून की तलाश में भटक रहा था। ज़ाहिर है कि जिस जगह औरतों की वह नस्ल जमा हो, जिसे बीवी कहा जाए और जिसके बारे में *माएल मलिहाबादी* ने बहुत पहले कह दिया था कि हमारे घरों में बीवियाँ नहीं होती हैं, गुण्डे पले होते हैं। लिहाज़ा भटकते भटकते मैं उस जगह पहुँच गया जहाँ ख़ानदान के ज़्यादातर वह बुजुर्ग जमा थे जो बज़ाहिर राहेरास्त (नेक चलनी) पर आ चुके थे।

ख़ानदान के कई बुजुर्गनुमा हज़रात अपनी ढलती हुई उम्र की दोपहर के बावजूद महकती हुई रात की रानी के पास चारपाइयों पर विराजमान थे। गुफ़्तगू के ज़रिये एक दूसरे के हुक़्क़े की चिलम को ताज़ा करने में मसरूफ़ थे। मैंने भी उसी गोशये आफ़ियत की तरफ़ रुख़ करना मुनासिब समझा और अपने खुरदरे लहजे को तहज़ीब के ज़ाफ़रानी क़िवाम में गूँध कर मैंने तमाम बुज़ुर्गों को आदाब अर्ज़ किया। शायराना मिज़ाज पुर्सी की। कई एक बुज़ुर्गों की जूतियाँ भी सीधी कीं लेकिन Classical Base बुज़ुर्गों ने मुझे Out of Date समझ कर ठुकरा दिया और नयी नस्ल में पनपती हुई दहशतगर्दी के पेशेनज़र अपने लहजे पर शहद में डूबा चाँदी का वरक़ भी चढ़ाये रहे। मेरे यह पूछने पर कि मुआशिरे में बड़े होने का Definition क्या है? बुजुर्गवार पहले तो फट पड़े, फिर बोले कि मियाँ ज़माने में या तो ज़मीनों की क़ीमतें बढ़ती हैं या कमीनों की। बैंक भी ज़मीन के काग़ज़ात पर आपको मुँह माँगा लोन देने को तैयार रहते हैं। इसी तरह कमीनगी के Documentary Proof के बग़ैर कोई भी सियासी पार्टी इलेक्शन में टिकट भी नहीं देती है। मैंने जल्दी से एक सवाल और जड़ दिया कि हज़रत, ख़ानदानी आदमी की क्या पहचान है? पलट कर वार करते हुए वह बोले कि वह हमेशा पाँव के पास बैठता है।

उनके इस सादा से मगर भरपूर जुमले के आइने में स्टेज पर बैठे हुए कई मुअज़्ज़िज़ (इज़्ज़तदार) शायरों और अदीबों के चेहरे घूम गये जो लियाक़त के हिसाब से Schedule Caste होते हुए भी सफ़े अव्वल में गाव तकिये पर अपनी पुश्त (पीठ) रख कर मुशायरे की तहज़ीब को पसेपुश्त (पीठ के पीछे) डाल देते हैं :

उठा लेता है अपनी एड़ियाँ जब साथ चलता है
वो बौना किस क़दर मेरे क़दोक़ामत से जलता है

सिर्फ़ तिनकों का नाम आशियाना नहीं

शाख़े ज़ैतून से अम्न तहरीर करने वाले, रेगिस्तान के भूल भुलय्यों में भी सिराते मुस्तकीम (नेकियों की राह) पर चलने वाले, गले में अल्लाह के कलाम को तावीज़ की तरह पहनने वाले, खजूर और ऊँटनी का दूध पीकर परवरदिगार का शुक्र अदा करने वाले, धूप ओढ़ कर रेत पर सो जाने वाले, अपने हौसलों से सारी दुनिया को फ़तह करने वाले, अपने इरादों से दूध की नहर निकालने वाले, अपने किरदार से दुश्मन को ज़ेर करने वाले, ईमान की दौलत से मालामाल और शहादत के जज़्बे से सरशार लोग बादशाहत को क़लन्दर की अंगड़ाई से ज़्यादा अहमियत नहीं देते हैं। अगर बादशाहत में फ़क़ीरी का इत्र शामिल न हो तो वह बेरूह मालूम होती है। मेरी मालूमात के मुताबिक़ सुल्तान क़ाबूस ने अपने इब्तिदाई दिनों में उम्र का सुनहरा हिस्सा महाराष्ट्र के शहर पूना में गुज़ारा था। घाटियों और समन्दर से घिरा शहर बम्बई उनकी पहली मोहब्बत की तरह था। शायद इसीलिए सुल्तान क़ाबूस के दिल में हिन्दुस्तान और हिन्दुस्तानियों के लिए हमेशा नर्म गोशा रहा है।

अम्मान और केरला में तो बेपनाह मुशाबिहत (समरूपता) है। शायद दुनिया पहले एक मुल्क रही होगी। ज़मीन क़ुदरत की बुनी हुई एक क़ालीन की तरह रही होगी। गुलबूटे भी एक जैसे रहे होंगे। सबसे पहले ज़मीन को जंगली जानवरों से बचाने वाली मुहज़्ज़ब (सभ्य) क़ौमें सरहदों पर काँटेदार बाढ़ क्यों लगाती हैं।

जुग़राफ़िया की करवटें तो आये दिन दुनिया के नक्शे को बदलती रही हैं। शायद इसीलिए दुनिया के किसी मुल्क में हुकूमत किसी भी मज़हब की हो, लेकिन नमाज़ के वक़्त न तो वज़ू के पानी से उसका मज़हब पूछा जाता है और न तयम्मुम करते हुए मिट्टी ज़ात पूछी जाती है और जब सीने पर अल्लाह का ये फ़रमान भी नक्श हो कि "मैं सारे आलम का रब हूँ" तो अयोध्या के राम मन्दिर की तामीर के लिए सल्तनते अम्मान से सोने की ईंटें भेजने वालों को भी हुकूमतें बाग़ी या दहशतगर्द नहीं कहतीं। अल्लाह के फ़रमान की पैरवी बादशाहत का ईमान होती है क्योंकि वही तो सारे आलम का मालिक है, जिसकी मर्ज़ी के बग़ैर न पत्ते हिलते हैं और न खोये हुए मिलते हैं। बादशाहत ने जहाँ भी इंसाफ़ की मिसाल क़ायम की है, वहाँ से कम्युनिज़्म ने अपने पैर समेट लिए क्योंकि कम्युनिज़्म हुकूमत की

कुरबत पाते ही आँखें मूँद लेता है। शायद इसीलिए जम्हूरियत का नारा लगाता हुआ कम्युनिज़्म आज तक केरल की गुर्बत को दूर नहीं कर सका, लेकिन कल तक पेट की आग बुझाने के लिए बन्दरगाहों के ग़ैर मुल्की जहाज़ों के इन्तिज़ार में खड़े हुए अम्मानी आज सारी दुनिया के इंसानों को अपने मुल्क में बाइज़्ज़त ज़िन्दगी गुज़ारने की दावत देते नज़र आते हैं।

1990 ई॰ के ठिठुरते हुए दिसम्बर की बारह तारीख़ को मस्क़त में मुशायरा था। मोहतरम हुमायूँ ज़ैदी ने मुशायरे की फ़ेहरिस्त के आँचल में इस ख़ाकसार का नाम भी टाँक दिया था। मैं और मंज़र भोपाली मुम्बई एयरपोर्ट से मस्क़त के लिए रवाना हुए। मस्क़त एयरपोर्ट से बाहर निकलते ही रात होने के बावजूद शदीद गर्मी का एहसास हुआ। दस बजे रात में भी वहाँ इतनी गर्मी थी कि जिस्म के कपड़े मई जून की दोपहर मालूम हो रहे थे। हम लोग काफ़ी देर तक अपने मेज़बान के इन्तिज़ार में एयरपोर्ट के बाहर बेयारोमददगार खड़े थे। मैंने मंज़र से कहा कि अपने मेज़बान डॉक्टर आबिदीन को फ़ोन करो। मंज़र ने कहा कि नम्बर तो मौजूद है लेकिन अम्मानी सिक्का मौजूद नहीं है। मैंने टेलीफ़ोन बूथ पर खड़े अम्मानियों की तरफ़ इशारा करते हुए कहा कि इनसे अपने परेशानी बताकर एकाध सिक्का माँग लो। मंज़र ने मुस्कुराते हुए एक बोर्ड की तरफ़ इशारा किया जिस पर अरबी और अंग्रेज़ी में तहरीर था कि भिखारियों को जेल में बन्द कर दिया जाएगा। मैं दिल ही दिल में सोच कर हँसने लगा कि अगर हम लोग इस जुर्म में बन्द हो जाएँ तो कल हिन्दुस्तानी अख़बारात में ख़बर छपेगी कि हिन्दुस्तान के दो मशहूर शायर मस्क़त एयरपोर्ट पर भीख माँगते हुए गिरफ़्तार हो गये।

अभी हम लोग अपनी ग़रीबुल वतनी (वतन से दूर होना) पर आँसू बहाने की कोशिश कर रहे थे कि मेज़बानों की कई गाड़ियाँ हमारे पास आकर रुकीं। हम लोग अपने चेहरों की परेशानियों से पहचान लिये गये। यूँ भी दुनिया के हर ग़रीबुल वतन का चेहरा एक जैसा होता है। मेज़बान में से एक साहब ख़िफ़्फ़त (शर्मिंदगी) की ख़लीज (खाड़ी) पाटते हुए कहने लगे कि 'अव्वल तो जहाज़ पन्द्रह मिनट पहले आ गया है, दूसरे देहली से सरदार जाफ़री साहब भी तशरीफ़ ला रहे हैं। उनका जहाज़ भी रन वे पर उतर चुका है।' हमें कोल्ड ड्रिंक से बहला कर हमारे कुछ मेज़बान एयरपोर्ट के अन्दर जाफ़री साहब को ख़ुशआमदीद कहने के लिए आगे बढ़ गये। काफ़ी वक़्त गुज़रने के बावजूद जाफ़री साहब एयरपोर्ट से बाहर नहीं आये, हालाँकि जहाज़ को आये तक़रीबन एक घण्टा गुज़र चुका था। एक मेज़बान अन्दर से तशरीफ़ लाये और हम लोगों को एक गाड़ी के ज़रिये क़यामगाह की तरफ़ रवाना कर दिया गया क्योंकि जाफ़री साहब को एयरपोर्ट पर सिक्युरिटी वालों ने रोक लिया था। इसकी वजह ये थी कि उनके सामान में एक वीडियो कैसेट था जिसमें उनके सीरियल *कहकशाँ* का वह एपीसोड मौजूद था जिसमें मख़्दूम महियुद्दीन की हयात (जीवन)

और कारनामे क़ैद थे और उसमें कम्युनिट पार्टी की यूनियन और लाल झण्डे लिये मज़दूर भी दिखाये गये थे। डॉक्टर आबिदीन की कोशिशों के बाद सिक्युरिटी वालों ने थोड़ी मुरव्वत करते हुए कैसेट को अपने पास रख कर जाफ़री साहब को मस्क़त में दाख़िल होने की इजाज़त दे दी। मैंने पहली बार हिन्दुस्तान से बाहर किसी मुल्क का सफ़र किया था लिहाज़ा मेरे सामने तजरुबे और उससे सबक़ लेने की एक नयी दुनिया सिर उठाये खड़ी थी। मैं एक जम्हूरी मुल्क का बाशिन्दा, इतने सख़्त क़ानून देखकर मेरी आँखों के सामने क़ैदे ज़िन्दाँ (जेलख़ाने की क़ैद) की तस्वीर नाच रही थी। जाफ़री साहब कैसेट लेकर दाख़िल नहीं हो सके, हम लोग फ़ोन के लिए किसी से दो चार सिक्के नहीं ले सकते थे लेकिन हर मुल्क के अपने क़ायदे क़ानून होते हैं और यूँ भी अगर क़ूनन और इंसाफ़ मुल्क और अवाम की जानोमाल और आबरू की हिफ़ाज़त करे तो उसका सच्चे दिल से एहतराम करना चाहिए।

दूसरे दिन कलकत्ते के एक दोस्त जावेद ने मुझे शहर की रौनक़ दिखाने की ठानी। उनके साथ सारा दिन मस्क़त में घूमता रहा। छोटा सा मुल्क जो बेहतरीन तरीके से तैयार किया गया था जिसकी जिद्दत पसन्दी (आधुनिकता पसन्दी) और ख़ुशहाली के ख़्वाब सुल्तान क़ाबूस की आँखों ने देखे थे। बादशाहत सियासी सूझबूझ का वह चश्मा (झरना) है जिससे क़ौमें सैराब (तृप्त) होती हैं। सल्तनते अम्मान की तरक़्क़ी वहाँ के अम्न का दूधिया उजाला, वहाँ का अद्लो इंसाफ़, वहाँ की समाजी बराबरी इस बात का सुबूत फ़राहम कर रही थी कि यक़ीनन बादशाहत के सिर पर अल्लाह का साया होता है।

मस्क़त की शहरगर्दी (शहर घूमना) करते हुए जदीन तरीन इमारतें, फैशनेबिल बाज़ार, बर्क़ रफ़्तार कारें, हँसते मुस्कुराते लोग, साफ़ शफ़्फ़ाफ़ सड़कें, ख़ूबसूरत तरीन मस्जिदें और चेहरों पर अल्लाह का नूर सजाये नमाज़ी हर तरफ़ नज़र आ रहे थे। शहर के ऐन क़ल्ब में (बिल्कुल बीच में) बाविक़ार तरीक़े से सिर उठाये हुए एक मन्दिर भी मौजूद था जो बुनियाद से बुलन्दी तक सुनहरा था, जैसे सोने के पहाड़ पर किसी हुनरमन्द संग तराश ने अपना फ़न उंडेल दिया हो। मैंने हिन्दुस्तान के बिरला मन्दिर, जे.के. मन्दिर के अलावा भी हज़ारहा मन्दिर देखे हैं, लेकिन उस मन्दिर के छनते हुए नूर से मुसलमानों के इंसाफ़, भाईचारे और रवादारी की खुशबू आ रही थी। मैंने बातों बातों में जावेद से पूछा कि, "शहर में पुलिस वाले नहीं दिखाई दे रहे हैं?" उसने हँसते हुए जवाब दिया कि, "इसीलिए तो यहाँ दंगा फ़साद नहीं होता।" फिर उसने हँसते हुए बताया कि मुझे यहाँ रहते हुए पन्द्रह बरस हो गये हैं। इन पन्द्रह बरसों में सिर्फ़ एक बार मैंने दो टैक्सी वालों को लड़ते और गालियाँ बकते देखा था। वह भी खुदा के फ़ज़्ल से हिन्दुस्तानी नहीं पाकिस्तानी थे।

अगर ताजमहल के लासानी (अद्वितीय) हुस्न में सल्तनते मुग़लिया के ख़ज़ाने के साथ साथ शाहजहाँ के इश्क और इंतिज़ार का जज़्बा भी शामिल था तो मुल्के

अम्मान की तामीर में जलालत मआब सुल्तान क़ाबूस की वह इंसाफ़ परवर बादशाहत भी मौजूद है जिसके आगे दुनिया की कोई भी जम्हूरियत रंगीन कागज़ का गुलदस्ता मालूम होती है। सुल्तान अम्मान के सिलसिले में सेरगी प्लेख़ानोफ़ की तालीफ़ करदा (संकलित की हुई) किताब बज़ाहिर एक मुकम्मल और दीदाज़ेब किताब है जिसका दामन तारीख़, जुगराफ़िया और अदबी सरगोशियों से लबरेज़ है। रूसी मुसन्निफ़ (लेखक) सेरगी प्लेख़ानोफ़ ने जिस मौजू (विषय) को छू लिया है उसे बेमिसाल बना दिया है। क़ाबिल मुसन्निफ़ ने इस किताब में जगह जगह अपनी आँखों से कैमरे का काम भी लिया है। मुसन्निफ़ अपनी लियाक़त और पेशेवराना सलाहियत के साथ साथ सुल्तान क़ाबूस और सरज़मीने अम्मान से अपनी बेगरज मोहब्बत को छुपाने में नाकाम रहे हैं और होना भी यही चाहिए क्योंकि जज़्बे की सदाक़त के बग़ैर तहरीरें कागज़ का फूल होकर रह जाती हैं। डॉक्टर सैय्यद बशीर अहमद ने इस किताब का तर्जुमा (अनुवाद) भी यक़ीनन अच्छा किया होगा। हालाँकि ये मुहावरा (कहावत) आम है कि तर्जुमा कितना ही अच्छा क्यों न हो, कश्मीरी शाल के उल्टे हिस्से की तरह होता है लेकिन चूँकि मोहतरम बशीर साहब कश्मीरी हैं लिहाज़ा उन्होंने तर्जुमे के वक़्त इस मुहावरे को ज़ईफ़ (बूढ़ा) करने की भरपूर कोशिश की होगी। तर्जुमे का सबसे तारीक (अँधेरा) पहलू ये भी होता है कि मुतरजिम (अनुवादक) चाहे मुअर्रिख़ क्यों न हो, उसके हाथ बँधे रहते हैं। मैं ये अर्ज़ करना चाहता हूँ कि हिन्दुस्तान का अरब मुमालिक (मुल्कों) से ख़ास तौर पर सल्तनते अम्मान से इतना मज़बूत, क़दीम और बेतकल्लुफ़ रिश्ता रहा है कि जुनूबी हिन्द (दक्षिणी भारत) में ये कहावत आम हो गयी थी कि अम्मान के बावर्चीख़ानों से हिन्दुस्तान के मसालों की खुशबू आती है। कुर्बत, अपनाइयत और पड़ोस की इससे अच्छी मिसाल नहीं दी जा सकती है। एक दूसरे का एतबार इस मंज़िल पर था जहाँ एक दूसरे के सिक्के तक क़ाबिले कुबूल हुआ करते थे। हज़रत मोहम्मद सल की इस हदीस (कथन) का सबसे ज़्यादा एहतराम अम्मान के सुल्तानों ने ही किया कि मुझे हिन्दुस्तान की जानिब से ठण्डी हवाएँ आती हुई महसूस होती हैं। आज भी अम्मान और हिन्दुस्तान के मज़बूत रिश्तों के बीच समन्दर एक गलियारे की हैसियत रखता है।

अबदी और तहज़ीबी तौर पर सल्तनते अम्मान में लखनऊ, हैदराबाद, अलीगढ़, मुम्बई, गुजरात, मद्रास और केरल के तक़रीबन सभी शहरों का तसव्वुर आबाद है। अगर हमारे अरबाबे इक़्तिदार ख़ुली आँखों से ज़िन्दगी के कुछ दिन सल्तनते अम्मान में गुज़ार लेते तो उन्हें हुकूमत करने का हुनर मालूम हो जाता। काश! सुल्तान क़ाबूस साहिबे औलाद भी होते तो दुनिया अंग्रेज़ी के इस क़ौल को ग़लत होते भी देख लेती कि दुनिया में सात बादशाह हमेशा मौजूद रहेंगे... चार ताश के दो शतरंज के और एक सल्तनते बरतानिया का :

मेरी हिम्मत भी शामिल है तामीर में
सिर्फ़ तिनकों का नाम आशियाना नहीं

हमसे बचिए वर्ना कलकत्ते उठा ले जाएँगे

कलकत्ता भी अजीबो ग़रीब शहर है। दूर से देखिए तो एक मुल्क दिखाई देता है, क़रीब से एक मोहल्ले की तरह। यहाँ मुख़्तलिफ़ क़ौमों और बेशुमार इलाक़ों के लोग आबाद हैं। अगर ग़ौर से देखिए तो यह एक घर नज़र आता है जहाँ एक मुश्तरिका (संयुक्त) ख़ानदान रहता है। कलकत्ता ने कभी न तो किसी से उसकी ज़ात पूछी, न नाम, न उम्र पूछी, न मज़हब, न आमदनी पूछी, न पेशा। कलकत्ता तो ख़ून की तरह है जिसका काम रगों में गर्दिश करना और ज़िन्दगी की रमक (चमक) को बरक़रार रखना है। ख़ून भी कब किसी से उसकी ज़ात, उम्र और उसका मज़हब पूछता है। कलकत्ता मुनज़्ज़म (क्रमबद्ध) इतना कि बन्द में सब कुछ बन्द हो जाता है, मुत्तहिद (संगठित) इतना कि कोई भी किसी को छोड़ कर जाने के लिए तैयार नहीं होता है। मुफ़क्किर ऐसा कि जैसे हर वक्त आँखें बन्द किये सोचता रहता हो। मुजाहिद ऐसा कि आज़ादी का तसव्वुर भी उसके बग़ैर नहीं किया जा सकता है। मुहाफ़िज ऐसा कि फुटपाथ पर रहने वालों की हिफ़ाज़त भी जी जान से करता है।

कलकत्ता जब मेहमान नवाज़ी पर आमादा होता है तो टीपू सुल्तान के बच्चों का भी ख़ैरमक़दम (स्वागत) करता है, नवाब वाजिद अली शाह को बहैसियते मेज़बान आदाब करता है। जब एतबार करने पर आता है तो मदर टेरेसा को अपने बच्चे सौंप देता है। अदब की तरफ़ देख लेता है तो टैगोर के ज़रिये Noble Prize हासिल कर लेता है और नज़रूल इस्लाम के ज़रिये बंगला अदब को मालामाल करवा देता है। सुकान्तो से नये बंगला अदब की बुनियाद रखने को कहता है, वहशत के ज़रिये अपनी उर्दू नवाज़ी का एलान करवा देता है, परवेज़ शाहिदी से तरक़्क़ी पसन्द अदब की बुनियाद में पत्थर रखने को कहता है, एज़ाज़ अफ़ज़ल से ग़ज़ल की ताजदारी सम्भालने को कहता है, ऐन. रशीन से ग़ालिब का कलाम बंगला में पढ़वा कर सुनता है और तहरीरी तौर पर अपने पास महफ़ूज़ भी कर लेता है। फ़िल्म इण्डस्ट्री के मेयार (स्तर) को बुलन्द करने के लिए सत्यजीत रे और ऋतिक घटक को हुक्म देता है। दुनिया को अपने सलोने हुस्न से रूशनास (परिचित) कराने के लिए सुष्मिता सेन और ऐश्वर्या राय को आगे करता है।

शायद इसीलिए अपनी कई ख़राबियों के बावजूद कलकत्ता अज़ीम है। रेस ग्राउण्ड के क़रीब ही विक्टोरिया मेमोरियल है। पता नहीं मलिका विक्टोरिया ने रेस ग्राउण्ड बनवाया था या रेस ग्राउण्ड ने मलिका विक्टोरिया को? हरचन्द की हकीम साहब के अक़वाले ज़र्री (अमूल्य कथन) में एक क़ौल ये भी है कि रेस ग्राउण्ड में घोड़े दौड़ते हैं और गधे खुश होते हैं लेकिन गधों के खुश होने के लिए घोड़ों का दौड़ना ज़रूरी नहीं है।

विक्टोरिया मेमोरियल के इर्द-गिर्द हरियाली है। हर दरख़्त के नीचे नौजवान जोड़े आदम और हव्वा के रिश्ते को मज़बूती बख़्शने में मसरूफ़ रहते हैं लेकिन इश्क़ जज़्बात के आख़िरी पायदान पर क़दम रखने नहीं पाता क्योंकि तजरुबेकार पुलिसवाले ऐसी जगहों पर अपनी ड्यूटी की वफ़ादारी साबित करने के लिए तैयार रहते हैं। ज़ाहिर है कि हर मंज़िल तक पहुँचने के लिए किसी न किसी का सहारा तो लेना ही पड़ता है और अगर पुलिसवाले अपनी आँखों को रिश्वत के पर्दे से ढाँक लें तो हिन्दुस्तान को अपनी आबादी बढ़ाने से कौन रोक सकता है। हुकूमत के लिए अपने हकीम साहब का ये मशविरा कारामद साबित हो सकता है कि ऐसे तमाम हस्सास (संवेदनशील) इलाक़ों में गश्त करती पुलिस को तनख़्वाह के एवज़ "आलाते मंसूबाबन्दी" (परिवार नियोजन से सम्बन्धित सामग्री) बेचने का काम देना चाहिए। इससे कई तरह के फ़ायदे हो सकते हैं। मिसाल के तौर पर, पुलिसवाले वक्त से पहले तनख़्वाह और तनख़्वाह से ज़्यादा बख़्शिश वसूल कर लेंगे। हुकूमत को इस तरह आबादी रोकने में ख़ासी मदद मिल सकेगी। मोहकमये सेहत (स्वास्थ्य विभाग) को मोहलक (जानलेवा) बीमारियों पर कम से कम खर्च करना पड़ेगा और अपनी हद से गुज़र जाने वाले नौजवान जोड़े अपने बुजुर्गों की शर्मिंदगी का सबब भी नहीं बनेंगे :

लाख पहले हों लगे शहर के दरवाज़े पर
इंक़लाब आने को होता है तो आ जाता है

विक्टोरिया मेमोरियल के आस पास खुनक (हल्की ठण्डी) शाम के मलगजे अँधेरे में दरख़्तों की शाख़ें आदाब करती हुई महसूस होती हैं। हवा की ताल पर ज़र्द पत्तों की सदा घुँघरुओं की खनक जैसी लगती है। बादलों की ओर से चाँद जब नज़र भर के विक्टोरिया मेमोरियल की इमारत को देखता है तो महसूस होता है कि कुदरत इस इमारत को कच्चे दूध से नहलाने पर आमादा हो। इसके बावजूद अँधेरी रातों में विक्टोरिया मेमोरियल की इमारत किसी नयी नयी बेवा की तरह उदास और ख़ामोश दिखाई देती है। दिन के शोर, ज़िन्दगी के हंगामे और तनहाइयों से थके हारे लोग विक्टोरिया के आस पास उगी हुई खूबसूरत घास पर इस तरह बैठ जाते हैं जैसे फ़िज़ा में शाम तक उड़ते रहनेवाला कबूतर अपनी छतरी के बजाय किसी पेड़ की शाख़ पर अपने जिस्म का बोझ डाल देता है।

कलकत्ते की पूजा बहुत मशहूर है। दुर्गा पूजा, काली पूजा और कुर्सी पूजा। आख़िरी पूजा का मुसलमानों के यहाँ ख़ास एहतमाम किया जाता है बल्कि आप यूँ भी कह सकते हैं कि ये पढ़े लिखे लोगों की पूजा है। इसमें कोई मूर्ति नहीं बिठाई जाती बल्कि कुर्सी पर बैठे हुए शख़्स से काम चलाया जाता है, उसके एज़ाज़ (सम्मान) में मुख़्तलिफ़ मोहल्लों, मोहल्ले की गलियों और गलियों के कमरों में इस्तक़बालिया (स्वागतोत्सव) का एहतमाम किया जाता है और फिर तारीफ़ किसे अच्छी नहीं लगती। पत्थर को भगवान कह दीजिए तो वह भी हरकत करने लगता है। इस पूजा से कोई साहिबे एज़ाज़ (सम्मानित व्यक्ति) इंकार नहीं करता। कुर्सी पूजा में झूठ बोलना, तारीफ़ करना और ग़ीबत से मुँह जूठा करना ज़रूरी होता है। कुछ तो इतने शरीफ़ होते हैं कि मुरव्वत में मारे जाते हैं और कुछ इतने पिछलग्गू होते हैं कि अपनी तरफ़ से ही पूजा की तारीख़ का एलान कर देते हैं। हालाँकि इस पूजा से मूर्ति बनाने वाले बहुत नाराज़ रहते हैं कि उन्हें कोई काम नहीं मिलता जबकि ये साल भर चलने वाला त्यौहार है। पता नहीं हिन्दी भाषी हिन्दुस्तान में लोग हर साल रामलीला में रावण का पुतला क्यों बनाते हैं? रेडीमेड से काम क्यों नहीं चलाते। इस तरह पैसे भी कम ख़र्च होंगे और रावण भी अच्छी क्वालिटी के दस्तयाब (उपलब्ध) हो जाएँगे। देहली और यू.पी. में तो असली रावण से ज़्यादा शानदार और जानदार रावण दस्तयाब हो सकते हैं। बक़ौल हकीम साहब, दस हजार चूहे मारने से अच्छा है कि एक हरामख़ोर मार दिया जाये। इस अमल से हुकूमत और अवाम दोनों को फ़ायदा होगा। मेरी छोटी साली का ब्यूटी पार्लर है। एक दिन मैं उसके घर पहुँचा तो वह अपने ब्यूटी पार्लर से निकल आयी और माज़िरत (क्षमा याचना) करने लगी कि, "सीता जी का मेकअप कर रही थी, आज यहाँ रामलीला है"। मैंने उससे कहा, "मेरा मेकअप कर दो"। वह हँसते हुई बोली, "मेरा भी बहुत जी चाहता है क्योंकि मैंने कभी रावण का मेकअप नहीं किया है।" मैं दिल ही दिल में सोचने लगा कि अच्छा हुआ ये सीता नहीं है वर्ना लक्ष्मण रेखा पार कर सकती थी। कुर्सी पूजा आम तौर पर सनीचर और इतवार को हुआ करती है क्योंकि इस पूजा के लिए अभी तक हुकूमत की तरफ़ से किसी ख़ास दिन की छुट्टी का बाक़ायदा एलान नहीं हुआ है।

शेयर बाज़ार की तरह यहाँ पूजा की जाने वाली कुर्सी के भाव भी उतरते चढ़ते रहते हैं। कलकत्ते की सबसे बड़ी ख़ूबी भी ये है कि यहाँ कोई किसी का दुश्मन हो या न हो कोई किसी का मुस्तक़िल दोस्त हरगिज़ नहीं हो सकता। यहाँ के लोगों की वफ़ादारियाँ मुजरा करती तवायफ़ की तरह निगाहें बदलती रहती हैं। लेकिन इस बेवफ़ाई पर कोई एहतिजाज (विरोध) नहीं करता बल्कि सब अपने वक़्त का इंतिज़ार करते रहते हैं। बचपन में अपने नौजवान दोस्तों के साथ मैं ईडन गार्डेन घूमने जाता था। नवउम्री का ज़माना था। ख़्वाब भी पहले सर्राफ़े में नहा कर सुनहरे हो जाते थे फिर आँखों में आते थे। ईडन गार्डेन में हर पेड़ के नीचे एक नवजवान या किसी

हद तक जवान जोड़ा बैठा इश्क़ की दास्तान मुकम्मल करने में मसरूफ़ रहता था। मोहब्बत में अपनी ही ख़बर नहीं होती तो इर्द-गिर्द की ख़बर कौन रखता है। हम लोग मोहब्बत में मसरूफ़ इन खुश क़िस्मतों से एक रक़ीबाना (ईर्ष्यापूर्ण) ख़लिश रखते थे :

बिछड़ के तुझसे न देखा गया किसी का मिलाप
उड़ा दिये हैं परिंदे शजर पे बैठे हुए

कभी कभी हमारे साथ के कुछ लड़के किसी नवजवान जोड़े को छेड़ देते थे, नतीजे के तौर पर पूरे ईडन गार्डेन में बैठे हुए कुछ जोड़े मुत्तहिद हो जाते और हम लोगों की धुनाई कर देते थे। बिल्कुल यही सूरते हाल कलकत्ता में उर्दू अदब के चौधरियों की है। ये सब कुर्सी के लिए एक दूसरे पर कमानें ताने रहते हैं। एक दूसरे को ज़िच करने की हर मुमकिन कोशिश करते हैं लेकिन जैसे ही कोई नववारिद (नवागन्तुक) शायर या अदीब उनसे कुछ कहता है ये सब के सब मिल कर उसे मारने खड़े हो जाते हैं। वह तो कहिये हुकूमत ऐटमी असलहे बहुत हिफ़ाज़त से रखती है वर्ना उन्हें दहशत गर्दों के बजाय कलकत्ते के शायर और अदीब उठा ले जाते और एक दूसरे पर दाग़ देते। माहिरीन (विशेषज्ञों) का ख़याल है कि जो जितनी ज़्यादा कुर्सी पूजा करता है उसे उतना ही बड़ा ओहदा दिया जाता है और ज़ाहिर है कि मुसलमान जो काम करता है डूब कर करता है बल्कि जो काम करता है उसमें डूब जाता है। इस लिहाज़ से कुर्सी पूजा के मामले में उसके तो कहने ही क्या हैं। एक साहब अपने पीर साहब के पास पहुँचे। गिड़गिड़ाते हुए कहने लगे, "आप मेरे पीर साहब हैं, मैं आपके मशविरे के बग़ैर कोई काम नहीं कर सकता, लिहाज़ा मैं आपसे मशविरे का तालिब हूँ। मैं शहर में एक सिनेमा हाल बनवाना चाहता हूँ, आप बता दें कहाँ बनवाऊँ?" ये सुनते ही पहले तो पीर साहब को जलाल आ गया लेकिन जब मुरीद को बज़िद देखा तो हुक्म दे दिया कि, "मुसलमानों के मोहल्ले में बनवाओ, फ़ायदा होगा"। मुरीद ने वजह जाननी चाही कि सिनेमाहाल मुसलमानों की आबादी में क्यों बनवाया जाए। पीर साहब ने आँखें बन्द कर लीं, मुराक़बे (गम्भीर चिन्तन) में चले गये। थोड़ी देर बाद वापस आये और फ़रमाया, "मुसलमान अमल करने वाली क़ौम है और ऐसी ज़िन्दा क़ौम की मौजूदगी में तुम्हें ख़सारा नहीं होगा।"

जिस तरह एक ज़माने में सय्यद साहब की लड़की इसलिए कुँवारी बैठी रह जाती थी कि कोई भी शख़्स सय्यद साहब की लड़की से निकाह करके उसकी बेहुरमती (अपवित्रता) नहीं करना चाहता था, उसी तरह हमारी एकेडमी भी हुकूमत से मंज़ूरशुदा (स्वीकृत) रक़म का एक हिस्सा कुर्सी पूजा के सदक़े में सरकारी ख़ज़ाने को वापस कर देती है क्योंकि कहीं इस रक़म से शहूद आलम आफ़ाक़ी का फ़ायदा न हो जाए, कहीं ज़फ़र औगानवी, जावेद निहाल, एहसान दरभंगवी, इब्राहीम होश, इकबाल कृष्ण, शोर फ़ैज़ाबादी, शान्ती रंजन भट्टाचार्या, रईसुद्दीन फ़रीदी या किसी भी उर्दू के सच्चे ख़ादिम के लवाहिक़ीन (वारिसों) को फ़ायदा न पहुँच जाए।

वैसे तो ये पूजा कलकत्ते में ज़्यादा मक़बूल है लेकिन इसका दायरा बहुत दूर तक है। कुर्सी पूजा के तीन बड़े और मुस्तक़िल पण्डाल हैं जिनकी बाँस बल्ली का किराया बेचारे उर्दू वाले बर्दाश्त करते हैं। उर्दू एकेडमी, रेडियो स्टेशन और दूरदर्शन केन्द्र। शहर में कोई एज़ाज़ी तक़रीब (स्वागतोत्सव) हो, ताज़ियती जल्सा (शोक सभा) हो, निकाह की तक़रीब हो, तलाक़ की रस्म हो या बच्चों का ख़तना हो इन पण्डालों से कुर्सी ज़रूर आती है। वह तो अच्छा हुआ कि ख़तने का Reneval नहीं होता वर्ना शहर के ज़्यादातर शायर और अदीब लुँगी बाँधे घूमते दिखाई देते। कुर्सी की जगह उसूल और फूल माला के चक्कर में बेतहाशा फूल क़त्ल हो जाते। गुलचीं (फूल तोड़ने वाले) आज़ाद घूमते फिरते हैं और गुल बेचारे चीं करके रह जाते हैं :

कितने गुलों का ख़ून हुआ तुझको क्या ग़रज़
तेरे गले का हार तो तैयार हो गया

सबसे बड़ी पूजा तो उर्दू एकेडमी में होती है। इसमें शहर के बड़े-बड़े पुजारी (महामण्डलेश्वर) शरीक होते हैं। इसमें नागा साधू भी शरीक होते हैं। आप यहाँ आकर देख सकते हैं कि कपड़े पहने हुए लोग भी नंगे हो सकते हैं। यहाँ कोई किसी से शर्माता नहीं है क्योंकि दुनिया में शर्म कपड़ों के बाद आयी है चाहे वह पत्तों की शक्ल में रही हो या पेड़ की छालों की सूरत में। यहाँ सब एक दूसरे से मेल करते हैं और उर्दू को ब्लैकमेल करते हैं। यहाँ लोग मरती हुई उर्दू के ऑक्सीजन पाइप पर पैर रख कर हाथों से एवार्ड लेते हैं। एक बार डॉक्टर शब्बीर आलम से किसी ने पूछा था कि आप एकेडमी के बाहर से कूड़ाघर हटवाने की मुहिम (अभियान) में शामिल थे, फिर आप अचानक ख़ामोश क्यों हो गये? डॉक्टर साहब मरहूम ने सिर झुका कर जवाब दिया कि जब मैंने देखा कि बाहर के मुक़ाबले एकेडमी के अन्दर ज़्यादा कूड़ा है तो मुझे ख़ामोश हो जाना पड़ा। बज़ाहिर कुर्सी पूजा में सब एक दूसरे की मदद करते हैं लेकिन मसनदे सदारत (अध्यक्ष की कुर्सी) के सिलसिले में एक दूसरे का बायकाट करते हैं। मिर्ज़ा क़तील का चक्कर न चला होता तो मिर्ज़ा ग़ालिब कलकत्ते में ही रह जाते, लेकिन मौसूफ़ गालियों से भरा एक ख़त बर्दाश्त न कर पाये और "हाय! हाय" करते हुए कलकत्ते से भाग लिये।

फ़ैज़ साहब एफ्रोएशियन के मुशायरे में जब कलकत्ता तशरीफ़ लाये तो वहाँ उनका ज़बर्दस्त इस्तक़बाल हुआ। हुकूमत ने कलकत्ता यूनिवर्सिटी में *इक़बाल चेयर* के आगाज़ का एलान किया। फ़ैज़ साहब से इस पुरविक़ार (गौरवपूर्ण) कुर्सी पर विराजमान होने के लिए भी कहा गया। मुरव्वत के झटके में उन्होंने वादा भी कर लिया। अख़बारात में लम्बी चौड़ी ख़बरें भी शाया (प्रकाशित) हो गयीं लेकिन पाकिस्तान पहुँचते ही उन्होंने उम्र के आख़िरी हिस्से में तमाशा बनने से इंकार कर दिया। अव्वल तो वह पाकिस्तान पहुँचते ही इस तरह बदल गये जैसे हमारे ख़ानदान के बेशतर अफ़राद (लोग) बदल गये हैं। दूसरे उन्होंने तमाम सियासी और इल्मी जोड़

घटाव किया होगा, फिर तारीख़ के आईने में मिर्ज़ा ग़ालिब का अंजाम भी देखा होगा, और यूँ भी उनसे ज़्यादा कम्युनिस्टों के रूखे वादों से कौन वाक़िफ़ रहा होगा। उम्र का बेशतर हिस्सा जिला वतनी में गुज़ारने वाले फ़ैज़ साहब दुनिया के बहुत से मुल्कों के अरबाबे इक्तिदार के अहदो पैमान (वादों वगैरह) से खूब वाक़िफ़ रहे होंगे। अल्लाह जन्नत बख़्शे जोश साहब को, वह बेचारे तो एक ढाई बालिश्त के मुल्क की हुकूमत के झटके बर्दाश्त नहीं कर सके थे। *यादों की बारात* लिखकर दिल की भड़ास निकाली और हुकूमत को ख़बरदार भी किया, लेकिन पंजाब में उस्तुरा और पठान नहीं बिकता है। बेचारे ग़ैरतमन्द थे, परदेस की मिट्टी से मुँह ढाँक कर ही सो गये। फिर फ़ैज़ साहब तो सहरानवर्दी (रेगिस्तानों की सैर) में क़ैस (मजनूँ) से भी आगे थे। पंजाबी आदमी थे, गिलास में चाय पीते थे। बंगाली कुल्हड़ से न उनकी प्यास बुझती थी, न नीयत भरती थी। लिहाज़ा कलकत्ता यूनिवर्सिटी की इक़बाल चेयर पर तशरीफ़ फ़रमाने से साफ़ इंकार कर दिया। हालाँकि हुकूमत तो अपने बयान में यही राग अलापती रही कि सेहत की ख़राबी की वजह से फ़ैज़ साहब ने अहालियाने बंगाल की अदबी ख़िदमत करने से इंकार किया है। अगर खुदा न ख़ास्ता आ गये होते तो मौलाना मासूमी से ज़्यादा बुरा अंजाम होता। कलकत्ते में ज़िन्दा रहने की दो ही सूरते हैं, या तो मीर जाफ़र बन जाए या सिराजुद्दौला... हालाँकि अंजाम दोनों सूरतों में एक ही जैसा होता है। फ़ैज़ साहब के इंकार के बाद कई तरक़्क़ी पसन्द शायरों और अदीबों के नाम इक़बाल चेयर के लिए उभरते और डूबते रहे लेकिन तरक़्क़ी पसन्द बहुत सयाने होते हैं। वह जब खुदा पर ईमान नहीं रखते तो कम्युनिस्टों पर कैसे भरोसा कर लेते। कलकत्ते के कई प्रोफ़ेसर हज़रात भी इक़बाल चेयर की दौड़ में पूरे जिस्मो जान से शामिल थे। कई उम्मीदवारों की इल्मी लियाक़त, अवामी मक़बूलियत और अरबाबे इक्तिदार से आँख मटक्का भी मज़े का था लेकिन कलकत्ता वालों की ज़ेहनी सतह (मानसिक स्तर) इस अवधी मुहावरे का तर्जुमा है कि, "तू को न मो को, भाड़ में झोंको"। ये लतीफा भी कलकत्ते के उर्दू वालों की ज़ेहनी सूरते हाल बयान करता है कि किसी शहर में केकड़ों की नुमाइश लगी हुई थी, नुमाइशगाह में मुख़्तलिफ़ सूबों और बड़े-बड़े शहरों से लाये गये केकड़े शीशे के खूबसूरत मर्तबानों में रखे दिखाई दे रहे थे। हर मर्तबान पर एक मज़बूत ढक्कन केकड़ों के बाहर आने की कोशिश को नाकाम बना रहा था, लेकिन एक मर्तबान ऐसा भी था जिसमें केकड़े बहुत से मौजूद थे मगर मर्तबान के मुँह पर कोई ढक्कन नहीं था। नुमाइश देखने आये लोगों को यह मंज़र बड़ा दिलचस्प और पुरअसरार (रहस्यमय) लगा। किसी साहब ने नुमाइश के ज़िम्मेदारों से पूछा कि, "साहब! इस मर्तबान के मुँह पर ढक्कन का इस्तेमाल क्यों नहीं किया गया?" उन साहब ने मुस्कुराते हुए बताया कि ये केकड़े कलकत्ता के हैं। इनकी खूबी ये है कि इनमें से जब कोई केकड़ा बाहर निकलना चाहता है तो दूसरे केकड़े मिल कर उसको फिर मर्तबान के अन्दर खींच लेते हैं। लिहाज़ा इक़बाल चेयर

भी कलकत्ता के प्रोफ़ेसरान के लिए नुमाइश का मर्तबान साबित हुई।

नतीजे के तौर पर डॉक्टर मुज़फ़्फ़र हनफ़ी बहला फुसला कर वाजिद अली शाह की तरह कलकत्ता लाये गये, लेकिन फ़ैज़ अहमद फ़ैज़ की आमद से लेकर डॉक्टर मुज़फ़्फ़र हनफ़ी की आमद तक इक़बाल चेयर लकड़ी के दरवाज़ों की तरह टेढ़ी बाँकी हो चुकी थी। इक़बाल चेयर से मुताल्लिक़ एक ख़ूबसूरत बंगला एलाट होना चाहिए था, लेकिन उन्हें तीन कमरों के एक फ़्लैट में क़ैद कर दिया गया। हालाँकि उस फ़्लैट में जाने से पहले डॉक्टर साहब को अग्नि परीक्षा के तौर पर कई महीने मेरे छोटे से घर में गुज़ारने पड़े थे। ख़ैर, डॉक्टर साहब तो बहुत सख़्त जान थे, तेरह बरस झेल गये। हालाँकि उनकी कोशिश थी कि राजा राम चन्द्र जी के वनवास का रिकार्ड तोड़ दें, लेकिन छुट्टी की घण्टी बजने के बाद कौन किसका होता है। शुरु-शुरु में डॉक्टर साहब झड़खड़ी खा गये थे, लेकिन रफ्ता रफ्ता उन्होंने सँभाला ले लिया। हालाँकि मैं डॉक्टर साहब को गाहे गाहे (यदा कदा) ख़बरदार करता रहता था कि यह शहर पर कतरने की क़ैंची की तरह है। इसकी ज़द से आज तक कोई बच नहीं सका है। बल्कि एक दिन जब वह मूड में थे तो मैंने उन्हें ये क़िस्सा भी सुना दिया था कि सऊदी अरब के चिड़ियाख़ाने में एक शेर जब बहुत बीमार हो गया तो उसके इलाज के लिए कई दूसरे मुल्कों से डॉक्टरों की टीमें बुलवाई गयीं। अपनी तमाम कोशिशों के बाद भी डॉक्टरों की टीम किसी ख़ास नतीजे पर नहीं पहुँची। लिहाज़ा मुत्तफ़िक़ा तौर पर (एक मत होकर) चिड़ियाख़ाने के मुन्तज़िमे आला (मुख्य प्रबन्धक) को यह मशविरा दिया गया कि ताक़त का एक कैप्सूल जो काफी महँगा है उसे दस किलो गोश्त के साथ रोज़ाना शेर की खूराक के साथ रख दिया जाये। चिड़ियाख़ाने के मुन्तज़िमे आला ने दस्तबस्ता (हाथ जोड़ कर) अर्ज़ किया कि, "सर! आप दवा चाहे जितनी महँगी तजवीज़ फ़रमा दें लेकिन हम लोग इसे गोश्त सिर्फ आधा किलो दे सकते हैं।" बाहर से आयी हुई डॉक्टरों की टीम के नुमाइंदे ने उससे कहा, "आपका दिमाग़ तो ख़राब नहीं हो गया है, ये शेर है और आप इसे आधा किलो गोश्त देंगे?" मुन्तज़िमे आला ने नज़रें नीची किये जवाब दिया, "सर! है तो ये शेर, लेकिन हमारे यहाँ बिल्ली के वीज़े पर आया है।"

ज़िक्र कुछ पान का भी हो जाये

कहा जाता है कि पान लगाने वाला ग़ीबत (पीठ पीछे बुराई) नहीं कर सकता, लेकिन पान खाने वाला कभी नहीं कर सकता क्योंकि पान लगाने वाले के हाथ फँसे रहते हैं और मुँह खुला रहता है। हालाँकि यह मंतिक़ (सोच) मुस्तनद (प्रमाणित) नहीं है लेकिन तस्लीम करने (मान लेने) को जी चाहता है।

कोई भी शख़्स ग़ीबत करने के लिए पान नहीं खा सकता। हाँ, पान खाने के लिए ग़ीबत की जा सकती है। पहले ज़माने में इस नशे का चलन सिर्फ़ औरतों में था लेकिन जब उनमें लिपस्टिक का फ़ैशन चल पड़ा तो मर्दों ने इन्तिक़ामन (बदले की भावना से) पान खाना शुरू कर दिया। मेरे एक दोस्त ने मुझसे इसलिए मिलना छोड़ दिया कि मैंने एक दिन उनका मुँह लाल देखकर पूछ लिया था कि, 'आप कब से पान खाने लगे?' जबकि क़िस्सा दरअस्ल ये था कि घर में बीवी से मार खाकर आये थे। इज़्ज़त अफ़ज़ाई के दौरान बीवी का ग़लत हाथ पड़ जाने से खून निकल आया था यानी :

मैं जिसको पान समझता था वो लहू निकला

पहले ज़माने में जहेज़ में पानदान का होना बहुत ज़रूरी था। अब यह रिवाज बहुत कम हो गया था। अस्ल में लड़के वाले अब खुद ही पानदान की फ़रमाइश नहीं करते क्योंकि फिर सारी ज़िन्दगी शौहर को पान लगाना पड़ता है और बीवी चूना लगाती रहती है। अरे साहब! क्या बड़े-बड़े पानदान हुआ करते थे। खुदा झूठ न बुलवाये, मौजूदा ज़माने का आदमी अगर उस वक़्त ख़ाली पानदान भी उठा लेता तो नाफ़ खिसक जाती है। पानदान में बहुत से ख़ाने होते थे मसलन कत्थे के लिए, चूने के लिए, ज़र्दे के लिए, सुपारी के लिए और एक ख़ाना बुग्ज़ (ईर्ष्या) रखने के लिए। बड़ी बूढ़ियाँ क़ब्र में पैर लटकाये हुई सहेलियों को बुलवाकर हर वक़्त पान की जुगाली करती रहती थीं। कुँवारी बालाओं को पानदान खोलने की इजाज़त तक नहीं थी। अगर करम की बारिश होती थी तो सिर्फ़ सुपारी मिल जाया करती थी। लखनऊ में एक पानदान तो हमने इतना बड़ा देखा कि दुल्हन को डोली के बजाय उसी में बिठा कर रुख़सत किया जा सकता था। क्या गर्मी होती थी मिज़ाजों में और जिस्मों में! दाँत नहीं होते थे मगर सुपारी के ज्यादा टुकड़े नहीं किये जाते थे... इतने

भी नहीं जितने इस मुल्क के हो गये हैं। सुपारी मुँह में पड़े-पड़े ऐसे घुल जाती थी जिस तरह इंसान मोहब्बत में घुल जाता है। बहुत से दाँतों वाले सरौते का इस्तेमाल भी नहीं करते थे, लेकिन वह ज़माना और था, अब तो ककड़ी और खीरे भी छिल्का उतार कर खाये जाते हैं। दरअस्ल लफ्ज़ 'उतारना' इस ज़माने में बहुत आम हो गया है जैसे तस्वीर उतारना, इज़्ज़त उतारना, औरतों के ज़ेवर उतारना, कुर्सी से उतारना और कपड़े उतारना जैसे मुहावरों के इस्तेमाल के बग़ैर अख़बार नामुकम्मल तसव्वुर किया जाता है। लिहाज़ा छिल्का उतारने का भी एक फ़ैशन चल निकला है। ये और बात है कि छिल्का उतरने के बाद खीरा और ककड़ी गोद से उतरते हुए बच्चे की तरह मज़लूम दिखाई देते हैं। राजाओं, महाराजाओं और नवाबों ने पान को बहुत इज़्ज़त बख़्शी थी। बड़े घरानों में पान तहज़ीब की अलामत (प्रतीक) के तौर पर इस्तेमाल होता था। कहा जाता है कि नवाब वाजिद अली शाह के थूके हुए पान को उनके 'ख़्वाजासरा' ने उठा कर खा लिया था तो मुकम्मल मर्द हो गया था। ये भी कहा जाता है कि एक औरत ने नवाब वाजिद अली शाह का जूठा पान खा लिया था तो उसकी गोद हरी हो गयी थी। अगर यह दुरुस्त है तो इस अह्द के हकीमों को चाहिए कि दवाख़ानों के बजाए वाजिद अली शाह के पनवाड़ी का नुस्ख़ा तलाश करके पान की दुकान खाल लें :

बैसाखियाँ बनाइए बन्दूक़ की जगह

वाजिद अली शाह के ख़ानदानी पनवाड़ी की नस्ल मटियाबुर्ज में आबाद है। उन लोगों को भी चाहिए कि पुराना नुस्ख़ा तलाश करके हिकमत (हकीमी) शुरू कर दें और दुकान पर बोर्ड लगायें, 'शादी से पहले या शादी के बाद'। इस तरह गाहकों का मुँह भी लाल होगा और गोद भी हरी हो जाएगी। वैसे हुकूमत ऐसे तमाम 'पान हकीमों' को आबादी बढ़ाने के जुर्म में गिरफ्तार भी कर सकती है. मुमकिन है कि नसबन्दी भी करवा दे। इस तिजारत को चोरी छुपे ही फ़रोग़ (तरक़्क़ी) हासिल होता है... मिसाल के तौर पर स्मगलिंग और जुआ वगैरह। इस नेक काम से बेरोज़गारी का मसला भी किसी हद तक हल होगा क्योंकि आबादी बढ़ाने वालों के लिए हुकूमत को रिश्वतख़ोरों का एक और शोबा (विभाग) क़ायम करना पड़ेगा। पहले आपने देखा होगा कि जिस दुकान पर पान मिलता था सिगरेट भी वहीं मिल जाती थी, लेकिन आज कल अक्सर पान वालों ने सिगरेट फ़रोख़्त करना छोड़ दिया है। शायद पानवालों को मालूम हो गया है कि सिगरेट से गले का कैंसर होता है और पान वाले इस बीमारी की हद बन्दी के क़ायल नहीं हैं :

होना है तो फिर हश्र बपा क्यों नहीं होता

मैं एक दुकान पर खड़ा था कि एक साहब नशे के आलम में पान वाले से बोले कि एक पान मीठा पत्ता 420... मैंने इसके बारे में पूछा तो उसने बताया कि हज़रत, इस नम्बर का कोई ज़र्दा नहीं है। इनका मक़सद है कि पान में 300 नम्बर और

120 नम्बर का ज़र्दा डाल दिया जाये। पान खाने वालों की एक ख़ास आदत चूना लगाना है। पान की दुकान के आस पास की कोई जगह भी चूने के माडर्न आर्ट से महफ़ूज़ नहीं रहती। मेरा बच्चा मेरे तमाम पान खाने वाले दोस्तों से बहुत नाराज़ रहता है क्योंकि एक बार मेरे किसी दोस्त ने उसके स्कूल के बस्ते में चूना पोंछ दिया था और गन्दगी की वजह से स्कूल में उसे शर्मिंदगी उठानी पड़ी थी। एक दिन वह मेरे साथ घूमने जा रहा था कि एक पण्डित जी पास से गुज़रे, लड़का पण्डित जी की तरफ़ इशारा करके मुझसे बोला, 'पापा! देखिये किसी ने इनके भी चूना लगा दिया।' दोस्तों की सोहबत में ये आदत मुझे पड़ गयी थी। वैसे पान खाने से मेरे घरेलू ताल्लुक़ात बड़े खुशगवार रहते हैं।

पान का मज़ा बरक़रार रखने में अज़दुवाजी (घरेलू) ज़िन्दगी भी बरक़रार रह जाती थी। वालिद साहब को मेरे इस शौक़ से नफ़रत थी। एक बार मैंने कमरे में किसी की आहट सुनकर उगालदान लाने को कहा, लेकिन जब मैंने गर्दन उठाई तो देखा कि वालिद साहब बनफ्से नफ़ीस हथेलियों को मेरे मुँह के पास लिये खड़े थे और गुज़ारिश के साथ हुक्म दे रहे थे कि पीक फ़रमाइये... वह दिन है और आज का दिन है, मैंने कभी उगालदान में नहीं थूका और जहाँ चाहा थूका है :

शहर के सब दरोदीवार गवाही देंगे

सिनेमा देखने के शौक़ में एक बार मुझे लाइन में खड़ा होना पड़ा। मुँह में पान इस तरह भरा था जैसे लोकल ट्रेन में मुसाफ़िर भरे होते हैं। मैं बहुत पसोपेश में था क्योंकि अगर लाइन से निकल कर थूकने जाता तो बेवकूफ़ी मेरे मुँह पर थूक देती। मुझे परेशान देखकर मेरे पीछे खड़े हुए साहब ने हमदर्दी में मशविरा दिया कि, "अगर थूकना चाहते हैं तो आगे वाले के कुर्ते की जेब में थूक लीजिए।' मैंने अर्ज़ किया, 'अगर उसने देख लिया तो?' वह साहब बिगड़ कर बोले. 'मैंने आपकी जेब में थूका है तो क्या आपने देख लिया?' अगर कोई बेवकूफ़ किसी से नाराज़ होता है तो कहता है कि आपके घर पान थूकने भी नहीं आऊँगा। मिर्ज़ा यास यगाना चंगेज़ी को तमीज़दार लखनऊ वालों ने बहुत ज़लील किया था, चौक से हज़रतगंज तक उनका मुँह काला करके गधे पर बिठा कर घुमाया गया था। पान की गिलोरियों की थालियाँ साथ में थीं, लोग पान खाकर उन पर थूक रहे थे। यह और बात है कि अहले लखनऊ की इस हरकत पर आज पूरी दुनिया थूकती है। तारीख़ी हवालों से पता चलता है कि जब कोई नाज़ुक बदन और हसीन रक्क़ासा (नर्तकी) नवाब साहब को पान की गिलोरी पेश करते हुए आदाब कर लेती थी तो नवाब साहब बनियों के कर्ज़दार हो जाते थे। पहले ज़माने में पान से ज़बान का काम भी लिया जाता था। जब किसी घर में लोग लड़की के लिए रिश्ता लेकर जाते तो पान पेश करने के अंदाज़ से *इंकार और इकरार* का अंदाज़ा हो जाता था। मिसाल के तौर पर अगर पान खुला हुआ पेश किया जाता था तो उसे इंकार तसव्वुर किया जाता था और अगर तश्तरी

में सजा कर पान पेश किया जाता तो इसे शरफ़े कुबूलियत (रिश्ता कुबूल कर लेना) समझा जाता था। बनारस में लोग पान बहुत खाते हैं। आमतौर पर लोग खाना खाने के बाद पान खाते हैं लेकिन उसी बनारस में कई लोग ऐसे भी दिखाई दिये जो पान खाने के बाद खाना खाते हैं।

पिछले दिनों मैं बनारस गया तो सोचा कि नज़ीर बनारसी साहब से मिला जाये। जहाँ मन्दिर देखें हैं, मस्जिद भी देख ली जाये। उन्होंने मेरे लिए पान भी मँगवाये। आप यक़ीन करें जितने पान सिर्फ़ मेरे लिए आये थे, कंजूस आदमी उतने पान एक बारात के लिए मँगवाता है। मैंने नज़ीर साहब से अर्ज़ किया कि हूज़ूर! ज़र्दा में स्पेशल खाता हूँ, क्या बाबा ज़र्दा मिल सकता है? कहने लगे कि यह बनारस है... यहाँ हर आदमी बाबा है, आपकी यह फ़रमाइश नामौज़ूँ मिसरे की तरह है। बनारस के पनवाड़ी ऐसे पान लगाते हैं जैसे लड़कियाँ बालों में फूल लगाती हैं। इसके बरअक्स (विपरीत) एक बार मैं उड़ीसा में एक पान की दुकान पर पहुँचा। मुझे देखते ही दुकानदार ने एक मिसवाक (दातुन) उठायी। मैं समझा कि शायद पान देने से पहले यहाँ मुँह धुलवाने का रिवाज है लेकिन मालूम हुआ कि उस मिसवाक से पान में चूना लगाया जाता है। अगर आपने कभी पेटियों और बोरों पर किसी को मार्का लगाते हुए देखा हो तो शायद मेरे कर्ब (पीड़ा) को महसूस कर सकेंगे। यक़ीन मानिये बड़ी कराहियत महसूस हुई क्योंकि जिस शहर में पान मिसवाक से लगाया जाता हो वहाँ दाँत साफ़ करने के लिए तो छोटे-मोटे पेड़ का इस्तेमाल होता होगा। अपना शहर भी पान के लिए बहुत मशहूर है। यहाँ पान बहुत पैदा होता है बल्कि गन्दगी बढ़ाने वाली हर चीज़ बहुत पैदा होती है। कलकत्ते में बड़े से बड़ा पान पैदा होता है लेकिन खाने को छोटे से छोटा पान ही मिलता है। दरअस्ल कलकत्ता शहर की एक ख़ासियत है। ये अपने शहर के शायरों और अदीबों से लेकर पान तक को बहुत छोटा बनाकर पेश करता है। कलकत्ता में ख़ास तौर से मुसलमान पानवाले (पान वाला तो पान वाला होता है, क्या हिन्दू पान वाला क्या मुसलमान) एक सफ़ेद पत्थर का टुकड़ा रखते हैं। जिस पर हर वक़्त चूना इस तरह सूखता रहता है जिस तरह बच्चों को सूखा हो जाता है। हर शख़्स इस पत्थर को चूमता है और चाट लेता है। इन तमाम पत्थरों को ग़ायब कर देना चाहिए ताकि पान वाला ये न कह सके :

मैं शहर में नहीं था तो पत्थर किधर गये

हसीन चेहरों पर लगाये जाने वाले पाउडर के डिब्बे में काला ज़र्दा रहता है... ये भी कैसा मज़ाक़ है। मेरे एक शायर दोस्त पान के बहुत ज़्यादा शौक़ीन हैं। मुशायरों में जब वह पानों पर हमलावर होते हैं तो पानों का वही अंजाम होता है जो मैदाने जंग में सिकन्दर को देखकर पोरस का हुआ था। हर रमज़ान में दो चार रोज़े वह खजूर के बजाय पान से खोलते हैं। कुछ लोग सिर्फ़ चूने का पान खाते हैं और मौसूफ़ सिर्फ़ रमज़ान में चूने के पान इस्तेमाल करते हैं। एक दिन राज़दाराना तौर

पर फ़रमाया, ‘सब पान खाने वाले रमज़ान में बग़ैर कत्थे का पान खाते हैं और सामिईन के कान!’ कहते हैं, ‘मटन में मुझे दिमाग़ और कान बहुत पसन्द हैं।’ पान खाकर जुगाली जबर्दस्त करते हैं। कहने वाले तो यहाँ तक कहते हैं कि बकरों ने जुगाली करना इन्हीं से सीखा है। कुर्बानी के दिनों में मौसूफ़ जब बकरा खरीदने निकलते हैं तो बकरे वाला धोखा खा जाता है बल्कि कभी-कभी बकरे भी इन्हें अपना रिश्तेदार समझ बैठते हैं। वह तो कहिए कि ऐबदार जानवर की कुर्बानी जायज़ नहीं है वर्ना मौसूफ़ की खाल तक के हैण्ड बैग बन चुके होते। अजब अजब तरह के मुँह बनाते हैं। बटेरें तक इनको देखकर दुम दबा लेती हैं। टैक्सी वाले मीटर से दो गुना किराया लेकर इन्हें बिठाते हैं। इनका कहना है कि पान की पीक साफ़ करने में दो घण्टे सर्फ़ हो जाते हैं और ये सच भी है कि मौसूफ़ जहाँ बैठते हैं वह इलाक़ा *कीलख़ाना* (वधशाला) मालूम होने लगता है। वित्र (रात की एक नमाज़) के बाद जिस तरह नफ़्ल (एक नमाज़) पढ़ी जाती है उसी तरह चाय के बाद पान का इस्तेमाल करते हैं। हकीम साहब को उनकी वजह से कुर्सियों से ज़्यादा उगालदान खरीदने पड़े हैं। मौसूफ़ का कहना है कि दाँतों के डॉक्टर हम जैसों की वजह से ही ज़िन्दा हैं। यह और बात है कि मौसूफ़ खुद किसी वक़्त भी मर सकते हैं।

हम एक साथ पढ़ नहीं सकते नमाज़ भी

मुझे होश सम्भालने के बाद बहुत कम वक़्फ़े में तीन मुख़्तलिफ़ शहरों में रमज़ान के शबोरोज़ गुज़ारने का मौक़ा मिला। रायबरेली में तो ख़ैर हमारे हालात ही अच्छे नहीं थे। दस्तरख़्वान मुख़्तसर (थोड़ा, छोटा) भी हो चुका था और गुर्बतज़दा (ग़रीबी का मारा हुआ) भी। अफ़्तारी के वक़्त बच्चे माँ-बाप को अपने आस-पास देखना चाहते हैं, और बच्चों के साथ बीवियाँ भी अपने शौहरों को अफ़्तार के वक़्त घर में ही देखना चाहती हैं, लेकिन गुर्बत इन चोंचलों से हमेशा खिलवाड़ करती आयी है। महदूद (सीमित) आमदनी वाले घर हमेशा ऐसी नेमतों से महरूम (वंचित) रहते हैं। घरेलू ज़िम्मेदारियों का एहसास रखने वालों को हमेशा दरबदरी की सीढ़ियाँ चढ़ते-उतरते रहना पड़ता है। जहाँ चाय से बासी रोटी खाने को नाश्ता कहते हों, वहाँ अफ़्तारी का तसव्वुर भी एक ख़्वाब जैसा लगता है। हाँ, लखनऊ के रमज़ान इस लिहाज़ से मज़ेदार थे कि वहाँ न तो इतनी तंगदस्ती थी और न इतनी परेशानियाँ ही थीं। लखनऊ में उन दिनों तक बचा खुचा लखनऊ ज़िन्दा था। शहरे तहज़ीब में पिछली शराफ़तों के नमूने कहीं न कहीं मिल जाते थे, लेकिन शहरे अदब का सबसे बड़ा मसला ये था कि वहाँ बाज़ार की चीज़ें घरों में बहुत कम लायी जाती थीं। बाज़ार में खाना तो बेहद बदतमीज़ी में शुमार होता था। बाज़ार में खाने के मुक़ाबले में शोरफ़ाये लखनऊ भूखा रह जाना बेहतर समझते थे। लेकिन ये सब गुज़रे ज़माने की बातें हैं। अब तो नया लखनऊ पुराने लखनऊ को दिन रात क़त्ल कर रहा है। पुराना लखनऊ सिर्फ़ तारीख़ के पन्नों पर महफ़ूज़ है। अब तो मौजूदा लखनऊ में तमाम ख़राबियाँ पैदा हो गयी हैं। लखनऊ में बाक़ायदा फ़िरक़ावाराना (साम्प्रदायिक) फ़साद तो कभी नहीं हुआ। शायद अरबाबे इक्तिदार वहाँ शिया, सुन्नी फ़साद से ही अपना काम चला लेते हैं। हालाँकि फ़सादात न होने का सबब लखनऊ में भाईचारा और आपसी रवादारी बताया जाता है, लेकिन यह तावील (तर्क) मुझ जैसे कम पढ़े लिखे की समझ से बाहर है कि अगर किसी शहर में हिन्दू मुस्लिम फ़साद नहीं होता तो वह शहर तहज़ीब और रवादारी के शर्बत से धुला धुलाया होता है। क्या तहज़ीब और रवादारी शिया सुन्नी नफ़रत और फ़साद की इजाज़त देती है। अगर सचमुच ऐसा ही है तो फिर हुकूमतों को फ़सादात

रोकने की दूसरी तरक़ीबें तलाश करनी चाहिए, क्योंकि शायद तहज़ीब और रवादारी की चादर हमारे मुल्क की सियासत के जिस्म पर छोटी पड़ रही है।

यूँ तो लखनऊ में आये दिन अपने मुँह मियाँ मिट्ठू टाइप के मौलाना और लीडर हज़रात लेटर हेड साइज़ की तन्ज़ीमें (संगठन) बनाकर शिया सुन्नी एत्तहाद का सूर (बिगूल) फूँका करते हैं। एत्तहाद और इत्तिफ़ाक़ (आपसी सहमति) की ज़रूरत के लिए फ़र्ज़ी हलफ़ (शपथ) तक उठाया करते हैं। लेकिन गवर्नर या वज़ीरे आला की अफ्तार पार्टी में नमाज़ का वक़्त होते ही जब यही लोग अलग-अलग टोलियों की सूरत में नमाज़ अदा करते हैं तो बड़ी शर्मिन्दगी होती है। लेकिन यह लखनऊ है, यहाँ लखनऊ वाले रहते हैं, यहाँ मेरा ज़बान खोलना भी गुस्ताख़ी में शुमार किया जाएगा क्योंकि मैं अवध के मुज़ाफ़ात (इर्द-गिर्द) में शुमार होने वाले शहर रायबरेली का रहने वाला हूँ। मुझे चूस कर आम खाने की आदत है। मैं कभी कभी आम से रोटी भी खा लेता हूँ। मैं देहाती और गँवार जो ठहरा। शायद मुझे भी मुहज़्ज़ब (सभ्य) होने के लिए गवर्नर हाउस और वज़ीरे आला के बंगले पर होने वाली नमाज़ की दो जमाअतों में से किसी एक का इंतिख़ाब (चयन) करना होगा :

जिनते हो आये हैं इक बार अरब, जाएँगे
कैसी हो जाएगी जन्नत जो ये सब जाएँगे

लखनऊ के गवर्नर हाउस की एक अफ़्तार पार्टी का क़िस्सा बहुत मशहूर है। हालाँकि ये क़िस्सा हर गवर्नर हाउस की अफ़्तार पार्टी से जोड़ा जा सकता है कि गवर्नर हाउस में अफ़्तार पार्टी में आये तमाम लोगों ने तीन मिनट पहले ही रोज़ा खोल लिया था। दरअस्ल अफ़्तार पार्टी में शरीक कोई भी शख़्स रोज़ा था ही नहीं, लिहाज़ा किसी को अफ़्तार के सही वक़्त का अंदाज़ा भी नहीं था। मुमकिन है दो चार लोग रोज़े से रहे भी हों तो वह आक़िबत (अंजाम) से ज़्यादा गवर्नर साहब से डर गये होंगे। यूँ भी सियासी अफ़्तार पार्टी से उमूमन अच्छे लोग गुरेज़ करते हैं। कुछ तो अगर भूले भटके फंस भी जाते हैं तो वह अपने जायज़ पैसों की दो चार खजूरें जेब में डाल कर जाते हैं। मुझे कई बार सरकारी अफ़्तार पार्टियों में मजबूरन जाने का मौक़ा मिला है। हर अफ़्तार पार्टी का आँखों देखा हाल तक़रीबन एक जैसा था। इस सिलसिले में (अल्लाह ग़रीक़े रहमत करे) मेरे उस्ताद हज़रत वाली आसी हमेशा अपनी दुकान पर ही बेसरोसामानी के आलम में रोज़ा खोलते थे। हाँ, आख़िरी दिनों में जब बीमारी की वजह से डॉक्टरों ने उनको रोज़ा रखने से सख़्ती के साथ मना कर दिया था, तब वह एकाध अफ़्तार पार्टी में हम लोगों के साथ चले जाते थे और हँसते हुए कहते थे कि यार! अफ़्तार पार्टी का नाम अगर सिर्फ़ पार्टी रख दिया जाये तो गुनाह का एहसास कम हो सकता है। उस्ताद बेहद दीनदार थे। इंतिक़ाल से साल डेढ़ साल पहले ही क़ज़ाये उम्री की सब नमाज़ें (गुज़री उम्र की वह नमाज़ें जो पढ़ी नहीं जा सकी थीं) अदा कर चुके थे, लेकिन मज़हबी नुमाइश

के क़तई क़ायल नहीं थे। हालाँकि उस्ताद की दुकान आसानी से अपना किराया भी नहीं निकाल पाती थी। उनके इख़राजात (खर्च) मुशायरों से ही चलते थे। उन दिनों मुशायरों में नज़राना बहुत ज़्यादा नहीं होता था लेकिन रमज़ान के महीने में वाली भाई जिस ख़ुशनीयती और ईमानदारी के साथ ज़कात निकालते थे, जितनी दरियादिली का मज़हिरा करते थे, जैसी फ़य्याज़ी से काम लेते थे, वह अच्छे से अच्छे साहिबे सरवत (हैसियतदार) को नसीब नहीं होगा। वह बड़े मज़े से हम लोगों को समझाते थे कि जक़ात तलब करने वालों से बहुत हमदर्दी, बड़ी अपनाइयत और इन्किसारी से पेश आना चाहिए क्योंकि ये ज़कात के पैसे लेने वाले लोग हमारी रूह का मैल बटोरने के लिए आते हैं। उर्दू ज़बान और तहज़ीब ने तो जिस्म की गन्दगी उठाने वालों को भी हमेशा हलालख़ोर कह कर मुख़ातिब किया है। काश! उत्तर प्रदेश की वज़ीरे आला मायावती जी को कोई सच्चा उर्दूदाँ जाकर ये समझाये कि ये वह ज़बान है, यह उस मज़हब के लोग हैं जिन्होंने लफ़्ज़ *भंगी* और *चमार* को सैकड़ों बरस पहले मतरूक (त्यागा हुआ) क़रार दे दिया था। मोहतरमा से बड़ी मिन्नत, आजिज़ी और इन्किसारी से यह भी कहना चाहिए कि कहीं न कहीं से आप भी इस ज़बान की क़र्ज़दार निकल आएँगी, लिहाज़ा इस ज़बान के साथ इंसाफ़ कीजिए जो आपकी आलाज़र्फ़ी (महानता) का इश्तिहार बन जायेगा। काश! अरबाबे इक़्तिदार कुछ ईमानदार लोगों को भी अपने ज़ाती (निजी) सेक्रेटेरियट में पनाह देते। अदूले जहाँगीरी (जहाँगीर का इंसाफ़) के लिए घण्टे की कोई ज़रूरत नहीं होती। इंसान जब तक दुनिया में दिल समेत पैदा होता रहेगा, उसे इंसाफ़ करने के लिए किसी ज़ंजीरे अदूल की ज़रूरत नहीं पड़ेगी बशर्ते कि उसके कान उसके दिल की आबाज़ का एहतराम करते रहें। बादशाहत और क़लन्दरी में यही फ़र्क़ है कि क़लन्दरी अपनी समाअतों (श्रवण शक्ति) को ज़िन्दा रखने के लिए बादशाहत से इंकार करती रहती है। *मुगले आज़म* के जलालुद्दीन मोहम्मद अक़बर और ज़हीरुद्दीन बाबर के पोते अकबर में सिर्फ़ कारकर्दगी (कारगुज़ारी) का फ़र्क़ था वर्ना अदाकारी तो पृथ्वी राज कपूर ने अकबर बादशाह से अच्छी की थी। ईदगाह को ऐशगाह समझने वाली क़ौमें यह क्यों नहीं समझती हैं कि ऐशगाह और ऐशबाग का फ़ासला बच्चों के फेंके हुए पत्थर से कम होता है। परेशान क़ौमों के मसलों से आँखें चुराने वाले वतन के रहबरों को हमेशा इस बात के लिए तैयार रहना चाहिए कि कुदरत जब हिसाब किताब पर आमादा हो जाती है तो मैदाने हश्र का भी इंतिज़ार नहीं करती। वह इसी दुनिया में भी हश्र बरपा कर देती है। ये आगे पीछे दौड़ती हुई कारों के दरम्यान चलने वाले लोग, ये *जेड प्लस* सिक्युरिटी की निगरानी में दौड़ते हुए क़ाफ़िला सालार कितने बेख़बर और नादान हैं, इन्हें यह तक ख़बर नहीं है कि मज़लूम के आँसुओं में इतना तेज़ बहाव होता है कि उसमें हुकूमतें तक ग़र्क़ हो जाती हैं :

ये सच है चारपाई साँप से महफ़ूज़ रखती है
मगर जब वक्त आ जाये तो छप्पर से निकलता है

मन्दी में मुशायरा

हफ़्तों से मोबाइल के मुँह पर मक्खियाँ भनक रही हैं, मिस कॉल ने भी तक़रीबन मुँह मोड़ रखा है, एकाध बार घंटी बजी भी तो वह पड़ोसी की गाय के गले की घंटी साबित हुई। डाक का निज़ाम (प्रबन्ध) तो फिर शेरशाह सूरी से पहले के ज़माने जैसा हो गया है। कुरियर वाले कम्बख़्त मेरी मुस्कुराहट पर मुँह फेर कर गुज़र जाते हैं, हालाँकि मेरी इसी मुस्कुराहट पर मुशायरा गाह में सामिईन पर नशा तारी हो जाता है। गिरोह के तक़रीबन तमाम शायर मेरी ही तरह दरबदर मारे मारे फिर रहे हैं। हाँ, कुछ शायरों के हालात क़दरे (कुछ) ग़नीमत हैं। एक साहब जो मुशायरों में दाख़िल होने से पहले कछुए के अण्डों को मुर्गी के अंडे कहकर फ़रोख़्त करते थे, साथ ही साथ फ़ार्मी अण्डों को चाय के पानी से देसी बनाने का थोड़ा बहुत काम कर लेते थे, वो अंधेरा होते ही छुप कर पुराना काम कर लेते हैं। हालाँकि उनके बारे में मशहूर है कि मुशायरों में भी उनका रोल उसी अण्डे फ़रोश जैसा होता है, सिर्फ़ प्रोडक्ट बदल जाता है। यहाँ भी सारी मेहनत उस्तादे मोहतरम को करनी पड़ती है, मौसूफ़ सिर्फ़ अण्डों की रंगाई का काम करते हैं। हर शायर चेहरे से पुश्तैनी यतीम दिखाई देता है। सोते चैन न जागते चैन, घर में क़रार न बाहर क़रार, ज़िन्दगी महाजन की बेसूदी रक़म होकर रह गयी है। एक शायरे मोहतरम जो अपने कुछ साथियों के साथ दरी बुना करते थे... मुशायरों में दाख़िल हुए और अदब की इस्मतदरी (बलात्कार) में मसरूफ़ हो गये। बेचारे मुशायरे के बाज़ार में मन्दी आते ही बारादरी से निकल कर अपनी दरी पर फिर से आ गये हैं।

मेरे एक प्रोफ़ेसर दोस्त शायर हैं, ख़ूबसूरत शख़्स हैं, तरन्नुम भी लचीला और लचकदार है। हालाँकि उनके शेर ज़रा कमज़ोर होते हैं लेकिन तरन्नुम, शख़्सियत और डिग्री की धौंस में उनका हर शेर मुशायरे की कबड्डी का पाला छू लेता है। उनका आबाई (खानदानी) पेशा गंडा तावीज़ का है। मुशायरों के ज़माने में होटलों से टिशू पेपर ला ला कर जमा करते हैं और मन्दी आते ही ख़ानदानी दुकान के किसी पटरे पर बैठकर काम शुरू कर देते हैं। एक आँख हल्की सी दबी रहती है। ज़ियारतगाह में आने वाली ख़वातीन उन्हें आँख मारता हुआ मौलवी समझती हैं, लेकिन बुरा बिल्कुल नहीं मानती हैं। कल मौसूफ़ एक क़व्वाल के साथ बाबा विसाल

शाह के मज़ार पर मिल गये। हुलिया इतना बदल रखा था कि दूर से नज़ीर अकबराबादी लगते थे और ज़्यादा क़रीब से लाहौर का अनारकली बाज़ार दिखाई देते थे। मुझे देखकर मुस्कुराते हुए अरबी में पूछा कि *राना साहब, कैफ़ा हाल?* मैंने कहा मन्दी और ताला? गुरूर भरी मुस्कुराहट के साथ होंठों को जुम्बिश दी और कहने लगे 'दुआ तावीज़ पर आपको यक़ीन है कि बिल्कुल वहाबी हैं?' मैंने कहा कि जनाब मैं होम्योपैथिक के डॉक्टर और दुआ तावीज़ वाले मोलवियों को हमेशा एक ही बिरादरी का समझता हूँ। उन्होंने मेरी बात सुनी अनसुनी कर दी और राज़दाराना तरीक़े से मुझे बताया कि इन दिनों मेरी गिरफ़्त में ऐसी कई शायरात हैं जिनके क़ब्ज़े में जिन्नात हैं और उन्हीं जिन्नातों के क़ब्ज़े में ज़्यादातर मुशायरों के कन्विनर हैं। ये तमाम शायरात आपके एक फ़िज़ूल से बयान पर अपनी यूनियन बना चुकी हैं। ज़्यादातर शायरात इस यूनियन की मेम्बर हो चुकी हैं, जो ज़्यादा उम्र वाली हैं वो भी उम्र के नक़ली सर्टिफ़िकेट के बल पर यूनियन में दाख़िल हुआ चाहती हैं। जिनकी मेम्बरी की दरख़्वास्तें रद्द हो रही हैं वो भी बाहर से यूनियन वाली शायरात को सपोर्ट दे रही हैं। ये तमाम शायरात मेरे पास जुमेरात वाले दिन अगरबत्ती, मोमबत्ती और एक लालबत्ती वाले के साथ आपके ख़िलाफ़ काला मुर्गा कटवाने आयी थीं। कई तो नेपाली कोठी से अस्ली ज़ाफ़रान की पुड़िया भी लायी थीं और मोम की जगह अपना दिल देने पर आमादा थीं। एक बार तो मैं मचल भी गया लेकिन फिर आपसे बरसों पुरानी दोस्ती का ख़याल आया तो मैंने उन्हें समझाने की कोशिश की। मैं उन्हें ये भी यक़ीन दिला रहा था कि देखिए 'मुनव्वर राना एक संजीदा मिज़ाज शायर हैं। उन्होंने किसी वजह से कोई ऐसी बात कही होगी वर्ना उमूमन या तो वो गुटका खाते रहते हैं या सोते रहते हैं। आप लोगों को उनसे इस सिलसिले में फ़ोन पर बात करनी चाहिए।' एक शायरा ने संजीदगी से आँखें मटकाते हुए कहा कि 'मैं क्यों उनसे बात करूँ, मुझे उनसे कुछ भी नहीं कहना है। अब तो जो भी बात करेंगे मेरे दोस्त उठापटक सिंह या मेरे एक और फ़ैन तशद्दुद ख़ाँ करेंगे। तशद्दुद ख़ाँ से तो इलाक़े का थानेदार भी थरथर काँपता है। उनके सामने पड़ते ही बड़े बड़ों के मसाने ढीले पड़ जाते हैं।' मैंने इन शायरात को समझाया कि भाई ये कोई बाज़ारे हुस्न का झगड़ा तो है नहीं, जहाँ उठापटक सिंह और तशद्दुद ख़ाँ की ख़िदमत हासिल की जाती हैं, ये तो आप शायरों का आपसी बल्कि ज़ाती मामला है, इसे यूँ ही तय हो जाना चाहिए। एक शायरा जो काफ़ी देर से इठलाने की रिहलसल कर रही थीं, इठलाते हुए बोलीं कि 'ठीक है, आप मेरे मोहतरम हैं, दुआ तावीज़ और मुशायरों से भी मेरी मदद फ़रमाते हैं, शौहर से तलाक़ लेने के सिलसिले में भी आपने मेरी मदद की थी, मुशायरों में आपकी ग़ज़ल का एकाध नाजायज़ बच्चा भी खिलाती हूँ। लिहाज़ा आप अपनी ख़ामोश ज़िम्मेदारी पर उनसे हम लोगों को दो-दो ग़ज़लें और तीन-तीन मुशायरे सिर्फ़ तीन महीने की मुद्दत में जज़िये (Tax) के तौर पर दिलवाएँ

और अगर वो हम लोगों की इस रहम दिली का फ़ायदा भी नहीं उठाना चाहते हैं तो फिर आप बन्ने मुर्गा चोर की दुकान से काला मुर्गा मँगाइए और गंडे तावीज़ के ज़रिये राना साहब की अज़मत और शोहरत के पराख़्चे उड़ा दीजिए।' मैंने समझाया कि बेवकूफ़ों बन्ने मुर्गा चोर राना साहब का पुराना यार है, वो राना साहब के ख़िलाफ़ हर्गिज़ नहीं जाएगा। एक शायरा ने चेहरा छुपाते हुए फ़रमाया कि वह मरदूद मेरे साथ कई बार होटल जा चुका है तो फिर उसे राना साहब के ख़िलाफ़ भी जाना पड़ेगा। लिहाज़ राना साहब मैं आपसे हाथ जोड़ कर गुज़ारिश करता हूँ कि आप इन लोगों से फ़ौरी समझौता कर लें। वर्ना ये वो शायरात हैं जो किसी भी हद तक जा सकती हैं। मैं सोचने लगा कि या अल्लाह! ये मुशायरों को क्या हुआ जा रहा है, ये किन हाथों में पहुँचे जा रहे हैं।

अभी हम लोग शायरात की शर्तों के जोड़ घटाव में मसरूफ़ ही थे कि एक शायर जिनकी फलों की ख़ानदानी आढ़त है और अक्सर मुशायरा पढ़ने के दौरान उनके मुँह से एकाध पुश्तैनी आढ़त वाला जुमला निकल जाता है (मिसाल के तौर पर.. . ये नया शेर आपको दे रहा हूँ, ट्रक से फल की पेटी फेंकते हुए पल्लेदारों से कहते हैं... संभालना में शेर पहुँचा रहा हूँ... आप चूस के दिखाइए मैं चुस के दिखाता हूँ। जिस मुशायरे में भी वह होते हैं बेशतर शायरात उनसे फूँक छुड़वाने जाती हैं, एकाध पर तो ऐसा फूँका कि वह *दर्दरोनी* होकर रह गयीं।) तशरीफ़ लाये, पहले तो मेरी ख़ैरियत पूछी फिर कहने लगे, 'राना साहब, रात बिरात अगर थाने में बुलाया जाये तो आप हर्गिज़ न जाइएगा, एक शायरा ने कई दारोगाओं से सुपारी की लेनदेन की है।' मैंने कहा, 'भाई, सुपारी दी जाती है ये तो सुना है, लेकिन सुपारी के साथ लेनदेन का लफ़्ज़ तो मैं पहली बार सुन रहा हूँ।' उन्होंने कहा, 'भई! ये मुशायरे की दुनिया के लोग हैं जहाँ दाद दी भी जाती है और ली भी जाती है। आप देखते होंगे कि कुछ लोग बाल बच्चों का वास्ता देते हैं, कुछ लोग दाद हासिल करने के लिए अमेरिका से फ़ौरी वापसी का हवाला देते हैं बल्कि कुछ उतावले क़िस्म के शायर तो उसामा भाई से ख़ुफ़िया मुलाक़ात का ज़ोर ज़ोर से तज़किरा करते हैं। बहरहाल, क़िस्सा मुख़्तसर ये है राना साहब कि आप अकेले दुकेले, अंधेरे उजाले पुलिस थाने की तरफ़ मत चले जाइएगा। मुम्बई वाले थाने से भी एहतियातन गुरेज़ कीजिएगा बल्कि मेरी मानिए तो मौलाना अशरफ़ अली थानवी वाले थाने की तरफ़ का रुख़ भी मत कीजिएगा वर्ना वो आपको शौकत थानवी बनाकर पाकिस्तान के किसी गढ़े में फिंकवा देंगे। बल्कि बेहतर तो यही है कि बरसात का लुत्फ़ लीजिए और कांवड़ियों के साथ निकल जाइए, आप महफ़ूज़ भी रहेंगे और मुफ्त का खाना पानी और नाज़ बरदारी भी हो जाएगी। उस भीड़ में आप किसी के भी साथ कैसा भी सुलूक करने को पूरी तरह आज़ाद होंगे। क्या मजाल कि कोई बड़े से बड़ा अफ़सर भी आपकी तरफ़ आँख उठा कर देखने की हिम्मत करे।'

अपने बारे में मुख़्तलिफ़ ख़बरें सुनते सुनते मैं सचमुच परेशान भी होने लगा

और ख़ौफ़ज़दा भी लेकिन कमान से निकले हुए तीर को वापस कैसे लाया जा सकता था। अब ऐसी सूरते हाल पैदा हो चुकी थी कि मैं बग़ैर हकीम साहब की रहनुमाई के महफ़ूज़ नहीं रह सकता था। लिहाज़ा सवेरे उठते ही मैंने मरीज़ों जैसी शक्ल के साथ उनके मतब में इन्ट्री ली। पहले तो सुबह की खुमारी के पर्दे में उन्होंने मुझे मर्दाना कमज़ोरी वाला मरीज़ समझा, लेकिन जैसे ही उन्होंने मुझे पहचाना, मुझे दोपहर में खाने के बाद आने को कहा और दूसरे मरीज़ों में यूँ मसरूफ़ हो गये जैसे तवायफ़ें एक आशिक़ के बर्बाद होते ही दूसरे आशिक़ को बर्बाद करने की तैयारी में लग जाती हैं।

हकीम साहब के बताये हुए वक्त पर मैं मतब में दोबारा दाख़िल हुआ। मुझे देखते ही मुस्कुराये, फिर कहने लगे 'आज कल आप ज़्यादा मसरूफ़ हो गये हैं। कभी कभी अख़बारात के ज़रिये आपका तुकबन्दीनुमा कलाम पढ़ने को मिल जाता है।' मैंने ज़ब्त से काम लेते हुए अर्ज़ किया कि हकीम साहब इसी तुकबन्दी के चक्कर में इन दिनों मैं शायरों की गिरोहबन्दी का शिकार हो गया हूँ। कुछ शोअरा तो सीधे मेरी मुख़ालिफ़त पर आमादा हैं, कुछ सियासत पसन्द शोअरा ने शायरात का आँचल मुँह पर डाल रखा है। उन्होंने फ़िलॉसफ़र्स वाले अंदाज़ में फ़रमाना शुरू किया। कहने लगे, 'देखिये! जिन शायरों की तरफ़ आपका इशारा है उनमें से कोई भी शायर तो क़तई नहीं हो सकता। भई, आप यूँ सोचिए कि आप जैसे तुकबन्दिये शायर से चश्मक (छेड़छाड़) या पेशावराना रक़ाबत (ईर्ष्या) कैसी, रही बात उन तमाम लोगों के ग़ैर अदबी कमीनेपनों से छुटकारे की, तो यह बहुत ही आसान नुस्ख़ा है। आप मन्दी के ज़माने में कुछ मुशायरों की कन्विनरशिप की डोर थाम लीजिए और जितने भी शायर ज़्यादा ज़हरीले और ख़तरनाक हो चुके हैं उन्हें अच्छे नज़राने का दूध पिला दीजिए। ये इंशा अल्लाह फिर कभी हमलावर नहीं होंगे।' मैं हकीम साहब को समझाने की कोशिश में लगा था कि जनाब एक तो बरसात में यूँ भी मुशायरे कम हो जाते हैं, फिर आगे रमज़ान लगा हुआ है, इन हालात में मुशायरा कराने के लिए कोई भी साहिबे हैसियत शख़्स तैयार नहीं होगा। उन्होंने मेरी बात काटते हुए फ़रमाया कि एक बात हमेशा याद रखिएगा... बुज़ुर्गों की क़ब्र वही लोग पक्की बनाते हैं जिन्होंने जीते जी माँ-बाप की ख़िदमत नहीं की होती है। अब आपको ऐसे लोगों को ढूँढने में ज्यादा ज़हमत नहीं होगी, उनसे अफ़्तार के बाद मुलाक़ात कीजिए। मैंने कहा 'दिन में क्या ऐसे लोगों से मिलने में कुछ क़बाहत (बुराई) है?' हकीम साहब ने दानिशवराना क़हक़हा लगाया। फिर बोले कि 'दिन में भी आप चाहें तो मुलाक़ात कर सकते हैं लेकिन जैसे ही उन्हें ये एहसास होगा कि आपने उन्हें रोज़ाख़ोरी (रोज़ा खाने) की हालत में देख लिया है, क़ब्रिस्तान में वो एकाध और पक्की क़ब्र बनवाने से गुरेज़ नहीं करेंगे और ये पक्की क़ब्र आपकी भी हो सकती है। लिहाज़ा आप उनसे रात के किसी हिस्से में मुलाक़ात करें और उन्हें समझाने की

कोशिश करें कि आपके क़िब्ला वालिद साहब जिनकी अभी पन्द्रह दिनों पहले आपने संगेमरमर से क़ब्र बनवायी है... अल्लाह उन्हें ग़रीक़े रहमत करे, रमज़ान में शायरों की मदद के लिए ज़कात का एक हिस्सा अलग निकाल देते थे :

ये उसका अपना तरीक़ा है दान करने का
वो जिससे शर्त लगाता है हार जाता है

आप इस ट्रैक पर चल कर शहर के कम से कम आधा दर्जन लोगों से ज़कात की रक़म निकलवा लेंगे, जिसका बुनियादी सवाब (पुण्य) आपके आमालनामे को भारी भरकम करेगा। अब आप एक अच्छा मुशायरा प्लान करें या अगर बजट इजाज़त दे यानी कुछ और साहिबे हैसियत अपने वालिदैन के ईसाले सवाब (आत्म शान्ति) की ख़ातिर ज़कात निकालना चाहें तो मुशायरों की तादाद दो भी हो सकती है। मुशायरे के कई एनाउंसर बुलाइएगा। एक से इफ़्तताही (उद्घाटन) तक़रीब, दूसरे से सदारत, तीसरे से अपने मुशायरे के असली नाज़िमे मुशायरा (एनाउंसर) का तआरुफ़ (परिचय) कराइए और चौथे को स्टेपनी के टायर के तौर पर इस्तेमाल कीजिएगा, इससे आपको थोड़ा सवाब और आइन्दा बहुत से मुशायरे मिलने के इम्कानात बढ़ जाएँगे।

मिज़ाहिया (हास्य रस) शायर रखने की क़तई ज़रूरत नहीं है क्योंकि रमज़ान में बहुत ज़्यादा हँसी ठट्ठे से गुरेज़ करना चाहिए, फिर यूँ भी आपके कई शायर मिज़ाहिया शायरों की कमी पूरी कर देते हैं। उनके रहते हुए मिज़ाहिया शायर बेकार की चीज़ मालूम होता है।' मैं मुरीद की तरह हकीम साहब की बातें सुनता रहा और वो सिर चढ़े पीर की तरह बोलते रहे। हकीम साहब ने भी बाबा रामदेव की तरह नुस्ख़े को इतने घुमाव दिये कि बीमारी सेहत से ज़्यादा अच्छी दिखाई देने लगी। मैंने वहाँ अब ज़्यादा देर बैठने से गुरेज़ करते हुए कपड़ों और चेहरों से मशविरों की गर्द झाड़ी और उनके मतब से बाहर निकल आया। बाहर ज़ोर की बारिश हो रही थी। एक मुतरन्निम शायर छाते की आड़ में बारिश के शिकार पर निकले हुए थे। मुझे बेयारो मददगार भीगते हुए देखकर ख़ुश हो रहे थे और मुझे इमदाद के सायबान (शामियाना) से दूर रखना चाह रहे थे। मैं उनकी पेशावराना चाल को समझ रहा था। वो मुझे बारिश से भिगोकर बीमार करना चाह रहे थे ताकि कई मुशायरों में मेरी ग़ैरमौजूदगी से उनकी बर्थ पक्की हो जाये। मैंने भी उनकी इमदाद की भीख से अपनी ज़रूरत के कारो (प्याले) को गन्दा करने से परहेज़ किया, लेकिन इंसान सब्र कर सकता है, फल उसके हाथ में नहीं होता। अचानक हवा का एक तेज़ झोंका आया जिसके नतीजे में उनके हाथों में सिर्फ़ छाते की डण्डी रह गयी और कपड़ा उड़ता हुआ एक ग़रीब ख़ोमचे वाले की उरयानियत (नंगे बदन) से लिपट गया। उन्होंने मेरी तरफ़ इमदाद तलब नज़रों से देखा। मैंने भी सोचा कि बारिश में अगर इनका तरन्नुम ज़ंग आलूद हो गया तो ये तहत में पढ़ना शुरू कर देंगे। लिहाज़ा एक और

दुश्मन को पैदा न होने दिया जाये और उसे दौराने हमल (गर्भावस्था) ही मार दिया जाये। यही सोच कर मैं उन्हें साथ लेकर सामने वाले चायख़ाने में दाख़िल हो गया। आग की भट्ठी के पास मौसूफ़ को मैंने उस वक़्त तक बिठाये रखा जब तक उनके कपड़े रेलवे की चादरों और तकिये की तरह हल्के नम नहीं हो गये। कई प्याली चाय पीने के बाद वह इस क़ाबिल हो सके कि अब सुकून से एक प्याली चाय पी सकें।

मुशायरे की नयी तर्बियतगाहें (प्रशिक्षण केन्द्र) तिकड़मों और जदीद (आधुनिक) हथकण्डों से पूरी तरह लैस हैं। सुर संगीत की ख़ुशबू में बसा हुआ तरन्नुम, गुलाब बाई की नौटंकी के डायलॉग बोलने वाले हीरो, राखी सावन्त की ड्रेस डिज़ाइनर के मशविरों से भरपूर कपड़े, थिरकुआ महाराज के उत्तराधिकारी के पैंतरें, मोबाइल के कांटे से मुशायरों की बाल्टी निकालने वाले हुनरमन्द, मुशायरे के कन्विनर को गंडे तावीज़ और ज़ोरे शबाब (यौवन) से क़ाबू में रखने का फ़ॉर्मूला सिखाने वाले भी इन तर्बियतगाहों में मौजूद रहते हैं। एकाध *छुट्टन पीर,* नागा साधु और तांत्रिक भी इन्स्टीट्यूट के ट्रस्टियों में शामिल रहते हैं। कई ख़ानदानी चोबदार क़िस्म के नाज़िमे मुशायरा की सरपरस्ती (संरक्षता) भी इसमें शामिल रहती है।

इन दिनों कानपुर शायरों का सबसे बड़ा ट्रेनिंग इन्स्टीट्यूट हैं जहाँ डिग्री के साथ साथ मुशायरों में इंट्री और कामयाबी की सौ फ़ीसदी गारंटी दी जाती है बल्कि कभी कभार नवउम्री में भी कुछ शायर और शायरात मुशायरे की ट्रेनिंग के लिए मुख़्तलिफ़ शहरों को रवाना किये जाते हैं। आज़मगढ़ और बनारस ऐसे माल की खपत के लिए सबसे बड़ी मण्डियाँ हैं बल्कि वहाँ तो कसरत से ऐसे सामिईन मुशायरों में मौजूद रहते हैं जो गुफ़्तगू शुरू करते हैं अल्लामा शिबली नोमानी, अल्लामा इक़बाल सुहेल और अल्लामा कैफ़ी चिरैया कोठी से, लेकिन शायरात के तरन्नुम पर उन्हें हाल आने लगता है बल्कि उनकी नवउम्री उन्हें बेहाल कर देती है। ऐसे तमाम इन्स्टीट्यूट में लैपटॉप की मदद से शायरों को तरन्नुम से महफ़िल वालों को सरशार करने और शायरात को अपने तबस्सुम (मुस्कुराहट) से बीमार करने की अदाएँ भी सिखायी जाती हैं। इसके लिए अलग कोचिंग क्लास लगते हैं जिसकी फ़ीस ख़ुफ़िया रखी जाती है। कानपुर के बारे में मेरी मालूमात 'कान ही पुर' वालों की तरह है। मेरी अहलिया कानपुर की हैं, इत्तिफ़ाक़ से बहू भी मैं वहीं से लाया हूँ, समधी साहब जूतों का कारख़ाना भी लगाये हुए हैं। लिहाज़ा तजरुबे के हिसाब से कानपुर का चमड़ा और चमड़ी दोनों की क्वालिटी बैनुलअक़वामी (अन्तर्राष्ट्रीय) सतह की हैं। हाँ, कानपुर वालों की उर्दू थोड़ी कमज़ोर थी लेकिन मेरी रिश्तेदारी के बाद से ये ऐब तक़रीबन जाता रहा है। बनारस के एक कन्विनर का तजरुबेकार नुमाइन्दा तो पूरे साल ऐसी तमाम मण्डियों में टहलता नज़र आता है। मुशायरों के खेल में तरन्नुम की गेंद को स्पिन कराने का हुनर सिर्फ़ कानपुर में सिखाया जाता है बल्कि किसी किसी के कलाम में *पाक़ीज़ा के 'हौले हौले'* वाले गीत का मज़ा आ जाता है। मुशायरे

को फालोऑन से बचाने के लिए ये तरन्नुम और तरन्नुमबाज़ बहुत कारामद साबित होते हैं। यही वजह है कि हर मुशायरे के खेल में कानपुर की नुमाइन्दगी करने वाले शायर हज़रात ज़रूर मौजूद रहते हैं।

बक़ौल हकीम साहब, कानपुर में तो शायरों की इतनी बोहतात (अधिकता) है कि अगर हिन्दुस्तान के सब शायर एक साथ इन्तिक़ाल कर जाएँ, तब भी कानपुर अकेला इस हादसे का ग़म ग़लत कर सकता है बल्कि अक्सर वो ये भी बताते थे कि कानपुर में रिक्शे और शायर हर चौराहे पर खड़े मिल जाएँगे। मैंने पूछा 'चौराहे पर खड़े-खड़े ये लोग क्या करते होंगे?' कहने लगे, 'रिक्शे वाले सवारी ढूँढते हैं और शायर कन्विनर की तलाश में निगाहें दौड़ाता रहता है।' मेरे ये पूछने पर कि इस शहर की पुलिस क्या करती है? हकीम साहब कहने लगे कि वहाँ की पुलिस चौराहों से बेफ़िक्र होकर गलियों में महीना, हफ़्ता और यौमिया वसूल करती है। मेरे पूछने पर कि वहाँ तो कुछ मख़सूस (ख़ास) गलियाँ भी हैं? कहने लगे, 'रोटी खाने वाले तो गलियों में आते जाते ही रहते हैं।' ये कहते हुए वो अपने एक मरीज़ की तरफ़ लपके जो ऐसी ही किसी गली का शिकार होकर उनके मतब में दाख़िल हो रहा था।

पिछले बरसों रेलवे मिनिस्टर लालू प्रसाद यादव ने उर्दू के तक़रीबन तीन दर्जन शायरों को रेलवे का ए.सी. पास और साथ में एक हमसफ़र भी ले जाने की इजाज़ अता फ़रमायी थी। नतीजे के तौर पर कुछ शायरों ने तो ट्रेन पर ही रहना शुरू कर दिया था। उर्दू मुशायरों में शायरात की इफ़रात (अधिकता) भी इसी रेलवे पास की देन है। तक़रीबन हर शायर एक शायरा को हमसफ़री का शरफ़ बख़्शता हुआ मिल जाता था। मंदी के ज़माने में रेलवे पास ने कई शायरों की माली पोज़ीशन ख़राब नहीं होने दी क्योंकि जब मुशायरा नहीं होता था तो ये सवारियाँ ढोना शुरू कर देते थे। कलकत्ता के किसी शायर का पास नहीं बना था। मैं कलकत्ता के कोटे में शुमार किया जाता हूँ। जैसे ही रेलवे मिनिस्ट्री तब्दील हुई ममता बनर्जी साहिबा को कलकत्ता के शायरों ने तमाम इत्तिलाआत मुफ़्त में पहुँचा दीं। उन्होंने शायरा को तसल्लियाँ तो बहुत दीं लेकिन पास नहीं दिये। पास की गर्मी इतनी ज़्यादा हो गयी थी कि कई शायर तो बाक़ायदा टी.टी.ई. को डराते धमकाते भी थे, लेकिन पास की मुद्दत ख़त्म होते ही ऐसे तमाम शायर साहिबान ज़्यादातर बस से सफ़र करते हैं क्योंकि कोई भी चोट खाया हुआ टी.टी.ई. उन्हें डस सकता है। ऐसे कई शेड्यूल कास्ट शायरों की जेब में भी रेलवे पास दिखाई देने लगे थे जिनको शेड्यूल कास्ट सामिईन (श्रोतागण) भी अपने पास बैठने नहीं देते। एक शायर जो चेहरे मोहरे, रंगत हरकतों, लिबास, कलाम और चालढाल से भी पुश्तैनी शेड्यूल कास्ट दिखाई देते हैं, वो तो घर में तकिया, चादर और कम्बल इण्डियन रेलवे के ही इस्तेमाल करते थे। अगर कोई पड़ोसी कभी सवाल कर लेता कि साहब, ये चादर तकिये शायद आपके साथ ग़लती से चले आये हैं तो फ़ौरन वो अपना हरा पास दिखा कर पड़ोसी पर रौब गाँठने

की ग़रज़ से कहते थे कि रेलवे बोर्ड में हूँ लिहाज़ा हर वक़्त रेलवे की चीज़ों पर निगाह रखनी पड़ती है। एक मेरे ज़हीन तरीन (अत्यन्त बुद्धिमान) शायर दोस्त ने रेलवे बाथरूम का क़ीमती शीशा, जिसके फ्रेम पर लिखा हुआ था कि *'रेलवे आपकी सम्पत्ति है'*, अपने घर के बाथरूम में फ़िट कर दिया और शीशे के ख़ाली फ्रेम पर लिख दिया कि 'मैंने इस सम्पत्ति से अपना हिस्सा ले लिया', दस्तख़त की जगह अपने शहर के किसी शायर का नाम लिखकर अगले स्टेशन पर उतर गये। राजधानी और शताब्दी एक्सप्रेस की पैंट्री कार का तो पास होल्डर शायरों ने इतना खाना खाया कि नुकसान की भरपाई के लिए रेलवे ठेकेदार को खाने की क्वालिटी ख़राब करनी पड़ी। कुछ लागू क़िस्म के शायर तो रेलवे पास ऐसे पकड़े रहते थे जैसे लोफ़र क़िस्म के लड़के Mall में तेज़ाब की शीशी लेकर घूमते हैं। ख़बर तो यहाँ तक है कि एक मशहूर शायर मन्दी के ज़माने में रेलवे पास पाँच सौ रुपये रोज़ाना के किराये पर घाघ क़िस्म के टिकट कलेक्टरों को दे देते थे बल्कि बताने वाले ने तो ये भी बताया कि रेलवे चार्ट में तो शायर साहब का नाम था लेकिन उनकी बर्थ पर लखनऊ के दो ज़नख़े (हिजड़े) सो रहे थे, जिनको शायरी की ट्रेनिंग दी जा रही थी। उनमें का एक तो अभी पिछले बरस अमेरिका के मुशायरे से काफ़ी कामयाब होकर लौटा है।

मुशायरे बाज़ी की तर्बियत के लिए कई अहम इन्स्टीट्यूट हैं जो मुख़्तलिफ़ शहरों में कई तजरुबेकार शायरों और शायरात के ज़रिये चलाये जा रहे हैं। रामपुर, देहली, लखनऊ और पटना की तर्बियतगाहें तो अब तक़रीबन उजड़ चुकी हैं... वो चायख़ाने भी बिक बिका गये जो अदबी तर्बियतगाहों के मरकज़ कहलाते थे। छोटे मोटे चायख़ानों में कुछ *गोले कबूतर* नुमा शायर नज़र आ जाते हैं जिनको उड़ान के मुक़ाबले में शामिल नहीं किया जाता है। कुछ रिटायर्ड बाबू क़िस्म के शायर अपने अपने मकानों से इन कबूतरों को रफ़ीक़ाना (दोस्ताना) सपोर्ट और कलाम देते हैं लेकिन क्रिकेट, वेश्यावृत्ति की गली और मुशायरों में रिटायर्ड माल की खपत बिल्कुल नहीं हो पाती।

अपने माज़ी से लिपटता हूँ तो रो देता हूँ

कल अगर ईद का दिन होगा तो क्या पहनेंगे
चाँद से कहना कि तैयार नहीं हैं हम लोग

यूँ तो ये शेर हज़रते मेराज फ़ैज़ाबादी का है, लेकिन दरहक़ीक़त शेर उसी का होता है जिसकी कहानी शेर के इर्द गिर्द घूमती है। मेरा मतलब ये है कि शेर ख़्वाह किसी भी शायर की तख़्लीक हो, हर उस शख़्स की मिल्कियत हो जाता है जो शेर के मिसरों (पंक्तियों) के दरम्यान अपने आपको फड़फड़ाता हुआ महसूस करता है। मेरी एक किताब का उनवान है *'बग़ैर नक़्शे का मकान'*। मैंने इस किताब में शुरू में लिखा है कि ग़रीब आदमी की ज़िन्दगी बग़ैर नक्शे का मकान होती है। फिर मैंने तफ़्सील से बग़ैर नक्शे के मकान की तस्वीर खींचने की कोशिश की है। ख़ानदान के तितर बितर होते ही अब्बू के हाथों में ट्रक का स्टीयरिंग था, आँखों में हम लोगों का मुस्तक़बिल था, तसव्वुर में आधे अधूरे ख़्वाब थे और सामने तारकोल की चमकती हुई एक काली और लम्बी सड़क थी। लेकिन एक ड्राइवर को सड़क भी उस आईने की तरह लगती है जिसमें उसे हर वक़्त अपना डरा सहमा ख़ानदान दिखाई देता है। बज़ाहिर तो ट्रक ड्राइवर की शबीह (शक्लोसूरत) बहुत ज़ालिम और जाबिर जैसी दिखाई देती है, लेकिन अपने लड़कपन के ज़माने में मैंने एक बहुत उम्ररसीदा (वयोवृद्ध) ड्राइवर साहब से जिनका नाम मक़सूद अहमद था, अब्बू उन्हें मामूँ कहते थे, उसी रिश्ते से हम उन्हें मक़सूद दादा कहते थे, एक बार तजस्सुस (जानने की इच्छा) के साथ पूछा था कि दादा क्या ट्रक वाले बहुत ज़ालिम और क़ातिल होते हैं। उन्होंने मुझे समझाया था कि बेटा, ट्रक ड्राइवर भी आम इंसानों की तरह मिट्टी का बना होता है, एक बार तो वो सड़क पार करते हुए साँप को भी बचाने की कोशिश करता है क्योंकि वो भी अपने बाल बच्चों को घर पे छोड़ कर मारा मारा फिरता है।

रमज़ान रोजेदारों के हिसाब से बहुत मुख़्तसर महीना होता है, बहुत छोटी सी पूँजी की तरह, जो बहुत जल्द ख़र्च हो जाती है। ग़रीबों के लिए तो ये सिमट सिकुड़ कर कुछ और छोटा हो जाता है क्योंकि उनके पास तो कोई पूँजी होती ही नहीं है। आमाल की पूँजी जो कम्पनी कुबूल करती है, उसकी दुनिया के बाज़ार में कोई ब्रांच

नहीं होती है लेकिन आमाल की पूँजी के सहारे ही ग़रीब लोग ज़िन्दा रहते हैं क्योंकि उन्हें ये यक़ीन होता है कि जिस जगह आमाल की पूँजी चलेगी वहाँ दुनिया की हर करेन्सी रद्द कर दी जाएगी।

उन दिनों हम सिर्फ़ तीन भाई हुआ करते थे, सबसे बड़ा मैं था, फिर इस्माईल राना थे, उनके बाद यहिया राना मरहूम थे जो सिर्फ़ अट्ठाईस बरस की उम्र में लखनऊ रायबरेली रोड पर पी.जी.आई. अस्पताल के सामने जीप चलाते हुए एक्सीडेंट में ख़त्म हो गये थे। रायबरेली में जहाँ लोग रहते थे मोहल्ला शेख़वाड़ा कहलाता है। वहीं की आलमगिरी मस्जिद में हमारे ख़ानदान के बुज़ुर्गों ने मुद्दतों इमामत की है। मोहल्ले के क़रीब ही एक बाज़ार है जो आज भी क़िला बाज़ार कहलाता है। उसी बाज़ार में एक दर्ज़ीख़ाना है जिसके मालिक करीम *बड़े अब्बा* हुआ करते थे। उनसे यूँ तो हम लोगों की कोई रिश्तेदारी नहीं थी लेकिन क़स्बाती आदाब (क़स्बों की सभ्यता) के लिहाज़ से अब्बू उन्हें बड़ा भाई समझते थे। अब उनके बेटे *सल्ली* दुकान चलाते हैं। वो क़रीब के ही एक मोहल्ले के रहने वाले थे जो मैदानपुर कहलाता है। हज़रत मौलाना अबुल हसन अली नदवी की क़यामगाह तकिया जाने में ये मोहल्ला रास्ते में पड़ता है। करीम साहब हम लोगों के कपड़े सिलने के लिए कुछ वक़्त हमेशा बचा के रखते थे। एक तो अब्बू हफ़्तों बाद ट्रक लेकर वापस आते थे, दूसरी वजह बड़े होने के बाद समझ में आयी कि कपड़े मुफ़्त में तो मिलते नहीं हैं। करीम बड़े अब्बा शायद हम लोगों की आरज़ूओं का भरम रखने के लिए बहुत पहले ही हम लोगों के कपड़ों की नाप ले लिया करते थे। हमारे मोहल्ले से क़रीब ही एक मोहल्ला गुलाब रोड कहलाता है जिसके रास्ते में हमारे अब्बू का नानिहाली ख़ानदान रहता है। मेरी दादी के भाई जिन्हें हम लोग कल्लू दादा कहते थे उनका असली नाम अबूज़र हसनैन था। वो बेइंतिहा गोरे चिट्टे और निहायत ख़ूबसूरत थे। अभी तक याद है कि वह पान बहुत खाते थे। हमेशा उनके होंठ सुर्ख़ रहते थे। उनका शुमार शहर के अच्छे वकीलों में होता था। हमारे ख़ानदान के उस हिस्से के ज़्यादातर लोग 'अह्ले तशीअ' (शिया) हैं। उसी गुलाब रोड पर झुम्मन चचा रहते थे। उनका पूरा नाम सय्यद यासूबुल हसन था। गवर्नमेण्ट इण्टर कालेज में अंग्रेज़ी के लेक्चरर थे, जाफ़री साहब कहलाते थे। हम लोगों का भी शजरा (वंशावली) जाफ़री कहलाता है। अभी तक शादी ब्याह में तमाम लोगों का यकजा होना ज़रूरी समझा जाता है। अभी हाल ही में झुम्मन चचा का भी इंतिक़ाल हो गया है। अब उस तरफ़ के ख़ानदान में ऐमन सबसे बड़े हैं जो मुझसे काफ़ी छोटे हैं, लेकिन रिश्ते की रेलगाड़ी को पटरी से उतरने नहीं देते। मुझे याद है कि झुम्मन चचा अम्मी से बहुत मज़ाक करते थे। एक बार अम्मी ने झुम्मन चचा से कहा कि झुम्मन! बहुत दिनों बाद तुम नज़र आये हो, कहाँ रहते हो तो झुम्मन चचा ने मुस्कुराते हुए कहा था कि भाभी नयी रिश्तेदारियाँ न हों तो पुराने रिश्तों के बेलें सूखने लगती हैं। इस जुमले की

मानवीयत (अर्थ) आज तक मेरे ज़ेहन पर नक़्श है। ये शिया सुन्नी, ये ऊँची ज़ात नीची ज़ात, ये अमीर ख़ानदान ग़रीब ख़ानदान... हमने अपने आपको किस बेदर्दी से बर्बाद किया है। किस तरह बेसबब अपने आपको अकेला करते चले गये हैं, कितनी आसानी से बीघों में शुमार की जाने वाली ज़मीनों को दर्ज़ी के फ़ीते से नापने वाले कपड़े के बराबर कर दिया है।

वहीं गुलाब रोड पर एक छोटा सा जूतों का कारख़ाना था, वो भी अब्बू के दोस्त ही रहे होंगे क्योंकि उन दिनों दोस्त ही हुआ करते थे। दुश्मन तो बरायेनाम होते थे। हालाँकि यह तरतीब (क्रम) अब बिल्कुल उलट चुकी है। वहीं हम लोगों के जूतों की नाप दी जाती थी, हम तीनों भाई अपने कपड़ों और जूतों की उम्र और नाक नक़्शा देखने वहाँ जाया करते थे। बच्चों की नाप के कपड़ों और जूतों में हम लोग अपना जिस्म और पैर डाले रहते थे। तक़रीबन रोज़ाना ही हम लोग उन दोनों दुकानों का चोरी छुपे चक्कर लगाते थे। यहिया बहुत छोटे थे, वह थोड़ी ही दूर चलकर थक जाते और रोने लगते थे तो हम और इस्माईल बारी बारी उन्हें गोद में उठाकर थोड़ी थोड़ी दूर चलते थे। शादी के बाद जब ये ख़ुशख़बरी मेरे कानों तक पहुँची कि मैं बाप बनने वाला हूँ तो मैं अक्सर शरारत में अपनी अहलिया के पेट के पास कान ले जाकर होने वाले बच्चे की जसामत (क़दकाठी) के बारे में बराबर अंदाज़ा लगाया करता था। माँ-बाप किस तरह अपने बच्चों को पालते हैं, उनकी परवरिश करते हैं इसका अंदाज़ा लगाने में मुझे कभी परेशानी नहीं होती क्योंकि मुझे करीम बड़े अब्बा की दुकान और जूतों के कारख़ाने का पता हमेशा याद रहता है।

अपने इकलौते पोते सबील, जिसे मैं प्यार से उर्दू कहता हूँ और अब सिर्फ़ इतने ही तसव्वुर से ख़ुश हो जाता हूँ कि इंशा अल्लाह हमारे बाद भी उर्दू हमारे घर में फले फूलेगी, अपनी आरज़ूओं को अपने जीते जी इतना मुख़्तसर होते देखना भी क्या क़यामत है लेकिन क़यामत से तो काफ़िर भी इंकार नहीं कर सकता और मुझे तो बहरहाल अभी तक कलमा याद है, अभी तक अज़ान मुझे अपनी तरफ़ खींचने लगती है, अभी तक रवादारी की सुन्नतों से हमारा दिल आबाद है... तो कल मैं अपने पोते के साथ खेल रहा था... इस रिश्ते से वह मेरा हम उम्र है कि घर में हम दोनों का कोई कहना नहीं मानता। अपनी बात मनवाने के लिए हम दोनों को रोना और आँसुओं का सहारा लेना पड़ता है। हम दोनों कमरे में देर तक बैठकर एक दूसरे के ग़मगुसार (ग़म के साथी) बने रहते हैं। दोनों एक दूसरे के हम मिज़ाज हैं। वो अपने होंठों से बटुवे की शक्ल बनाता है और मैं भी दिन में कई-कई बार अपने हिलते हुए दाँतों को हिलाकर देखता हूँ कि इस बटुवे के मुकम्मल होने में अभी कितना वक़्त लगेगा। हालाँकि सबील अभी मुझसे कुछ छोटे हैं। मैं चार महीनों के बाद अट्ठावन बरस का हो जाऊँगा और इंशा अल्लाह सबील मियाँ एक बरस के हो जाएँगे।

कल मैंने अपनी अहलिया से कहा कि इस बार ईद में इंशा अल्लाह सबील हम लोगों के साथ ईदगाह जाएँगे। मेरी अहलिया ने अपनी ख़ुशी पर पहले रोज़े की थकन का पर्दा डालते हुए पूछा कि ये ईदगाह जाकर क्या करेंगे, इनकी वहाँ अभी क्या ज़रूरत है? मुझ पर भी शायद पहले रोज़े का असर था। मैं दूर कहीं तसव्वुर में भटकते हुए बड़बड़ाने लगा कि 'इन्होंने अपने पापा के दादा को तो नहीं देखा है लेकिन इंशा अल्लाह ये अपने दादा के साथ उसी तरह ईदगाह जाएँगे जैसे इनके दादा अपने दादा के साथ सदियों पुरानी ईदगाह में जाया करते थे। ये वहाँ जाकर इंशा अल्लाह अपने बड़े दादा राहत इंदौरी के इस शेर की तफ़सरी बन जाएँगे :

फिर एक बच्चे ने लाशों के ढेर पर चढ़ कर
ये कह दिया कि अभी ख़ानदान बाक़ी है

शेर पढ़ते पढ़ते अचानक यूँ लगा कि जैसे ज़बान दाँतों तले आ गयी हो या मेरे हलक़ में निवाला अटक गया हो, क्योंकि मुझे याद आने लगा कि इस शहर के गिर्दोनवाह में मेरे ख़ानदानी शजरे का ताजमहल दफ़्न है लेकिन कहीं कहीं उसकी बुनियादों में दरार सी पड़ गयी है। इस शहर के किसी न किसी हिस्से से आवाज़ आती रहती है कि मेरी शाख़ें चाहे जहाँ ले जाओ लेकिन मेरी जड़ों से इनका एत्तहाद न छीनो। मेरी जड़ों को इसी ज़मीन के सीने पर फैला रहने दो। पेड़ काटने का हुक्म तो हुकूमतें भी देती चली आयी हैं लेकिन जड़ों से छेड़छाड़ करने का हुक्म तो क़ुदरत भी नहीं देती। अब सहरी का वक़्त ख़त्म हो रहा है, नये दिन का आगाज़ हुआ ही चाहता है, मैं रायबरेली के क़ब्रिस्तान में अपने क़बीले की जड़ें ढूँढता फिर रहा हूँ, घर के लोग मुझे सहरी में दूध पिला कर मेरे होशो हवास की जड़ों को मज़बूत करना चाह रहे हैं और मैं दूर कहीं 1947 ई॰ की आज़ादी के साथ तक़सीम के उस जुआ घर में भटक रहा हूँ जहाँ मेरे ख़ानदान का एक हिस्सा भी सियासी तक़सीम के जुए में ख़र्च हो गया था।

अचानक हमें याद आने लगता है कि हम लोग तो यौमे आज़ादी भी इतवार की छुट्टी की तरह मनाते हैं। हमारी आँखें तो 15 अगस्त को भी बंजर इलाक़े की बेहिस (निष्क्रिय) ज़मीन की तरह ख़ुश्क रहती हैं। हम तो आज़ादी के मतवालों का शजरा भी नेपकिन की तरह इस्तेमाल करते हैं। कैसे रहे होंगे वो सरफ़रोश जिन्होंने तश्त में सजे हुए अपने बेटों के सिरों को भी मादरे वतन के क़र्ज़ की एक क़िस्त समझ कर अदा किया होगा।

काश! कभी कोई ग़ैरतमन्द सरकार और इंसाफ़ पसन्द वज़ीरे आज़म दो गज़ ज़मीन के लिए भटकते हुए मुग़लिया सल्तनत के आख़िरी बादशाह बहादुर शाह जफ़र की मय्यत की मिट्टी को रंगून के वीराने से लाकर हिन्दुस्तान की मिट्टी में बो दे। काश मैं ये दिन देखने के लिए ज़िन्दा रहूँ या मेरे ख़ानदान का कोई भी शख़्स हुकूमत से यह गुज़ारिश करने के लिए ज़िन्दा रहे कि कराची के क़ब्रिस्तान से मेरे

बुजुर्गों की मय्यत लाकर रायबरेली की मिट्टी का अधूरा शजरा मुकम्मल किया जाये।

ऐवाने सियासत और अरबाबे हुकूमत उस वक़्त तक हमारे ख़ानदान के कर्ज़दार रहेंगे जब तक मेरे शजरे का ताजमहल नामुक़म्मल रहता है। रायबरेली के सहरा में मेरे ख़ानदान ने बनवास में कई सदियाँ गुज़ारी हैं। रायबरेली से इश्क़ में मेरे जद्देआला (महान पूर्वज) ने इब्राहिम शर्क़ी की फ़ौज का मंसब (ओहदा) त्याग दिया और यहाँ के पानी को वजू और मिट्टी को तयम्मुम का वसीला बनाकर उस्तादी का पेशा अख़्तियार कर लिया। अपने उस्ताद को अँगूठा पेश कर देने वाली क़ौम से ये फ़क़ीर ईनाम में अपने बिछड़े हुए बुजुर्गों के लिए सिर्फ़ चन्द क़ब्रों की जगह माँग रहा है :

दरिया में मत बहाओ कि इस मुल्क में अभी
दो गज़ ज़मीन का तो ज़मींदार मैं भी हूँ

बे ज़मीरी देख मुझको लाल बत्ती मिल गयी

पिछले हफ़्ते मेरे आफ़िस में एक लड़का चोरी के मोटर पार्ट्स फ़रोख़्त करने आया। मैंने वक़्त गुज़ारी के लिए सामान देखना शुरू कर दिया। यूँ तो सामान से एक बड़ा कार्टून भरा हुआ था लेकिन मेरी ज़रूरत बहुत महदूद (सीमित) थी, लिहाज़ा सामान देखने में मज़ा भी नहीं आ रहा था। फिर उस लड़के ने एक ख़ूबसूरत सा बॉक्स निकाला और मुझसे कहा कि चचा! यह आपकी ज़रूरत का सामान है, कभी न कभी तो काम आ ही जाएगा। मैंने उस लड़के से पूछा कि इस कार्ड बोर्ड बॉक्स में क्या है? उसने बताया कि सर! इसमें लाल बत्ती है जो हर V.V.I.P. की गाड़ी में लगी होती है। इस बॉक्स पर उस सामान की क़ीमत 8700/- दर्ज थी, लेकिन वह लाल बत्ती मुझे सिर्फ़ 800/- में मिल रही थी। अपने मुस्तक़बिल (भविष्य) के आँचल पर इक़्तिदार के सलमा सितारा टाँकने के लिए 800/- की रक़्म बड़ी कम लगी। मैंने यही सोचकर उस लाल बत्ती के लिए 800/- दाँव पर लगाने का इरादा कर लिया। सामान बेचने वाला नवजवान तो रुपये लेकर अपनी मंज़िल की तरफ़ रवाना हो गया, लेकिन मुझे एक ज़ेहनी अज़ीयत (कष्ट) में मुब्तिला करके तन्हा छोड़ गया।

मैंने लाल बत्ती के शौक़ में 800/- ख़र्च कर दिये थे और इस सौदे पर दिल ही दिल में ख़ुश था कि 8700/- का माल सिर्फ़ 800/- में हासिल कर लिया है। लेकिन जब ज़मीर (आत्मा) की स्लेट पर इस सौदे का जोड़-घटाव किया तो अपने आपसे शर्मिन्दगी-सी होने लगी, अपनी ज़ाहिरी साफ़ सुथरी शख़्सियत से घिन आने लगी, ख़ानदानी अना (Ego) की चादर पर बेशुमार सिल्वटें नज़र आयीं, अपनी दस्तार (पगड़ी) के नीचे सिर की जगह कोई बड़ा-सा पत्थर महसूस होने लगा, इल्मी लियाक़त (योग्यता) मुँह चिढ़ाती नज़र आयी और किरदार के मैलेपन का ज़बरदस्त एहसास हुआ क्योंकि चोरी का माल ख़रीदने वाले के चेहरे की कालिख पछतावे के साबुन से साफ़ नहीं हो सकती :

मेरी ख़ुद्‌दारियाँ थकने लगी हैं
मैं तोहफ़े पा के ख़ुश होने लगा हूँ

लाल बत्ती की ख़रीदारी के साथ-साथ मुझे तीस बरस पहले का एक वाक़िया भी याद आता चला गया। कलकत्ता में दोस्तों के साथ मिलकर एक ऑल इण्डिया

मुशायरा करने के सबब कमेटी को छः हज़ार रुपयों का नुक़सान हुआ, लेकिन मुझे ज़ाती तौर पर तक़रीबन दस हज़ार का फ़ायदा हुआ। कहीं ये न पूछ लीजिएगा कि कमेटी को नुक़सान होने के बावजूद मुझे फ़ायदा कैसे हुआ क्योंकि आज़ादी के बाद हमारे मुल्क के हर शोबे (क्षेत्र) में कमोबेश यही होता चला आ रहा है। कमेटी वालों के साथ हिसाब-किताब करने के बाद नौ हज़ार आठ सौ रुपये बेईमानी के रास्ते मेरी जेब में आ चुके थे। घर की तरफ़ वापसी करते हुए मैं उन ढेर सारे रुपयों के मसरफ़ (ख़र्च) का तरीक़ा सोचता हुआ अपनी बुलेट मोटर साइकिल से चला आ रहा था। सेंट्रल एवेन्यू पर खादी भवन की कई मंजिला इमारत के सामने आकर मैं रुक गया। इससे पहले इस इमारत के पास से मैं हज़ारों दफ़ा गुज़रा था, लेकिन कभी खादी भवन की तरफ़ निगाह भी नहीं उठी थी। मैं स्टैण्ड पर मोटर साइकिल पार्क करके खादी भवन के शोरूम में अमीराना शान से दाख़िल हुआ और इस रक़्म का बेशतर हिस्सा खादी भवन के कैश काउण्टर पर **Raw Silk** की ख़रीदारी में देकर चला आया। तीस बरस पहले 7 कुर्तों के कपड़े के एवज़ तक़रीबन छः हज़ार रुपये ख़र्च हो चुके थे। मेरे एक बेतकल्लुफ़ दोस्त ने एक दिन मेरे शानदार कुर्ते को देखकर कहा कि **Raw Silk** अस्ल में रेशम के कीड़ों की लाश से तैयार किया जाता है, इसलिए इसको पहनकर नमाज़ पढ़ना मना है। मैंने अपनी बेईमानी की कहानी पर तबस्सुम (मुस्कुराहट) का दबीज़ पर्दा डालकर ख़ामोश रहना मुनासिब समझा था, लेकिन यह बात उसी वक़्त समझ में आ गयी थी कि हिन्दुस्तानी सियासत में खादी का इस्तेमाल इतना ज़्यादा क्यों होता है।

आज मैं बहुत कम क़ीमत पर लाल बत्ती ख़रीदकर फिर वैसी ही उलझन में गिरफ़्तार था। लाल बत्ती की सबसे बड़ी ख़ूबी यही है कि यह ज़मीर के सूरज को पूरे तौर पर अपने ग्रहण में ले लेती है। अब मेरे ज़ेहन ने मुल्क भर में दौड़ती हुई लाल बत्ती वाली कारों का जायज़ा लेना शुरू कर दिया। मैं जैसे-जैसे लाल बत्ती की कारों की तरफ़ बढ़ता गया मुझे लाल बत्ती वाली गाड़ियों में बैठे हुए लोगों के चेहरे याद आते गये।

अब मुझे मिल्लते इस्लामिया (मुस्लिम क़ौम) के ख़ुदसाख़्ता (स्वयं भू) पयम्बराने सियासत याद आने लगे। एक मुस्लिम क़ौमी लीडर ने जब अपनी तक़रीर का जादू बिखेरते हुए जज़्बाती अदाकारी और रूहाँसे लहजे में अवाम को ख़िताब करते हुए फ़रमाया कि अगर मेरे जिस्म की खाल मिल्लते इस्लामिया के किसी शख़्स के जूते बनाने के काम आये तो मैं अपने जिस्म की खाल तक देने को तैयार हूँ। लीडर साहब साँस लेने के लिए रुके ही थे कि एक आवाज़ आयी, "जनाब! आपकी खाल है भी इसी काम के लायक़, यह दूसरे किसी काम आ भी नहीं सकती।"

इस मुल्क की मरकज़ी और सूबाई (केन्द्रीय और प्रान्तीय) सरकारें जब नयी कारें ख़रीदती हैं तो कुछ कारों पर न दिखाई देने वाले रंग से *'किराये के लिए खाली'* लिखवाकर किसी गुनहगार सरकारी गैरेज में खड़ी करवा दी जाती हैं। अब मिल्लत फ़रोश (क़ौम के साथ बेवफ़ाई करने वाले) अफ़राद (लोगों) की तलाश शुरू होती है, जिसके

लिए ज़्यादा मेहनत नहीं करनी पड़ती है। रातों रात ऐसे लोग तलाश कर लिये जाते हैं और उन्हें इन गाड़ियों पर बिठाकर वक़्फ़ बोर्ड, मरकज़ी और रियासती हज कमेटी, उर्दू एकेडमी, मदरसा बोर्ड और अक़लियती कमीशन जैसे कई अदारों (संस्थाओं) की तरफ़ हाँक दिया जाता है। इन गाड़ियों पर विराजमान होने वालों की शोला बयानी, बेबाकी और इंसाफ़ पसन्दी को किसी तेज़ तर्रार वज़ीर के घर पर *मुख़न्नस* (नामर्द) बनाया जाता है और क़ौम के ऊपर यह लोग खुदा के अज़ाब की तरह थोप दिये जाते हैं।

मेरी नवजवानी के ज़माने में कलकत्ता में एक बहुत बड़े कांग्रेसी नेता अशोक सेन हुआ करते थे। वह कई मरकज़ी सरकारों में वज़ीरे क़ानून के ओहदे पर विराजमान रह चुके थे। मुसलमानों के इलाक़े में नाखुदा मस्जिद के पास एक जल्से में तक़रीर करते हुए वह बंगाली भाषा में बता रहे थे कि इस इलाक़े में कई ख़ास दोस्त भी हैं। उन्होंने तीन चार दोस्तों के नाम भी लिये। उनमें एक ऐसे शख़्स का नाम था जो कलकत्ता पुलिस के बड़े मुख़बिरों में शुमार किया जाता था। दूसरे साहब मरकज़ी (मध्य) कलकत्ता के जाने माने बदमाश थे। कई क़त्ल खुद भी किये थे और बहुत से क़त्ल उनकी हिस्सेदारी में हुए थे। तीसरे साहब मरकज़ी कलकत्ता में बहुत बड़ा चकला चलाते थे। मेरी सिर उठाती हुई उम्र में मरकज़ी वज़ीरे क़ानून के मुँह से उनके मुसलमान दोस्तों के नाम सुनकर मुझे सियासत की बदबू से उबकाई आने लगी। मेरे अन्दर के नवजवान होते हुए लड़के ने जम्हूरियत (लोकतंत्र) के इस तमाशे में शरीक होने से इनकार कर दिया। उन दिनों कलकत्ता में नक्सल पार्टी सिर उभार रही थी। नवजवान लड़कों में नक्सली बनना एक Status Symbol समझा जाता था। लिहाज़ा मैं भी नक्सलियों की नवजवान नस्ल में शामिल हो गया। नौबत यहाँ तक पहुँची कि मेरा नाम कलकत्ता पुलिस की उस फ़ेहरिस्त में शामिल कर लिया गया, जिन्हें देखते ही गोली मार देने का हुक्म था। उन दिनों खुफ़िया पुलिस के डिप्टी कमिश्नर भभूति चक्रवर्ती थे। अब्बू को जब मेरी इन हरकतों का पता चला तो पहले उन्होंने जी भर के मुझे मारा, फिर फ़ौरन घर से निकल जाने का हुक्म सुना दिया।

ममता मुँह देखती रही और मुझे घर से निकाल दिया गया। अब अपने नवजवान बेटे को घर से निकालने के बाद अपने अन्दर की छटपटाहट और बेचैनी देखकर अन्दाज़ा होता है कि अब्बू बरामदे में खड़े-खड़े क्यों रातें गुज़ार देते थे।

मुझे सड़कों पर मारा मारा फिरते देखकर उन्होंने अन्दाज़ा लगा लिया कि इस तरह तो यह फ़ौरन पुलिस वालों के हाथों मार दिया जाएगा, लिहाज़ा उन्होंने दूसरा हुक्मनामा जारी कर दिया कि मैं कलकत्ता छोड़कर चला जाऊँ। बल्कि मुझे जबरदस्ती अपने एक ट्रक पर बिठाकर इलाहाबाद रवाना कर दिया गया। कई महीनों तक मैं ट्रक ड्राइवरों के साथ घूमता रहा। इस तरह मुझे ट्रक चलाना भी आ गया और रिश्तों की नज़ाकत की समझ भी आती चली गयी :

समाजी बेबसी हर शह्र को मक़तल बनाती है
कभी चम्बल बनाती है, कभी नक्सल बनाती है

हम ख़ुद उधड़ने लगते हैं तुरपाई की तरह

अप्रैल, 2008 में पाकिस्तान का सफ़र बड़ा दिलचस्प था। वहाँ शहर क़ाएद का एक आलमी (अन्तर्राष्ट्रीय) मुशायरा होता है जिसमें तक़रीबन सारी दुनिया से शोअरा बुलाये जाते हैं। दो तीन बरस से हिन्दी शायरी की नुमाइन्दगी (प्रतिनिधित्व) के लिए हिन्दी ज़बान के कवि भी सफ़र में शामिल रहते हैं। इस बार हिन्दी ग़ज़ल के मुस्तनद दस्तख़त (प्रमाणित हस्ताक्षर) समझे जाने वाले डॉ॰ कुँवर बेचैन भी शामिल थे। गुज़श्ता (गुज़रे) बरस शहर क़ाएद के आलमी और कराची के दूसरे मुशायरों में भी हिन्दी शायरी की नुमाइन्दगी के लिए डॉ॰ अशोक चक्रधर और हिन्दी ग़ज़ल के बा सलाहियत (सुयोग्य) शायर दीक्षित दनकौरी शामिल थे। ये ख़ुशगवार अदबी इज़ाफ़ा हिन्दो-पाक दोस्ती की तरफ़ बढ़ता हुआ एक क़दम तसव्वुर किया जा सकता है। हिन्दी कवियों को वहाँ जितना एहतराम और इज़्ज़तें मिलीं उसको देखकर डॉ॰ अशोक चक्रधर तो इतने जज़्बाती (भावुक) हो गये कि एक दिन बाक़ायदा आँसुओं से रोने लगे थे। पाकिस्तान में मुशायरा अभी तक पेशा नहीं बन सका है। इसका शुमार फुनूने लतीफ़ा (ललित कलाओं) में ही होता है। शहर क़ाएद के मुशायरे की तारीख़ से मिलाकर वहाँ के मुख़्तलिफ़ अदारे (विभिन्न संस्थाएँ) कुछ छोटे मुशायरे भी मुनअक़िद (आयोजित) करते हैं। *बज़्मे सादाते अमरोहा* भी एक आलीशान मुशायरा मुनअक़िद करती है। मेरे हिसाब से शेर की रूह तक पहुँचने में सादाते अमरोहा के सामिईन जितना कामयाब होते हैं उतनी रसाई (पहुँच) अब दुनिया के किसी भी मुशायरे के सामिईन का नसीब नहीं है। आलमी मुशायरे के तीसरे चौथे दिन यह मुशायरा धूमधाम के साथ मुनअक़िद होता है। इस बरस भी यह मुशायरा अपनी कामयाबी की मंज़िल की तरफ़ निहायत बाविक़ार तरीक़े से रवाँ-दवाँ था। मुशायरा अपनी इख़्तितामी (समापन) मंज़िल की तरफ़ बढ़ रहा था। प्रोफ़ेसर वसीम बरेलवी और मुझे पढ़ना था। मैं स्टेज से वाशरूम की तरफ़ सिगरेट पीने की ग़रज़ से उठकर चला आया और एक गोशए आफ़ियत (सुकून का कोना) में सिगरेट के धुएँ से अपने फेफड़ों को दाग़दार बनाने में मसरूफ़ था कि एक साहब ने आकर अपना तआरुफ़ कराते हुए फ़रमाया कि मुझे साजिद रिजवी कहते हैं। थोड़े से वक़्फ़े के बाद उन्होंने फ़रमाया कि राना साहब! परसों हैदराबाद सिन्ध में आलमी मुशायरा

है। आपको इसमें तशरीफ़ लाना है। मैंने उनसे अपनी सेहत की ख़राबी का उज्र (वजह) पेश करके माज़िरत (माफ़ी) तलब की, लेकिन वह अपनी बात पर बज़िद रहे। मेरे बार-बार इनकार करने पर उन्होंने शायद यह महसूस किया कि मुशायरे बाज़ शायरों की तरह मैं भी अपनी क़ीमत के शेयर बाज़ार में उछाल लाने की कोशिश कर रहा हूँ। मेरे मुस्तक़िल इनकार करने पर उन्होंने अचानक एक ऐसी बात कही जो उन्हें हर्गिज़ नहीं कहनी चाहिए थी लेकिन ज़रूरतमन्द की अपनी मजबूरियाँ होती हैं। उन्होंने मुझसे फ़रमाया कि राना साहब आज सादाते अमरोहा के मुशायरे में आपको जितना नज़राना मिल रहा है, हैदराबाद सिन्ध में आपको उसका दोगुना नज़राना पेश किया जाएगा। मुझे उनकी यह कारोबारी गुफ़्तगू अच्छी नहीं लगी, लिहाज़ा मैंने निहायत ख़ुश्क लहजे में उनसे कहा कि जनाब, आपने बहुत कमजोर बात कह दी। वह साहब भी शायद अपनी फेंकी हुई गेंद की कमज़ोरी भाँप गये थे। उन्होंने सरापा माज़िरत बनकर शर्मिन्दगी का इज़हार किया। तब तक मैं अपना नाम पुकारे जाने के ख़ौफ़ से स्टेज की जानिब चला आया और 1947 ई॰ से आज तक की एक नुमायाँ तस्वीर मेरे सामने खड़ी होकर मुझे मुँह चिढ़ाने लगी। मैंने स्टेज पर बैठे बैठे एक ग़ज़ल के चन्द शेर कहे और चुपचाप बैठा रहा। नक़ीबे मुशायरा (मुशायरा संचालक) के हुक्म पर मैं उस माइक के पास आकर बैठ गया जिसकी मदद से मुझे अपने शेर मुंतज़िर सामिईन तक पहुँचाने थे। मैंने अभी कुछ देर पहले गुज़रे हुए वाक़िये को सामिईन की ख़िदमत में अर्ज़ किया, फिर अपनी बात जारी रखते हुए यह भी अर्ज़ किया कि इस ग़ैर शायराना हादिसे के पेशे नज़र मैंने अभी स्टेज पर बैठे-बैठे कुछ शेर कहे हैं अगर आप हज़रात इजाज़त दें तो मैं इन नये अश्आर से अपने कलाम की इब्तिदा (शुरुआत) करूँ। सामिईन की भरपूर ताईदो हिमायत (समर्थन) के बाद मैंने यह कहकर मतला पढ़ा कि मेरी तरफ़ से यह मतला मोहतरम साजिद रिज़वी की ख़िदमत में अर्ज़ है और मुहाजिरीने पाकिस्तान की तरफ़ से यही मतला हुकूमते पाकिस्तान की नज़्र है :

मुहाजिर हैं मगर हम एक दुनिया छोड़ आये हैं
तुम्हारे पास जितना है हम उतना छोड़ आये हैं
मुहाजिर कह के दुनिया इसलिए हमको सताती है
कि हम आते हुए क़ब्रों में शजरा छोड़ आये हैं
अभी तक बारिशों में भीगते ही याद आता है
जो हम छप्पर के नीचे अपना छाता छोड़ आये हैं
ये हिजरत तो नहीं थी बुज़दिली शायद हमारी थी
कि हम बिस्तर पे इक हड्डी का ढाँचा छोड़ आये हैं
किसी की आरज़ू के पाँव में जंजीर डाली थी
किसी की ऊन की थैली में फन्दा छोड़ आये हैं
भतीजी अब सलीक़े से दुपट्टा ओढ़ती होगी

वही, झूले में हम जिसको हुमकता छोड़ आये हैं
कई ज़ख़्मों की पपड़ी में नमी मौजूद है अब तक
कई यादों की तुरपाई को उधड़ा छोड़ आये हैं
तू इतनी बेरुख़ी से चाँद हमसे बात करता है
हम अपनी झील में इक चाँद उतरा छोड़ आये हैं
वो इंजन के धुएँ से पेड़ का उतरा हुआ चेहरा
वो डिब्बे से लिपटकर सबको रोता छोड़ आये हैं
मुहाजिर इसलिए हम हैं कि इक मिसरे की सूरत हैं
यहाँ आते हुए हम एक मिसरा छोड़ आये हैं
हमें मरने से पहले सबको यह ताकीद करनी है
किसी को मत बता देना कि क्या-क्या छोड़ आये हैं

दादो तहसीन के बेपनाह शोर में मेरी आवाज़ कहीं खो गयी और मैं दूर कहीं माज़ी (अतीत) की हिजरत नसीब यादों में गुम हो गया। ज़ैतून की शाख़ से अम्न तहरीर करने वाले, रेगिस्तान की भूलभुलैयों में भी सिराते मुस्तक़ीम (नेकी की सीधी राह) पर चलने वाले, गले में अल्लाह के कलाम को तावीज़ की तरह पहनने वाले, खजूर और ऊँटनी का दूध पीकर परवरदिगार का शुक्र अदा करने वाले, धूप ओढ़कर रेत पर सो जाने वाले, अपने हौसलों से सारी दुनिया को फ़तह करने वाले, ईमान की दौलत से मालामाल और शहादत के जज़्बे से सरशार (मस्त) लोग *हिजरत* की रेलगाड़ी में बैठकर दूर कहीं गुम होने के लिए रवाना हो रहे थे। कस्टूडियन की चक्की में पिसती हुई जमींदारी, बेमुरव्वती से नीलाम होते हुए खेत और बाग़, ज़ेवरों की सूरत में बेशर्मी से सुनार की दुकानों में क़ैद होती हुई पर्दानशीन औरतों की आबरू, सर्दमोहरी से फ़रार (भागना) पर हिजरत की मुहर लगाते हुए ख़ानदानी और खून के रिश्ते, अपने आपको अकेला महसूस करते हवेलियों और घरों में क़ैद होते हुए टूटे फूटे ज़मींदार, तन्हाई की क़ैद की सज़ा काटते हुए अपनी-अपनी हवेलियों में बीमार ऊँटों की तरह मर जाने वाले वह ग़यूर (स्वाभिमानी) लोग जो कभी अपनी ज़मीनें इस ख़ौफ़ से देखने नहीं गये कि उनकी ज़मीनों में भी सरहद पर खींची जाने वाली काली लकीरों के सिर उग आये हैं, रिश्तों की दरकती हुई दीवारों के मल्बे में दबे हुए कितने ही ख़ानदान दुनिया को कभी-कभी अपनी हवेलियों के रौशनदान से देख लेते थे, लेकिन औरत और ज़मीन की देखरेख रौज़नों (रौशनदानों) के पास बैठकर नहीं की जा सकती। इन चीज़ों के लिए कभी तलवार को हल बनना पड़ता है और कभी-कभी हल को तलवार की तरह भी उठाना पड़ता है, लेकिन हिजरत के धमाके से ज़ख़्मी लोग अपनी चारपाई से भी उठने में तकलीफ़ महसूस करते हैं। फिर उनसे यह तवक़्क़ो कैसे की जा सकती थी कि उखड़ी हुई पतंग की डोर की तरह हाथ से जाती हुई ज़मींदारी को वह फिर सँभाल सकेंगे। रफ़्ता-रफ़्ता मुत्तहिदा हिन्दुस्तान

(United India) की सियासी बोली लगाने वाले जिनाह और नेहरू हिन्दुस्तान को एक कटी हुई पतंग समझकर लूटने के लिए बड़े-बड़े मज़हबी लग्गे लेकर निकल पड़े। अंग्रेजों के हाथों पहले ही लुट चुका हिन्दुस्तान एक नुची हुई पतंग की तरह दोनों के हाथ इस तरह लगा कि इससे दोनों क़ौमें अपनी गुर्बत (ग़रीबी) का कफ़न तक तैयार नहीं कर सकीं। मुसलमानों के साथ तारीख़ का यह बदतरीन मज़ाक़ था कि जिन लोगों ने सैकड़ों कुर्बानियों, मशक्क़तों, तकलीफ़ों और दुश्वारियों से गुज़रते हुए पाकिस्तान के ख़्वाब को ताबीर (ख़्वाब का यथार्थ) की मिट्टी और अपने ख़ून पसीने से गूँधा, वह बासठ बरस बाद भी मुहाजिर के मुहाजिर ही रहे।

तलाक़ लफ़्ज़ बड़ा कठोर, करख़्त और बहुत तकलीफ़ देह होता है। इसकी सफ़्फ़ाकी (क्रूरता) का आसानी से अन्दाज़ा भी नहीं लगाया जा सकता। यक़ीनन इसकी मानवियत (अर्थ) आरी के उभरे हुए दाँतों की तरह ख़तरनाक होती होगी, लेकिन इसका सिर्फ़ क़यास (अन्दाज़ा) ही लगाया जा सकता है क्योंकि डूबते हुए इंसान की चीख़ें तो उम्र भर के लिए समाअतों (श्रवण) को गूँगा कर देती हैं... मैंने अपनी कम उम्री के ज़माने में तलाक़ होने का एक ख़ौफ़नाक मंज़र अपनी इन बदनसीब आँखों से देखा था। आज तक मेरी आँखें उस दिलदोज़ (हृदय विदारक) मंज़र से पीछा नहीं छुड़ा सकी हैं। घर, आँगन और दालान के बीच एक दबीज़ घरेलू चादर की हिजाब (पर्दा) बनाया गया था, लेकिन यह पर्दा कब था! यह तो मुक़द्दस रिश्तों में एक दरकती हुई दीवार थी।

आँगन में ख़ानदान के बुजुर्ग और मोहल्ले के कुछ दूसरे शोरफ़ा (शरीफ़ लोग) बैठे हुए थे और पर्दे के पीछे दालान में एक तख़्त पर कुछ औरतें उस ख़ातून (महिला) को घेरे बैठी थीं जो तलाक़ की सूली पर लटकायी जाने वाली थी। मर्दाने हिस्से में बुज़ुर्गों के बीच एक शख़्स गर्दन झुकाये बैठा था। थोड़ी-सी मैली-कुचैली गुफ़्तगू के बाद वह शख़्स अचानक खड़ा हुआ और तीन बार तलाक़... तलाक़... तलाक़ कहा, किसी रजिस्टरनुमा चीज़ पर दस्तख़त किये और बहुत आराम से कुछ लोगों के साथ घर से बाहर निकलकर ज़िन्दगी की शाहराह पर कहीं गुम हो गया। उसे तो यह पता ही नहीं चला कि अन्दर के हिस्से में निस्वानी तमकनत (नारीत्व के शानौशौकत) की एक दीवार बैठ गयी है। अन्दर बैठी हुई तलाक़ के ख़ंजर से ज़ख़्मी औरत की सिसकियाँ अचानक चीख़ों में तब्दील हो गयीं। उस ख़ातून ने बैन करते हुए अपनी कलाई की चूड़ियों को तख़्त पर इतनी ज़ोर से पटका कि चूड़ियों के टुकड़ों ने उसकी दोनों कलाइयों पर *मुतल्लक़ा* (तलाक़ शुदा) की कभी न मिटने वाली ख़ूनी मुहर लगा दी थी। बज़ाहिर तो इस दिलदोज़ मंज़र ने मिलने और बिछड़ने की हज़ारों दास्तानों में एक नये क़िस्से का इज़ाफ़ा कर दिया था, लेकिन अन्दरूनी चोट और टूट फूट का अन्दाज़ा भी नहीं लगाया जा सकता था। यूँ भी पोस्ट मार्टम के लिए मरना ज़रूरी होता है। अभी तक साइंस और जदीद (आधुनिक) टेक्नोलॉजी ज़िन्दा और चलती

फिरती लाशों के पोस्ट मार्टम से बिल्कुल नाआशना (अपरिचित) है।

कमोबेश कुछ इसी से मिलती-जुलती कहानी पाकिस्तान के लिए हिजरत करने और न करने वालों के दरम्यान मुस्तक़िल घूमती रहती थी। हिजरत करने वालों ने अपने दुःख-दर्द की काफ़ूरी शम्ओं को शेरी और अफ़सानवी अदब की मदद से बचाये रखा क्योंकि उस पार वालों को हिजरत का ग़म मनाने की इजाज़त थी, लिहाज़ा वह अपने पछतावे, ग़लत फ़ैसले या क़िस्मत की ख़राबी पर रो भी सकते थे और मातम भी कर सकते थे। अपनी तहरीरों और तक़रीरों के ज़रिये दुनिया से अपनी बात कहने की उन्हें पूरी छूट थी। अपने दुःखों के पोस्टर कहीं भी चिपकाने के लिए उन्हें सरकारी इजाज़तनामे की ज़रूरत नहीं थी बल्कि पाकिस्तान में तो नैपकिन के काग़ज़ी फ़ैशन की तरह हिजरत के कर्ब (पीड़ा) को भी आज तक बराबर इस्तेमाल किया जाता है, लेकिन इसके बरअक्स (विपरीत) हिन्दुस्तानी मुसलमान तक़सीम (विभाजन) की शर्मिन्दगी से इतना टूट चुके थे कि हज़ारों ग़मज़दा लेकिन ग़यूर लोग अपने ख़ानदान के ज़्यादातर लोगों के पाकिस्तान चले जाने के बाद अपने पुराने घरों में ऐसे क़ैद हुए कि फिर वहाँ से चार काँधों पर सवार होकर ही निकले :

वो क्या करें जो तेरी बदौलत न हंस सकें
और जिन पे इत्तिफ़ाक़ से आँसू हराम हैं

अजीब-सी जज़्बाती कशमकश का दौर था। रोने की इजाज़ात भी सिर्फ़ उन्हें थी जो अन्दर ही अन्दर रो लेने के हुनर से बख़ूबी वाक़िफ़ थे। हर तरफ़ चक्कर लगाती हुई हवस और ख़ुदगर्जियों ने दूसरों की दौलत और ज़मीनें हड़पने वालों की मदद के लिए जगह-जगह अपनी चौकियाँ क़ायम कर ली थीं। बटाई पर दी गयी ज़मीनें हाथों से नूरजहाँ के कबूतरों की तरह निकलने लगी थीं। अपनी ही ज़मीनों की ख़ाक का बोसा लेने के लिए लठबन्दों और बन्दूकधारी क़ब्ज़ेदारों से आजिज़ाना (ख़ुशामदाना) गुज़ारिश करनी पड़ती थी। नुज़ूल और कस्टूडियन के नाम पर हुकूमतों ने भी पुश्तैनी ज़मींदारों की क़िस्मत के फ़ैसले को पटवारियों और लेखपालों के रहमोकरम पर छोड़ दिया था। किसी भी शरीफ़ घराने को परेशान करने के लिए उसे झूठमूठ भी पाकिस्तान का हमदर्द साबित कर देना काफ़ी था। खुलकर हँसने का मौसम तो ख़ैर जा ही चुका था, खुलकर रोने का अख़्तियार भी हाथों से जाता रहा क्योंकि हर आँसू पर फ़िरक़ा परस्ती अपनी मुहर लगाने को तैयार रहती थी। बाग़ो बहार शख़्सियतें *बोनज़ाई* (गमले में लगे हुए पौधे) होकर रह गयी थीं। सैरे गुलशन गमलों के दरम्यान घूमने तक महदूद (सीमित) होकर रह गयी थी।

तकसीम के बाद एक मुद्दत तक रोने पर ख़ौफ़ इतना ग़ालिब (हावी) था कि लोग मय्यत पर भी इस ख़ौफ़ से खुलकर नहीं रोते थे कि कहीं उन्हें पाकिस्तान जाने वालों का रिश्तेदार न समझ लिया जाये। हर तरफ़ हिजरत के इतने इश्तिहारात चिपका दिये गये थे कि हमदर्दी का हर जज़्बा मुहाजिरीन के साथ हो गया था और बेचारे अंसार अकेले के अकेले रह गये थे। न उनके साथ रोने वाले रहे, न उनके

लिए ही रोने वाले रह गये थे।

बेबसी का यह आलम था कि बचे खुचे लोग अपने-अपने इलाक़ों में सिर्फ़ कोरे काग़ज़ों पर अँगूठा लगाने की मशीन बनकर रह गये थे। लफ़्ज़ *पाकिस्तानी* कई ख़राब गालियों की अलामत (प्रतीक) बनकर रह गया था। आपसी रक़ाबतें (ईर्ष्या), बेजा रंजिशें, मुआशी (आर्थिक) खींचतान और अपनी-अपनी जान बचाने की फ़िक्र ने हिन्दुस्तानी मुसलमानों को हरिजनों से ज़्यादा मज़लूम (प्रताड़ित) बनाकर रख दिया। जिन पैरों का ज़ेवर बनने के लिए चाँदी की जूतियाँ बेताब रहती थीं, रफ़्ता रफ़्ता वही ख़ूबसूरत पाँव हवाई चप्पलों के इश्तिहार बनकर रह गये। जिन घरों में कभी दूध के लिए बर्तन कम पड़ते थे, उन घरों में माँओं की छातियाँ तक रेगिस्तान के कुओं की तरह सूख गयी थीं। डोलियों और पालकियों में बैठकर सफ़र करने वाली ख़वातीन (महिलाएँ) फटे-पुराने बुर्क़ों से अपनी आबरू (लाज) छुपाने में नाकाम हो गयीं। वतन से मोहब्बत की इतनी बड़ी सज़ा शायद दुनिया की किसी बदनसीब क़ौम को नहीं मिली। बक़ौल डॉक्टर नसीमुज़्ज़फ़र :

तुमने घर छोड़ा चलो तुम तो मुहाजिर हो गये
हम यहाँ हाजिर रहे और गैर हाज़िर हो गये

हिजरत की कहानी कभी वज़ाहत (तफ़सीली बयान) की कसौटी से नहीं गुज़री। इसीलिए शायद दुनिया के हर मुल्क में हिजरत के अलग-अलग मतलब निकाल लिये गये। हिजरत दुनिया की किसी भी ज़बान में बटवारे, तक़सीम या अलगाव को नहीं कहा जा सकता। अगर पाकिस्तान आबाद करने का नाम हिजरत था तो वहाँ से बेसरोसामानी के आलम में भागने वाले पंजाबी और सिन्धी मुहाजिर क्यों नहीं कहलाये? नवतामीर (नवनिर्मित) मशरिक़ी (पूर्वी) पाकिस्तान से मग़रिबी (पश्चिमी) बंगाल और असम की तरफ़ जान बचाकर आने वाले बंगालियों को हम मुहाजिर क्यों नहीं कहते? अगर मज़हब के नाम पर तक़सीम की बुनियाद रखी गयी थी तो पाकिस्तान में बलूची, सिन्धी और पंजाबी मुहाजिरीन क्यों एक दूसरे के दुश्मन हैं? शिया और सुन्नी फ़सादात में हिस्सा लेने वाले दरिन्दा सिफ़त लोग आख़िर कौन हैं?

1971 के मशरिक़ी पाकिस्तान में अल्लाह की किताब अपने साथ ले जाने वालों से किताबे इलाही (कुरआन) छीनकर उर्दू तर्जुमे वाले कुरआन को जलाने वाले और पढ़ने वालों को बेदर्दी से क़त्ल करने वाले लोग आख़िर कौन थे? मेरे वालिद अपनी ख़ानदानी साख और बच्चों को भूख से बचाने के लिए उत्तर प्रदेश से कलकत्ता मुनतक़िल (स्थानान्तरित) हुए, आख़िर उन्हें हिजरत के लक़ब से क्यों नहीं नवाजा जाता? हिन्दुस्तान से लाखों लोग अपने मुस्तक़बिल को सँवारने के लिए सारी दुनिया में फैले हुए हैं... उनको मुहाजिर क्यों नहीं कहा जाता? अगर कश्तियाँ जला देने का नाम हिजरत है तो तारिक़ बिन ज़ियाद और उनके साथियों को तारीख़े इस्लाम

में मुहाजिरीन का दर्जा क्यों नहीं दिया गया। अदबी, इल्मी और मज़हबी मुफ़क्किरीन (चिन्तकों) को एक बार संजीदगी के साथ सिर जोड़कर बैठना होगा। फ़तवे को मज़ाक़ बना देने वाले ये खुदसाख़्ता मौलवी हिजरत के सिलसिले में किसी फ़तवे का एलान क्यों नहीं करते... लेकिन शायद मेरी इस तहरीर को दीवाने की बड़ से ज़्यादा अहमियत नहीं दी जाएगी क्योंकि शायद दुनिया बनाने वाले और दुनिया चलाने वालों की सोच में कभी यकसानियत (एकरूपता) नहीं रही। इनमें कभी आपस में इत्तिफ़ाक़ (सहमति) नहीं हो सका।

मैं हिन्दुस्तान की तक़सीम को ज़मीन का बँटवारा बिल्कुल नहीं समझता। मैं उसे दुनिया की एक ज़हीन क़ौम और अज़ीम हिन्दुस्तान से यहूदियों और ईसाइयों का ख़ौफ़नाक़ इन्तिक़ाम समझता हूँ। अगर हिन्दुस्तान की तक़सीम न हुई होती तो इसराईल फिलिस्तीन की ज़मीनों पर क़ब्ज़ा नहीं कर सकता था। अगर हिन्दुस्तान की तक़सीम न हुई होती तो रूस और अमेरिका अफ़गानिस्तान को तबाह नहीं कर सकते थे। अगर हिन्दुस्तान की तक़सीम न हुई होती तो अरब के तेल के कुओं पर अमेरिका की इजारादारी नहीं हुई होती। अगर हिन्दुस्तान की तक़सीम नहीं हुई होती तो फ़ौजी राज़ो सामान और लगातार कई जंगों में बर्बाद होने वाली दौलत का सही इस्तेमाल करके हम रूस और अमेरिका से पहले चाँद पर पहुँच चुके होते।

जिस तरह चकबन्दी का मोहकमा अंग्रेज़ी हुकूमत की पुश्त पनाही करने वाले ज़मींदारों को ज़्यादा से ज़्यादा फ़ायदा पहुँचाने के लिए बनाया था, उसी तरह हिन्दुस्तान की सियासी चकबन्दी नामनिहाद सियासतदानों की चौधराहट को क़ायम रखने की ग़रज़ से की गयी थी। कभी-कभी मैं सोचता हूँ कि अगर मोहम्मद अली जिनाह का तअल्लुक़ उत्तर प्रदेश से होता और पण्डित नेहरू सिन्ध के रहने वाले होते तो शायद हिन्दुस्तान सियासी चकबन्दी के इस खेल से निकल जाता जिसे तक़सीम और पार्टीशन का भारी भरकम नाम देकर दोनों क़ौमों को मुगालते (ग़लतफ़हमी) में रखा गया और हम लफ़्ज़े *हिजरत* के बेजा इस्तेमाल के गुनाह से बच जाते। यूँ भी चकबन्दी का फायदा सिर्फ़ ज़मींदारों को होता है... किसानों की पीठ तो सिर्फ़ कोड़ों के निशानात के लिए होती है। ज़मीन तो किसी मज़लूम औरत की तरह फटे-फटे दीदों से दुनिया वालों के करतूत देखती रह जाती है। हाँ, जब कभी-कभी उसकी कूव्वते बर्दाश्त जवाब देने लगती है तो वह निहायत ख़ामोशी से इस तरह करवट बदलती है कि सैकड़ों गुनहगार बस्तियाँ उसमें दफ़्न हो जाती हैं।

अंग्रेज़ अगर हिन्दुस्तान की आज़ादी का सच्चे दिल से तरफ़दार होता तो वह हमें हमारा पूरा-पूरा हिन्दुस्तान वापस करके जाता। हमने भी नहीं सोचा था कि हमारी आज़ादी के ख़्वाब का कट्टर मुख़ालिफ़ अंग्रेज़ अचानक तक़सीम का तरफ़दार क्यों बन गया? आज़ादी के खूबसूरत ख़्वाब की ताबीर बदसूरत तक़सीम कैसे हो सकती है? अच्छे ख़्वाब की ताबीर भी अच्छी होनी चाहिए थी लेकिन शायद हमने कच्ची

नींद के आलम में ख़्वाब देखा था और कच्ची नींद के ख़्वाबों की ताबीरें न तो सच्ची होती हैं, न ही अच्छी। अल्लाह जाने यह कैसा ख़्वाब था जिसने मुल्क के आज़ाद होते ही पचास करोड़ से ज़्यादा हिन्दुस्तानियों की आँखों से हमेशा के लिए सुकून की नींदें छीन लीं। अब हम ख़्वाब की आरज़ू नहीं करते क्योंकि हमारी उम्रें तो नींद की दुआएँ माँगने में गुज़रती चली जा रही हैं।

हिन्दुस्तान की तक़सीम ने जहाँ एक तरफ़ मुसलमानों के एत्तहाद के दामन को तार-तार कर दिया तो दूसरी तरफ़ उन्हें मसाएब (मुसीबतों) में ज़िन्दा रहने, अपने आपको फिर से आबाद करने और अपने घरों की टूटी लखौरियों से नये मकान की तामीर का शौक़ भी पैदा कर दिया। हालाँकि तक़सीम के ग़म से संभाला लेने में ही बहुत वक़्त गुज़र गया क्योंकि रिश्तों की टूट-फूट, ख़ानदानों का बिखराब, आँगन की तक़सीम, सियासत की धूप-छाँव, रहबरों की रेशादवानियाँ (साज़िशें), तरक़्क़ी के शौक़ की तह से झाँकता हुआ बिछड़ जाने का ख़ौफ़, सियासत की खींची हुई सरहदी लकीर, पैरों से ज़मीन की ज़ंजीर का उलझना, छोटी-छोटी आँखों में बड़े-बड़े ख़्वाबों का दर आना, उम्मीदों और आरज़ुओं की कश्ती में बैठकर नयी ज़मीन की तलाश में लहरों-लहरों चलना, एक दूसरे को रोते हुए ख़ुदा हाफ़िज़ कहना... ग़रज़ ये कि अवध की मिट्टी में सने हुए पाँव जब पंजाब और सिन्ध की जानिब उठे तो रास्ते में ज़ख़्मों के ऐसे नक़्शे क़दम बनाते गये जिनको बासठ बरस की मुद्दत और गुज़रते हुए वक़्त का मरहम भी मुन्दमिल (भरना) नहीं कर सका। बेशतर घरों में ऐसी ख़ामोशी थी जैसे मय्यत उठ जाने के बाद होती है, जैसे अपने चहेते को क़ब्र के सुपुर्द करके लौटते हुए रिश्तेदारों के चेहरों पर होती है, जैसे लड़की की रुख़्सती के बाद घर के दरो दीवार की वीरानी... आँखों में सोगवारी के ढेर सारे आँसू... चेहरे आँसुओं से तर जैसे भीगे हुए सफ़ेद कबूतर, जैसे ओस में रखी हुई माँ की सफ़ेद ओढ़नी, जैसे हरे-हरे पत्तों पर ओस की सजी हुई बारात, जैसे बुझते हुए चराग़ की लौ, जैसे बारिश में भीगी पतंग, जैसे आँसुओं से भीगा दुपट्टा, जैसे छत काटकर आता हुआ बरसात का पानी, जैसे शिकरे की आवाज़ सुनकर सहमी हुई चिड़िया, जैसे साँप के ख़ौफ़ से ख़ाली बया का घोंसला, जैसे पगडण्डियों से उलझता हुआ थका-थका-सा मुसाफिर।

मुझसे यूँ भी तक़सीम शुदा (विभाजित) घर हो या मुल्क देखा नहीं जाता है क्योंकि परिन्दों का घोंसला एक होता है लेकिन वह पूरे बाग़ को अपने मुल्क में शामिल रखते हैं। लेकिन हम इंसान तालीम याफ़्ता होते हैं... बेपनाह मोहज़्ज़ब (सभ्य) होते हैं... ख़ुदा और भगवान पर मुकम्मल यक़ीन रखते हैं लेकिन उसकी बनायी हुई ज़मीन को तक़सीम करके ख़ुश होते हैं। ज़मीनों को बाँटना शायद ख़ुदा की सबसे बड़ी नाफ़रमानी है। ख़ुद को दीनदार कहलाने वाला कोई भी मोहज़्ज़ब इंसान इस तक़सीम पर भरपूर ग़ैर सियासी (अराजनीतिक) एहतिजाज नहीं करता है। अगर ग़ौर किया जाये तो दुनिया का पहला दहशतगर्द (आतंकवादी) वही रहा

होगा जिसने खेत, ज़मीन या इंसानियत के बीच में लकीर खींची होगी।

इंसान अपनी मुख़्तसर सी ज़िन्दगी में नफ़रतों के कैसे-कैसे बीज बोकर दुनिया से रुख़सत हो जाता है, मुल्कों के बीच दीवारें खड़ी करता है... हद तो यह है कि एक घर में कई दीवारें उठा देता है। इंसान ग़लतियों का पुतला है लेकिन तक़सीम का खेल करने वाले इंसान कभी नहीं हो सकते क्योंकि दिलों, जज़्बों और रिश्तों की तक़सीम इंसान नहीं कर सकते। इस काम के लिए तो शैतानों को पैदा किया गया है। हज़रत मूसा के पास एक औरत अपने दो नवउम्र बच्चों के साथ आयी और हज़रत मूसा से कहने लगी कि ऐ मूसा! मैं चाहती हूँ कि तू मेरे इन बच्चों को लम्बी उम्र की दुआओं से सरफ़राज कर दे। हज़रत मूसा ने मुस्कुराते हुए कहा, माई! दो ढाई सौ बरस की उम्र कोई कम तो होती नहीं है.... अब और कितनी तवील उम्र की ख़्वाहिश रखती है? औरत को ख़ामोश देखकर हज़रत मूसा ने कहा कि माई! तुझे मालूम है... एक ऐसी उम्मत भी आएगी जिसमें लोगों की उम्र सिर्फ़ पचास साठ बरस की होगी। उस औरत ने हसरत भरे लहजे में कहा कि अरे मूसा! काश मैं उसी ज़माने में पैदा होती जो इतनी मुख़्तसर उम्र तो किसी पेड़ के नीचे खड़े होकर गुज़ार देती। पाकिस्तान के क़याम के बाद मोहम्मद अली जिनाह दो बरस बाद भी ठीक से नहीं जी सके। महात्मा गाँधी तो पूरी तरह आज़ाद हिन्दुस्तान देख भी नहीं पाये। नेहरू और सरदार पटेल भी हज़रत ख़िज्र अलैहिस्सलाम की उम्र लिखाकर नहीं लाये थे। ज़्यादा से ज़्यादा दस पन्द्रह बरस के इक़्तिदार की हवस ने कितनी गोदें उजाड़ीं, कितनी माँगों को सूना किया, कितने घरों को वीरान किया... इसका हिसाब तो देना ही पड़ेगा। तारीख़ वह सूदख़ोर साहूकार है जो सूद ब्याज के साथ अपना कर्ज़ वसूल कर लेती है।

बचपन ख़ुशबू की तरह होता है... बहुत देर नहीं ठहरता... या बचपन को पर लग जाते हैं। दिन महीनों में और महीने बरसों में तब्दील होते रहे। कुछ ही बरसों बाद तक़रीबन सारा ख़ानदान पाकिस्तान के लिए यूँ रवाना हो गया जैसे ताऊन के गाँव साफ़ हो जाते थे, जैसे जंगल में आग लग जाती है, जैसे रंगत को धूप खा जाती है, जैसे किरदार (चरित्र) को शहर खा जाते हैं, जैसे ईमान को हवस निगल लेती है, जैसे हवेलियों को अना खा जाती है, जैसे आईने को वीरानी खा लेती है... शायद आईना चेहरा देखने के लिए होता है और ढाल... मैदान में तन्हा छोड़कर जाते हुए लश्कर को देखने के लिए होती है। सियासत की बिसात पर दुनिया की सबसे ज़हीन क़ौम मोहरा बनकर रह गयी। तक़सीम के खेल में पाकिस्तान जीत गया मगर मुसलमान हार गये। कभी-कभी सोचता हूँ कि यह कैसी शिकस्त थी जिसका एहसास बासठ बरस गुज़र जाने के बाद भी बाक़ी है... यह कैसा ज़ख़्म था जिसकी कसक हर मरने वाले के चेहरे से उतरकर पैदा होने वाले के चेहरे पर चिपक जाती है। यह कैसी निदामत (शर्मिन्दगी) थी जिसे तीन नस्लों के आँसू भी नहीं धो सके। ये कैसी तक़सीम थी जिसका हिस्सा आज तक नहीं लग सका। यह कैसा फ़ैसला था जिसने ताजमहल के दो अनदेखे टुकड़े कर दिये, कश्मीर के दो हिस्से हो गये, जामा मस्जिद

आधी हो गयी, ग़ज़ल ने मर्सिया (शोक गीत) का रूप धार लिया। हिन्दुस्तान की कोख से जन्म लेने वाली बेचारी और मज़लूम उर्दू ज़बान सरहद की सूली पर लटका दी गयी।

उर्दू दुनिया की वह ज़बान है जिसकी हिमायत और सरपरस्ती के लिए हिन्दुस्तान की हर क़ौम के क़लम बरदार मैदाने अदब में सीना सिपर हो गये। मुख़्तलिफ़ ज़बानों का फलना-फूलना किसी भी जम्हूरी मुल्क के लिए तौसीफ़ी सनद की हैसियत रखता है। अज़ीम हिन्दुस्तान वह आईनाख़ाना है जिसमें सारी दुनिया की मोहज़्ज़ब क़ौमें अपना सरापा देख सकती हैं। उर्दू हिन्दुस्तानी नस्ल की वह लड़की है जो आज अपने सलोने हुस्न और मिठास भरे लहजे की बदौलत सारी दुनिया में मक़बूल और महबूब है। तक़रीबन चार सौ बरस पुरानी ये दोशीज़ा आज भी जब ग़ज़ल का लिबास ज़ेबे तन कर लेती है तो दुनिया की बड़ी से बड़ी ज़बान की दूधिया रंगत मैली हो जाती है। आज भी जब यह भिखारन चेहरे पर लाहौरी नमक, जिस्म पर हिन्दी शब्दावली का पैरहन, बंगला ज़बान की बिन्दी, पंजाबी ज़बान का अल्हड़पन, संस्कृत की संजीदगी, अवधी का शर्मीलापन, कश्मीर की ताज़गी, मैथिली की मासूमियत, गुजरात की सादा मिज़ाजी, राजस्थान का बाँकपन, रुहेलों की जवाँमर्दी, बुन्देलों का विक़ार और मराठों की बहादुरी के साथ तेलुगु, कन्नड़, तमिल और मलयालम के फूलों का गजरा बाँधे हुए क़ौमी यकजहती के रथ पर सवार होकर निकलती है तो हर साहिबे नज़र (आँख वाला) तस्वीर बन कर रह जाता है। हालाँकि उर्दू ज़बान के नशेमन (घोंसला) पर सिर्फ़ पचास बरसों में दो बार सियासत की बिजली गिरी। पहली बार तो मुल्क की तक़सीम ने क़ौमी एत्तहाद के आईने को चकनाचूर करते हुए उर्दू को एक ख़ास फ़िरक़े की ज़बान बना दिया। अभी इस ग़म से उर्दू बेचारी संभाला भी नहीं ले पायी थी कि उसके ज़ख़्मी जिस्म पर बाबरी मस्जिद का मल्बा भी गिर पड़ा। एक दबी कुचली ज़बान को संभाला लेने में कितना वक़्त लगता है इसका अन्दाज़ा भी नहीं लगाया जा सकता।

एक नये और अजनबी मुल्क की तरफ़ बढ़ते हुए क़दम मन-मन भर के हो रहे थे लेकिन इसके बावजूद आगे की तरफ़ ही सरक रहे थे। पैरों में पड़ी हुई बेड़ियों के कटने की एक उम्र और एक तारीख़ मुक़र्रर होती है लेकिन यह कैसी सज़ा के मुजरिम थे जिनका हर एहसास माज़ी और मुस्तक़बिल से बेनियाज़ (चिन्ताविहीन) था, जिनकी आँखों में इतनी अजनबियत थी कि शायद मैदाने हश्र में भी इस दर्जा अकेलेपन का एहसास न होने पाये। माज़ी के निगार ख़ाने (पिक्चर गैलरी) से अपने को निकालते वक़्त कितनी अज़ीयतों (तकलीफ़ों) से गुज़रना पड़ता होगा, इसका एहसास सिर्फ़ हिजरत की तरफ़ क़दम बढ़ाते हुए इंसान को ही हो सकता है। बक़ौल इफ़्तिख़ार आरिफ़ :

तमाम ख़ानाबद्रोशों में मुतरक है ये बात
सब अपने-अपने घरों को पलट के देखते हैं

खेत, खलिहान, धान और गेहूँ की बालियाँ, लालटेन की रौशनी में ख़ामोशी की चादर ओढ़कर सोता हुआ गाँव, झील के किनारे उतरती हुई कपासी रंग की चादर ओढ़े शाम, वीरान से रेलवे स्टेशन पर *'जागते रहो'* की आवाज़ लगाता हुआ बूढ़ा चौकीदार, उजड़ती हुई चौपालों के मनाज़िर (दृश्य), शहनाइयों की धुन पर रोता हुआ पनघट, किसानों की छोटी-छोटी सिर उठाती आरजुएँ, नींद के दरख़्तों पर पड़े हुए वीरान झूले, कच्ची सड़कें, पुले सिरात जैसी पगडण्डियाँ, आम की कैरियों और इमली के लिए लड़ती-झगड़ती लड़कियाँ, तालाब में कमलगट्टे और मुर्गाबियाँ, झाड़ियों में छुपी हुई करौंदे और बेर की डालियाँ, मेले में घूमते हुए भोले-भाले लोग, लहँगे और चुनरी की दुकानों पर सुहागिनों की क़तारें, बैलगाड़ियों पर बैठकर गाँव से दूर जाते हुए उतरे-उतरे चेहरों वाले लोग, महुवे की खुशबू, जामुन का खट्टा मीठा ज़ायक़ा, रंग बिरंगी चिड़ियों से पटे हुए पेड़ और तालाब, मस्जिद और मन्दिर से टेक लगाये हुए गंगा जमुनी तहज़ीब, होली की गुझिया में सिवइयों जैसी मिठास और लज़्ज़त, कुएँ की जगत पर बैठा हुआ हिन्दुस्तानी समाज, ज़ात-पात पूछे बग़ैर पानी पिलाता हुआ मज़हब, सिर्फ़ इंसानियत का सबक़ पढ़ाते हुए मकतब, एक ही पेड़ पर बसेरे के लिए लड़ती-झगड़ती चिड़ियाँ, माँ की गोद में बैठने के लिए झगड़ता हुआ बचपन, पतली लकीरों जैसी पगडण्डियों पर एक दूसरे को सहारा देते हुए लोग... यह आख़िर सूफ़ियों, सन्तों, साधुओं, क़लन्दरों और दुर्वेशों वाले हिन्दुस्तान को किस तंग नज़र की नज़र लग गयी।

पिछले बरस एक मुशायरे में शिरकत की ग़रज़ से मैं फ़ीरोज़पुर गया था। इस सफ़र में ईनाम के तौर पर विजयेन्द्र शर्मा मेरी दोस्ती का नसीब बने। बी.एस.एफ. के आला ओहदेदार हैं, उर्दू शायरी के दिलदादह (आशिक़) हैं, गेसुए ग़ज़ल के गिरफ़्तार हैं और तहज़ीबी एतबार से इतने बड़े सरमायादार हैं कि उनसे मिलकर ज़िन्दा रहने का शौक़ बढ़ जाता है। मेरे साथ मलिकज़ादा जावेद भी थे। इस यादगार सफ़र ने कई पुराने ज़ख़्मों के टाँके तोड़ दिये। कई बोसीदा (जीर्ण-शीर्ण) यादों के वरक़ उलट दिये, कई बार आँखें उठने को आयीं, कई बार पपोटे ज़ख़्मी होठों की तरह सूजे सूजे दिखाई दिये। कई बार आँसुओं ने रंगत बदलने की कोशिश की। कई बार ख़ानये दिल से कुछ टूटने की आवाज़ आयी। कई बार चेहरे ने फ़सील (दीवार) पर रखे हुए चराग़ की तरह बुझना चाहा। कई बार एहसास की थरथरी ने सर्दी का एहसास दिलाया... काश! यादों के दरवाज़े पर ताला डालने की गुंजाइश होती।

होटल से सरहद का फ़ासला तक़रीबन बारह किलोमीटर... हुसैनीवाला से सरहद का फ़ासला सिर्फ़ साढ़े चार किलोमीटर... शहीद भगत सिंह की मज़ार से सरहद का फ़ासला सिर्फ़ एक किलोमीटर... इस सरहद से उस सरहद का फ़ासला सिर्फ़ चार इंच की एक बहुत पतली-सी लेकिन नुमायाँ लकीर, लेकिन दिलों के फ़ासले की उम्र साठ बरस, नफ़रतों के फ़ासलों की उम्र कई सौ बरस। मैं सोचने लगा कि आख़िर ऐसा क्यों है? दोनों तरफ़ की ज़मीनें एक जैसी, दोनों तरफ़ की

हरियाली हू-ब-हू एक-सी, दोनों तरफ़ की फ़स्लें भी एक ही जैसी, दोनों तरफ़ का पानी भी एक जैसा, दोनों तरफ़ का ख़ून भी एक जैसा, दोनों तरफ़ के लिबास भी एक जैसे, दोनों तरफ़ की जसामतें (डील-डौल) भी एक जैसी, दोनों तरफ़ के क़हक़हे भी एक जैसे, दोनों तरफ़ के आँसू भी एक जैसे, दोनों तरफ़ की आहें भी एक जैसी ...फिर यह बरतानवी (ब्रिटिश) कम्पनी के तैयार किये हुए रंगों की लकीरें हम मिटा क्यों नहीं पाते? यह लक्ष्मण रेखा तो हो नहीं सकती जिसको भोली-भाली सीता मैया ने एक भिखारी की झोली भरने के लिए पार किया था तो क्या इस सरहदी लकीर को हम रावण रेखा समझ लें, जिसको पार करते हुए लोग डरते हैं। तो क्या कोई राम इस सरहदी धनुष को तोड़ेगा? लेकिन कब तोड़ेगा, कैसे तोड़ेगा, इतने सारे सवालात की बिजलियाँ ज़ेह्न में चमकने लगीं कि ब्लड प्रेशर ने अपनी सरहद से आगे बढ़ना शुरू कर दिया। मैंने बैग से दवा की एक गोली निकालकर उसका सहारा लिया जैसे बचपन में दादी और दादा के पाकिस्तान जाते वक़्त मेरे वालिद ने मेरे कमज़ोर काँधों का सहारा लिया था। अब हम लोग सरहदी तमाशे के इतने क़रीब पहुँच चुके थे कि *नारये तकबीर ... अल्लाहु अकबर* और *वन्दे मातरम्* की सदाएँ एक साथ मिलकर किसी नये नग़मे की शक्ल में ढलती महसूस हो रही थीं। विजयेन्द्र शर्मा शायर दोस्त भी हैं और शायर मिज़ाज भी। वह ख़ास तौर से जालन्धर से मुशायरा सुनने आये थे। उन्हीं की क़यादत (नेतृत्व) में हम लोग यहाँ तक पहुँचे थे। बी.एस.एफ. के सरहदी गेस्ट हाउस में हम लोगों ने मुँह-हाथ धोया, लॉन में बैठ कर चाय पी और बिस्कुट भी खाये और फिर हमारा क़ाफ़िला उस सिम्त बढ़ने लगा जिसे सरहदी लकीर कहते हैं। लेकिन यह सरहदी लकीर तिरछी थी जैसे बच्चे आँगन में लकड़ी या मिट्टी के टुकड़े से खींच देते हैं। ग़ौर से देखने पर मालूम हुआ कि एक तरफ़ पाकिस्तानी सिपाही मौजूद हैं और दूसरी तरफ़ हिन्दुस्तानी सिपाही सीना सिपर खड़े हुए हैं। दोनों तरफ़ हज़ारों की तादाद में सरहद देखने वालों की भीड़ थी जिनमें जवान भी थे और बच्चे भी, बहिनें भी थीं और माँएँ भी। अब यह लकीर मुझे उस ख़तरनाक साँप की तरह लगने लगी जो घर की दहलीज़ पर आकर लम्बा-लम्बा लेट जाये। इधर के लोग उधर जाने से ख़ौफ़ खा रहे हैं और उधर के लोग इस तरफ़ आते हुए। ख़ुद ब ख़ुद अन्दाज़ा हो गया कि यह लकीर नहीं है... यह एक साँप है... नफ़रत का साँप जिसे साठ बरस पहले अंग्रेज़ इस रास्ते पर इन्तिक़ामन (बदले की भावना से) डाल गये थे। हालाँकि यह साँप एक मुद्दत हुई मर चुका है लेकिन हमारी ग़ुलामाना ज़ेह्नियत अभी ज़िन्दा है। लिहाज़ा हम अपने अंग्रेज़ आक़ाओं के एहतराम में इस साँप नुमा लकीर को मिटा नहीं पा रहे हैं। दोनों तरफ़ के तमाशाई परेड का तमाशा देखने के मुन्तज़िर हैं। मुझे तमाशा देखकर बेसाख़्ता हँसी आने लगी क्योंकि सरहद के दोनों तरफ़ पेड़ों पर बैठी हज़ारों चिड़ियाँ भी इस तमाशे को देखने के लिए कभी हिन्दुस्तानी दरख़्तों पर उड़कर चली जाती हैं, कभी पाकिस्तानी पेड़ों

को अपनी छतरी बना लेती हैं। चिड़ियाँ इधर से उधर उड़कर दोनों तरफ़ की फ़ौजी सलाहियतों का मज़ाक़ उड़ा रही हैं क्योंकि अख़बारों में तो रोज़ यह छपता है कि सरहद पर चौकसी इतनी बढ़ा दी गयी है कि परिन्दा भी पर नहीं मार सकता। अशरफ़ुल मख़्लूक़ात (जीवों में श्रेष्ठ) कहलाने वाले इंसान के झूठ पर बेज़बान चिड़ियाँ शर्मिन्दा हो रही हैं। शायद उन्हें भी इंसान के नक़लीपन का पूरा पूरा एहसास हो गया है। दिन में चमकती हुई धूप वाला लिबास तक़रीबन उतार दिया है। अब रात फ़क़ीरों वाला लिबास पहनने की तैयारी में मसरूफ़ है। अब अँधेरा अपने पैर पसारने की कोशिश कर रहा है। चिड़ियों ने उछल-कूद बन्द करके तिलावत (पाठ) करना शुरू कर दिया है। इस तिलावत में कुरआन भी है और गुरुबानी भी। रामायण के श्लोक भी हैं और गीता की शब्दावली भी। इबादत का रिश्ता मज़हब से नहीं, रूह से होता है। इसीलिए तो चिड़ियाँ लाउडस्पीकर का इस्तेमाल नहीं करतीं। सबकी आवाज़ें एक लय और एक सुर में ढल जाती हैं। वह दरख़्तों को अपना मुल्क समझती हैं और मुल्क को इबादतगाह, इसीलिए उनमें फ़िरका परस्ती नहीं होती... उनमें मज़हबी दीवानगी भी नहीं होती। अपने-अपने घोंसलों में बैठे हुए इन चिड़ियों के नासमझ बच्चे अपने समझदार होने का इन्तिज़ार कर रहे हैं, लेकिन हम सरहदों के दोनों किनारों पर बैठे हुए इंसान हिन्दुस्तान और पाकिस्तान का लेबिल लगाकर अपने-अपने समझदार बच्चों को नासमझ बनाने के लिए यहाँ आते हैं। शायद हम उन्हें बँटवारे का मतलब समझाने के लिए सरहदों के पास आते हैं और अपने पिछले गुनाहों पर पर्दा डालकर सरहद पार के गुनहगारों की कहानियाँ सुनाते हैं।

अब परेड का तमाशा शुरू होता है। कभी कोई पाकिस्तानी फ़ौजी नथुने फुला कर सीने को चौड़ा किये हुए अपने फ़ौजी जूतों को इतना पटकता है कि ज़मीन उसे गुनहगार समझने लगती है, फिर यही काम हिन्दुस्तानी सिपाही शुरू करता है। दोनों तरफ़ बैठे हुए इंसान एक पल में पाकिस्तानी और हिन्दुस्तानी बनकर अपने-अपने सिपाहियों की हौसला अफ़ज़ाई (उत्साह वर्धन) में तालियाँ बजाते हैं और नारे लगाते हैं। यह सिलसिला काफ़ी देर तक चलता रहता है। फिर दोनों मुल्कों के झण्डों के उतरने की रस्म शुरू होती है। पूरी तरह अँधेरा होने से पहले इस नूरा कुश्ती का सिलसिला ख़त्म हो जाता है। दोनों तरफ़ के लोगों का जोश चार गज़ कपड़े की अहमियत का भरपूर एहसास दिलाता है। लोग बताते हैं कि शुरू से यानी आज़ादी के फ़ौरन बाद से ही यह सिलसिला एक बेसिम्त (दिशाहीन) मंज़िल की तरफ़ रवाँ दवाँ है। दुनिया के दो ग़रीब मुल्क दुनिया के अमीर मुल्कों को और अमीर बनाने के लिए, किसी तरह एक दूसरे को नीचा दिखाने के लिए जंगी साज़ो सामान से अपने आपको लैस किये रहते हैं। शायद दुनिया के तमाम ताक़तवर मुल्कों ने यह जान लिया है कि एशिया और अरब मुमालिक (मुल्कों) में नफ़रत की लकीरें मिटते ही उनके कारोबार का वजूद ख़तरे में पड़ जाएगा। हम अपना दुःख अपने भाई से कहने में शरमाते हैं, लेकिन ग़ैर

के सामने बरहना (नंगे) होने के लिए तैयार रहते हैं।

वहाँ से हम शहीद भगत सिंह की समाधि पर आये। शहीदों की मज़ारों पर अल्लाह का ख़ास नूर रहता है और क्यों न हो, जब उस पाक परवरदिगार ने कुरआन करीम में फ़रमा दिया है कि मैं सारे आलम का रब हूँ। लोग बताते हैं कि तक़सीम के वक़्त शहीद भगत सिंह का मज़ार पाकिस्तान के हिस्से में आया था, लेकिन पण्डित नेहरू की गुज़ारिश पर हुसैनी वाला का इलाक़ा पाकिस्तान ने हिन्दुस्तान को वापस कर दिया और इसके एवज़ में काफ़ी ज़मीन हिन्दुस्तान ने उसे लौटा दी थी। होना तो यह चाहिए था कि भगत सिंह दोनों मुल्कों के हीरो रहते, क्योंकि वह मुत्तहिदा हिन्दुस्तान के मुजाहिदे आज़ादी थे, जिस तरह अल्लामा इक़बाल के तरानों को दोनों मुल्कों में एहतराम और अक़ीदत (श्रद्धा) से सुना जाता है... लेकिन सियासी फ़ैसले हमेशा इंसानियत के लिए मुज़िर (नुकसानदेह) साबित होते हैं। अगर मैं एक दिन के लिए भी इस मुल्क का सबसे बड़ा ओहदेदार बन जाऊँ तो शहीद भगत सिंह की समाधि को सलामा करने के लिए आने वालों से वीज़े की बन्दिश ख़त्म कर दूँ और पाकिस्तान के सद्र से भी यही गुज़ारिश करूँ कि अल्लामा इक़बाल के मज़ारे अक़दस (पवित्र मज़ार) तक जाने वालों से वीज़ा हर्गिज़ न तलब किया जाये। मुमकिन है कि मेरी ख़्वाहिश को मेरा पागलपन समझा जाये और मेरी इस बात को दीवाने की बड़ समझा जाये, लेकिन :

ठहर जाती हैं पल भर के लिए सह्ने गुलिस्ताँ में
बहारें अब भी दीवानों का कहना मान लेती हैं

सरहद के पास बने हुए घरों की उदासी कभी ख़त्म नहीं होती। दिन का उजाला भी वहाँ लालटेनों की रौशनी के बराबर होता है और फिर बात चाहे घरों की तक़सीम की हो या सियासत के ज़ेरे असर (प्रभाव में) होने वाले मुल्कों का बँटवारा हो... दोनों ही हादसे इंसानियत, दोस्ती, रवादारी और रिश्तों की बुनियादों को हिलाकर रख देते हैं। सरकारों ने फ़ैसले किये और मुल्क तक़सीम हो गया, प्यासी ज़मीनों को सैराब (तृप्त) करने वाले दरियाओं पर मशीनी पहरे बिठा दिये गये। नदियों और दरियाओं को ज़मीन की सैराबी से रोकने के नतीजे में ही सैलाब और सूखे का जन्म होता है। सतलज नदी के पास से गुज़रते वक़्त पानी से उठता हुआ बदबू का भपका देर तक किसी को वहाँ रुकने नहीं देता है। पानी पर पहरा क़ुदरत के ख़ूबसूरत निज़ाम (प्रबन्ध) से छेड़छाड़ करने जैसा होता है। जिस ज़मीन पर खड़े होकर पंजाब के किसान एक दूसरे से हल, बैल और बीज तक माँग लेते थे, जिस ज़मीन पर चलने वाले एक दूसरे के दुःख में आँसू बहाने के लिए दौड़ पड़ते थे... अब वहाँ ज़मीन पर बिछे हुए बिजली के नंगे तारों में करंट दौड़ा करता है। काश, जानवरों और परिन्दों के लिए भी कोई ऐसा स्कूल होता जो उन्हें बता सकता कि जिन तारों को तुम अपनी छतरी समझते हो उनमें तुम्हारी मौत के लिए बुना हुआ जाल भी मौजूद है। दरियाओं

और नदियों का पानी बहने के लिए होता है। ठहरा हुआ पानी सड़ाँध (दुर्गन्ध) का शिकार हो जाता है क्योंकि जब इंसानी जिस्म में गर्दिश करने वाला पानी किसी एक जगह पर रुकते ही गुर्दे के चीथड़े कर डालता है तो मशीनों के ज़ोर से क़ुदरत की बनायी हुई नदियों के पानी पर पहरा बिठाने से खेतों में पैदा होने वाली चीज़ों में लज़्ज़त कैसे आ सकती है। एक चेहरे की दोनों आँखों में इतनी अजनबीयत भी हो सकती है इसका अन्दाज़ा हुसैनी वाला सरहद की लकीर देखने से पहले मुझे बिल्कुल नहीं था। दोनों मुल्कों की सरहद पर बसी हुई एक नस्ल तो अपने और पराये के फ़र्क़ को महसूस करने में ही ख़ाक में मिल गयी होगी। मैं नुजूमी (ज्योतिषी) न होते हुए भी यह पेशीनगोई तो कर सकता हूँ कि हिन्दुस्तान की तारीख़ अपना हज़ारों बरस का सफ़र तय कर चुकी है लेकिन बेमक़सद खींची गयी हिन्दो-पाक की सरहदी लकीरें एक सदी भी पूरा नहीं कर सकतीं। हमारी जम्हूरियत से वह ग़ुलामी हज़ार दर्जा अच्छी है जिसके रास्ते में कोई सियासी रुकावट नहीं होती है।

लखनऊ जब किसी को हिजरत पर रवाना करता तो उसके गले में तहज़ीब का तावीज़ डाल देता था, शराफ़त उसके सिर पर शफ़क़त से (स्नेह से) हाथ रखती, नर्म गुफ़्तारी उसके होंठों पर फूल रखती, शौक़े फुनूने लतीफ़ा (ललित कलाओं का शौक़) कोई वादा लेता, इंसानियत पैमाने वफ़ा (वफ़ादारी की क़सम) लेती, ग़ज़ल दिल के निहाँख़ाने में चुपके से एक मुट्ठी ख़ाक रख देती, ज़िन्दादिली हाथ उठाकर दुवाएँ करती, गोमती नदी किनारों से अपना सिर पटक-पटककर आते रहने का वादा लेती, ख़ुशरंग पतंगे दूर तक उसको छोड़ने जातीं, डोर उसके पैरों से लिपटकर अपने ज़ंजीर होने का एलान करती, रास्ते की ख़ाक उसके पैरों से लिपट-लिपट जाती, दरख़्तों की शाख़ें अपने हाथ हिलाकर उसे रुख़्सत करतीं, कबूतरों का एक क़बीला क़ुदरत के हवाई जहाज़ों की तरह दूर तक उसकी रखवाली करता, मन्दिर, मस्जिद और इमामबाड़े उसकी लम्बी उम्र और सलामती की दुआएँ माँगते और जाने वाला हसरत की तजसीम (प्रतिमूर्ति) बन जाता था।

उत्तर प्रदेश के कई बड़े शहरों से घिरा, कई तारीख़ी क़स्बों को अपने सीने से लगाये, अपने चेहरे परर बंजर और ज़रख़ेज़ मिट्टी मले हुए गंगा जी के कछार में सई नदी के किनारे रायबरेली आबाद है। अदबी तौर पर बेइन्तिहा मालामाल यह शहर सियासी तौर पर भी बहुत होशियार है। इस शहर में सियासत इक़्तिदार का नाम नहीं है बल्कि सूझ-बूझ का नाम है। कुछ शहर अपने जुग़राफ़िया (भूगोल) की हिफ़ाजत में इतने मसरूफ़ रहते हैं कि तारीख़ उन्हें भूलने लगती है। उनकी एक मामूली-सी ग़लती शहर को खंडहर में, इबादतगाहों को मैदाने जंग में और इंसानी जिस्मों को गोश्त की दुकान पर सजी मुर्दा भेड़ बकरियों में तब्दील कर देती है।

इसी शहर के एक क़दीम मोहल्ले में मेरा घर है। मेरा आबाई घर... जिसकी पुरानी बुनियादों पर जब नयी ईंटों ने अपना सिर रखा तो घर वालों ने मेरी एक

किताब का उनवान (शीर्षक) भी उसके हवाले कर दिया जिसकी निस्बत से मेरा घर भी *ग़ज़ल गाँव* कहलाया जाने लगा। ग़रीब घर में पैदा होने वाले बच्चे का कोई नाम नहीं रखा जाता क्योंकि नाम कुछ भी रख दिया जाये, दुनिया उस बच्चे को उसी नाम से पुकारती और पहचानती है जो ग़रीबी उसकी पेशानी पर लिख देती है :

ज़िन्दगी चाहे गदागर ही बनाकर रख दे
ऐ मेरी माँ तू मेरा नाम सिकन्दर रख दे

ग़ज़ल गाँव पुराने हिन्दुस्तान के एक मोहल्ले का छोटा-सा घर है जिसका नये हिन्दुस्तान से सिर्फ़ इतना ही तअल्लुक़ है कि बिजली और टेलीफ़ोन के तारों के फैलाव ने कौओं, कबूतरों और चिड़ियों को कुछ दूर क़याम करने के लिए नयी चौकियाँ अता कर दी हैं। अभी तक यह इलाक़ा नये ज़माने की ख़ुदगर्ज़ियों से ज़्यादा मैला नहीं हुआ है लेकिन बिजली के तारों से चलने वाले रेफ्रिजरेटरों ने इंसान के दिलों से सख़ावत, फ़य्याज़ी, दरियादिली और ग़रीब परवरी (निर्धन की सहायता) के जज़्बों को छीन लिया है। अब रोटी की डलिया परिन्दों की पहुँच से बाहर होती जा रही है। गुलाब चेहरा सुराहियों और घड़ों से चिड़ियों और कबूतरों की इजारादारी (क़ब्ज़ा) ख़त्म होने लगी है। टेलीविज़न इंसानों को कमरों में क़ैद करने की कोशिश में लगा हुआ है। सियासत रोज़ नये-नये लिबास ज़ेबेतन किये मोहल्ले की गर्दिश में मसरूफ़ रहती है लेकिन कई सदियों की मोहब्बतें, कई ख़ुशगवार रिश्तों की ज़ंजीरें और एक दूसरे के ग़म में पलकें भिगोने की रस्म अभी तक बाक़ी है। शायद इसीलिए मेरे मोहल्ले में अभी तक मज़हब सियासत के लिए नहीं सिर्फ़ इबादत के लिए इस्तेमाल होता है। गुर्बत चोंचलों से पनाह माँगती है। वह किसी भी पत्थर में भगवान ढूँढ़ लेती है, किसी भी अँगौछे को जाएनमाज़ बना लेती है।

मुल्क के दूसरे शहरों की तरह रायबरेली में भी हिजरत की लाल आँधी हफ़्ते दस दिन में ज़रूर आती थी और कुछ घरों को वीरान करती, कुछ घरों का बैनामा अगली वीरानी के नाम मुन्तक़िल (हस्तान्तरित) करके चली जाती। हिजरत के हवाले होने वाले घरों पर रिश्तेदारों के क़ाफ़िले आस-पास के क़स्बात से पर्दापोश ताँगों और रिश्तों की मदद से जमा होने लगते। पाकिस्तान जाने वालों के चेहरे इस तरह मुसलसल और बग़ौर देखे जाते जैसे याद किये जा रहे हों। उस ज़माने में फ़ोटोग्राफ़ी का चलन आम नहीं था। महँगा शौक़ होने की वजह से मुतवस्सित तबक़े (मध्यम वर्ग) की पहुँच से दूर था और यूँ भी शोरफ़ा (शरीफ़ों) के घरानों में कैमरे को फ़ोटोग्राफ़ी की इजाज़त हर्गिज़ नहीं मिलती थी। सिर्फ़ आँखों को इतनी छूट थी कि वह हिजरत के ग़मों को अपने पास महफ़ूज़ कर लें ताकि माज़ी (अतीत) से लिपटकर रोते वक़्त किसी एक को तो दुःखों के यह बीते हुए मंज़र ज़बानी याद हों :

कल उसकी आँखों ने क्या ज़िन्दा गुफ़्तगू की थी
गुमान तक न हुआ वह बिछड़ने वाला है

दो तीन दिनों तक हिजरत नसीब घर में बला की चहल पहल और गहमा गहमी रहती थी, घर में शादी का समाँ लगता था। लेकिन आये दिन की ख़ुदफ़रेबी के क़िस्सों ने मुझे भी बहुत होशियार और हस्सास (Sincere) बना दिया था। हमारे शहर से खेतों और पेड़ पौधों का मुँह धुलाती हुई सई नदी गुज़रती है। बरसात में दूसरी नदियों के वरगलाने पर ये नदी कभी-कभी सैलाब की धमकियाँ भी देने लगती है। लिहाज़ा तमाम सरकारी मोहकमे शहर के ख़ुदाई ख़िदमतगारों (जन सेवकों) की मदद से सैलाब के पानी से बचने के लिए नये-नये बन्धों और सैलाब के पानी के मद्दे मुक़ाबिल पत्थरों की चट्टानें खड़ी कर देते हैं, लेकिन यह सब तरकीबें माचिस की तीलियों से बनाये गये सुतूनों (खम्भों) की तरह कमज़ोर और कमबख़्त (अभागी) साबित होती हैं क्योंकि सई नदी की उफनती हुई मौजों के रैले में सरकारी इरादे तक बह जाते हैं।

अपनी मिट्टी और अपने लोगों से कटने वाले हिजरत नसीबों के घरों का भी यही मामला हुआ करता था। रिश्तेदारों से घर का भर जाना, मोहल्ले और शहर के लोगों का ख़ुशदिली के साथ मिलना, घर के अन्दर और बाहर बैठकर हँसने और क़हक़हों की मुतवातिर (लगातार) आवाज़ें आना, खनकते हुए लहजे में गुफ़्तगू करना, ख़ुशमिज़ाजी और ख़ुशमज़ाक़ी का आपस में बार-बार गले मिलना... यह सब भी सई नदी में आने वाले सैलाब से बचाव के रास्ते निकालने जैसा होता था। पाकिस्तान के लिए रवानगी से तक़रीबन आधा दिन पहले तक घर में मौजूद तमाम लोग जिस मुस्तैदी और कमाले ज़ब्त (सहन सीमा) का मुज़ाहिरा करते थे उसे सोच कर मुझे आज तक हैरत होती है। फिर अचानक मौसम बदलने का एहसास होना शुरू होता था। आँखों का मौसम भी अब्रआलूद (बादलों से घिरा) होने लगता था। हर फ़र्द की साँसें हवा की तरह रुक-रुककर चलने में मसरूफ़ हो जाती थीं और फिर अचानक सारा घर मातमकदे (शोकगृह) में तब्दील हो जाता था। बहुत दिनों तक मेरी और हमउम्र साथियों की तो समझ में ही नहीं आता था कि अचानक सारा घर मातमकदे में क्यों तब्दील हो जाता है क्योंकि सफ़र पर तो लोग बराबर ही आते-जाते रहते हैं। लेकिन यह रोना-पीटना, यह पछाड़ें खाना, यह रोते-रोते बेहोश हो जाना, यह दीवारों से सिर टकराकर अपने आपको लहूलुहान कर लेना, यह हफ़्तों गुमसुम रहना, यह दीवानों की तरह मुस्तक़िल दहलीज़ पर नज़रें जमाये रखना, रेलगाड़ी की सीटी पर अचानक चौंक जाना और फिर देर तक आँगन की अल्गनी के ख़ालीपन को घूरते रहना... आख़िर ये सफ़र की कौन-सी भयानक शक्ल है जिसके ख़ौफ़ से बहुत-से घर आज़ाद नहीं रह पाते। ये आख़िर कैसी जुदाई है कि आँखें ख़ूने कबूतर की तरह सुर्ख़ और चेहरे काफ़ूरी हो जाते हैं। यह दिल दहला देने वाली चीख़ें, रूह में कुदाल की तरह सूराख़ करती हुई सिसकियाँ और आँखों में कर्बाला जैसी वीरानी क्यों कर आती है। उन दिनों आँसुओं की क़ीमत बिल्कुल ही गिर चुकी थी क्योंकि हर आँख मुसलसल आँसुओं की बारिश से छोटी-सी नमकीन

झील बनी रहती थी। काश हमने वह आँसू बेसबब ज़ाया (नष्ट) होने से बचा लिये होते तो शायद इस पूरे ख़ित्ते में कहीं भी ज़मीन मज़दूर की एड़ियों की तरह फटी फटी न दिखाई देती।

चार पाँच घण्टों की मुसलसल आहोज़ारी व गिरया (आहें भरना और रोना) के बाद मुसाफ़िरों का क़ाफ़िला स्टेशन के लिए इस तरह रवाना होता कि ताँगों, रिक्शों और साइकिलों पर रिश्तेदार, पड़ोसी, बेमक़सद उम्मीदें और हसरतें साथ-साथ चलतीं, कुछ मजबूर और मुँहबन्द सिसकियाँ सिर्फ़ चिलमनों से झाँकती रह जातीं। कुछ दूर तक तक़रीबन सारा मोहल्ला सिर झुकाये हुए साथ-साथ चलता। हर शख़्स एक दूसरे से नज़रें बचाने की कोशिश में मसरूफ़ रहता और आँखें बरसात की झड़ी का मंज़र पेश करती थीं। मेरी समझ में बिल्कुल नहीं आता था कि आहोज़ारी का इतना एहतमाम तो किसी के इन्तिक़ाल पर भी नहीं होता, फिर आख़िर पाकिस्तान जाने वालों के साथ इस तरह मिलकर रोने का क्या मतलब हो सकता है, लेकिन रफ़्ता-रफ़्ता यह बात मेरी समझ में आने लगी कि इन्तिक़ाल एक शख़्स का होता है और हिजरत तो पूरा ख़ानदान कर रहा होता है। फिर कोई शख़्स मर चुका हो और कोई शख़्स मरने जा रहा हो... दोनों के पुर्से (शोक संवेदना) में यक़ीनन फ़र्क़ होना चाहिए, वही फ़र्क़ शायद पाकिस्तान जाने वालों के लिए चेहरों से नुमायाँ होता था।

आधी सदी से ज़्यादा बीत जाने के बाद भी हम यह तय नहीं कर सके हैं कि बीमारी को देखने और क़ब्र के सिरहाने खड़े होकर दुआये मग़फ़िरत (आत्मा की शान्ति की दुआ) करने वालों से वीज़ा तलब करना इंसानियत और रवादारी की सरासर तौहीन है। काश! इमीग्रेशन की मोहरें हुकूमतों के बजाय इंसानियत के हाथों में हुआ करतीं, काश! ज़मीन पर लकीरें खींचने और मिटाने की बागडोर उन नन्हें-नन्हें बच्चों के हाथों में होती जो सर्दियों में ऊन के गोलों की तरह कपकपाते हुए स्कूल जाते हैं, काश! तक़सीम का हर फ़ैसला सियासत के बजाय गोद में बच्चे खिलाती माँओं और दादियों के अख़्तियार में होता... काश! ... काश!... काश!... बक़ौल प्रोफ़ेसर एज़ाज़ अफ़ज़ल :

हज़ारों सरहदों की बेड़ियाँ लिपटी हैं क़दमों से
हमारे पाँव को भी पर बना देता तो अच्छा था
परिन्दों ने कभी रोका नहीं रस्ता परिन्दों का
ख़ुदा दुनिया को चिड़िया घर बना देता तो अच्छा था

हमारे मुल्क में उर्दू का कारोबार होता है

अदब में भी सियासत की तरह हर साल छः महीने में एक पार्टी पैदा हो जाती है और क़ारी (पाठक) पर अपनी फ़िक्र बल्कि (बे फ़िक्री) का सारा बोझ रखकर किसी एवार्ड, किसी ओहृदे के लिए झाड़ियों के पीछे तक जाने के लिए आमादा हो जाती है। इंटरनेट की मदद से अंग्रेज़ी अदब के दो चार बे रब्त (अटपटे) लेकिन भारी भरकम जुमलों का तर्जुमा करके उर्दू अदब में फ़र्ज़ी रोब गाँठने वाले इतने नाक़िद फ़ार्मी अण्डों की तरह पैदा होते जा रहे हैं कि तन्क़ीद से अदब को फ़ायदे का इम्कान ही ख़त्म हो गया है। हमारे उर्दू अदब के तन्क़ीदी शोबों (अनुभागों) में बेबी ट्यूब बच्चों की भरमार हो गयी है।

फूस का छप्पर गिरा पड़त है बात करै सगवान (सागौन) की... किसी अवधी गीत का यह मिसरा हमारे उर्दू अदब के अरबाबे इक्तिदार (सत्ताधीशों) पर हर्फ़ ब हर्फ़ सादिक़ (सच) आता है। अब तो मुनासिब यही मालूम होता है कि ख़ामोशी से लिखते रहना चाहिए क्योंकि अदब वन-डे क्रिकेट मैच तो है नहीं, जिसका फ़ैसला सूरज ढलने से पहले हो जाना ज़रूरी होता है बल्कि अदब के फ़ैसले के लिए तो कभी-कभी सदियों का इन्तिज़ार भी करना पड़ता है। मैं उस इक्तिदार पसन्द (सत्तालोलुप) अदब की बात नहीं कर रहा हूँ जो हमेशा अदब में नूरा कुश्ती के इन्तिज़ाम में मसरूफ़ रहता है। *नज़ीर अकबराबादी* को हमारे उर्दू अदब ने मुद्दतों हरिजन की हाँडी समझकर उनसे अपना दामन बचाया लेकिन जब ग़ज़ल की पाज़ेब ने झनक-झनककर और शहवानी मज़ामीन (कामुकतापूर्ण विषयों) ने उर्दू शायरी को बग़ैर हार्मोनियम का मुजरा बनाकर रख दिया और चहार जानिब (चारों तरफ़) से उर्दू अदब पर यकसम्ती (एक दिशा वाला) और बेराहरवी (गुमराही) का इल्ज़ाम लगने लगा तो हमने अपनी कोताहक़दी (बौनापन) को नज़ीर अकबराबादी की दस्तार (पगड़ी) पहनकर दूर किया। *यगाना चंगेज़ी* जो लखनऊ के शरीफ़ों के हाथों सताये हुए किसी हद तक ख़ुदसरी (ज़िद) का शिकार हो चुके थे, उनको भी हमने *शाद आरिफ़ी* के साथ खड़ा करके अपने अदब का रुख़ बदलने की बशारत (शुभ सूचना) दी। ग़रीब इब्ने सफ़ी का क़द सारी ज़िन्दगी नाक़िदीने अदब की पैमाइश में छोटा निकल जाता था क्योंकि उसने किसी ख़ुदसाख़्ता (स्वयं भू) तन्क़ीद निगार के दरे

दौलत पर सजदे नहीं किये। वह सिर्फ़ अदब तख़्लीक करता रहा, वह अदब जो हर रोज़ उर्दू के क़ारिईन (पाठकों) की तादाद बढ़ा देता था। एक ज़माने में तो सैकड़ों ग़ैर उर्दू दाँ ख़ास तौर से ग़ैर मुस्लिम हज़रात ने उर्दू सिर्फ़ इसलिए सीखी कि वह इब्ने सफ़ी के कलाम (जासूसी नाविलें) से और उसकी तहरीरों से महजूज़ (आनन्दित) हो सकें लेकिन हमने जान-बूझकर एक ख़ास प्लान के तहत मशहूर और मक़बूले आम हो जाने वाले अदीबों को दूसरे दर्जे का अदीब लिखकर अपनी अना (Ego) की तस्कीन (सन्तुष्टि) कर ली और उर्दू को इस तरह नुक़सान पहुँचा कि आज बुक स्टालों पर रखे हुए झव्वा भर रिसालों के टाइटिल कवर पढ़ने वाले नहीं मिल रहे हैं। हम अंग्रेज़ी अदब के हवाले से उर्दू शेरो अदब की तक़दीर का फ़ैसला करते रहे यानी घर-आँगन और सच्ची शायरी को यकरुख़ी शायरी कहकर हालात और ज़िन्दगी की सच्ची तल्ख़ियों और उकताहटों की क़लमबन्दी को हमेशा ग़ैर ज़रूरी Sentimental Black Mailing कहकर हँसते रहे। 80 की दहाई के शुरू के बरसों से ही अदब को एज़ाज हासिल करने की सीढ़ी समझ लिया गया। जदीदियत के नाम पर ऐसे ऐसे लोगों को Promote किया गया जो क़तई हक़दार नहीं थे लेकिन उर्दू अदब के माई-बाप समझे जाने वाले मुस्तनद, मोअतबर (प्रमाणित, विश्वस्त) और मोहतरम लोगों ने अमेरिकन तौर तरीक़ा अपनाये हुए अदब को भी Use and Throw वाली चीज़ समझ लिया जिसका फ़ौरी नतीजा यह हुआ कि कहानियाँ आम क़ारी की समझ से बाला तर हो गयीं और शायरी को सामिईन तक पहुँचाने के लिए ट्यूटर का इन्तिज़ाम करना पड़ा। इस लिहाज़ से बशीर बद्र बहुत कम नज़राना लेते हैं क्योंकि वह तय शुदा नज़राने में अपने शेरों को समझाने का काम भी पूरी दिलजमई (दिलचस्पी) के साथ करते हैं। अपने एक-एक शेर की तशरीह (व्याख्या) के लिए इतने झूठ बोलते हैं कि अगर सऊदी अरब में होते तो कोड़ा मारने वाले को सिर्फ़ उनकी मौजूदगी में मुस्तक़िल नौकरी मिल जाती।

रफ़्ता-रफ़्ता यह अफ़सोसनाक सूरतेहाल उभरकर सामने आयी कि उर्दू बुक स्टॉलों पर अब सिर्फ़ वही रिसाले तलाश किये जाते हैं जिनमें तलाश करने वाले की कहानी, तब्सिरा या कोई तारीफ़ी ख़त छपा हो। नतीजा यह हुआ कि जिस तरह इमर्जेन्सी के बाद हिन्दुस्तान के कई सूबों से कांग्रेस का नामो निशान मिट गया ठीक उसी तरह कुछ रियासतों में उर्दू जानने वालों की वही तादाद बाक़ी रह गयी जो आज़ादी के फ़ौरन बाद फ़ारसी जानने वालों की थी।

पन्द्रह बरस पहले तक उर्दू कम अज़ कम इलेक्शन के ज़माने में उस ताज़ा मज़ार की तरह हो जाती थी जहाँ बैठकर क़ौमी और इलाक़ाई लीडर हज़रात अपने ग्लिसरीन ज़दा आँसू बहाते थे, लेकिन अब तो सूरतेहाल यह है कि इस ख़स्ता मज़ार पर रोने वाले की तलाश में राजस्थान के किसी क़बीले से Rudali का इन्तिज़ाम करना पड़ेगा।

बाहर के बैंक आ जाने से और अफ़राते ज़र (आर्थिक प्रगति) की वजह से जिस तरह सिर्फ़ पाँच-दस हज़ार रुपये जमा कर देने से कार का फ़ाइनेंस हो जाता है और हर शख़्स कार मालिक बनने के लिए ख़ुदग़रज़, रिश्वतख़ोर और बेईमान होता चला गया बिल्कुल उसी तरह कम्प्यूटर से किताबत का मरहला आसान हो जाने से हर शख़्स मुदीर (सम्पादक) बनने के फ़िराक़ में रहता है क्योंकि मुदीर बनते ही कोई भी शख़्स मुस्तनद, मोअतबर और मोहतरम कहलाने लगता है। अपने घरों में बैठे बैठे पूरे मुल्क से बल्कि बैरूनी मुल्क (विदेश) से भी किताबें तब्सिरे के लिए आने लगती हैं... और कभी-कभी तब्सिरे के लिए भेजी जाने वाली किताब के साथ ही तब्सिरा भी भेज दिया जाता है। इस तरह मुदीर की चश्मेइल्तिफ़ात (दया दृष्टि) के तुफ़ैल साहिबे किताब (लेखक) रातों रात वी.आई.पी. शायर हो जाता है, बर्रे सग़ीर (उपमहाद्वीप) का मुमताज़ (श्रेष्ठ) अफ़साना निगार हो जाता है।

साइंस की तरक़्क़ी हर अह्द में तहज़ीब के ज़वाल (पतन) का सबब बनी है। इस मौज़ू पर आगे गुफ़्तगू की जाएगी। यहाँ तो मैं यह अर्ज़ करना चाहता था कि पहले जो भी रिसाले हिन्दुस्तान से बाहर जाते थे, वह अपने सफ़हात (पृष्ठों) पर जिन्सी आसूदगी (वासना की सन्तुष्टि) हासिल करने की दुकान खोले रहते थे। बाहर पैसे की कमी नहीं है और हमारे यहाँ पैसा वसूल करने के हुनर से लोग ख़ूब वाक़िफ़ हैं। इन दिनों मुदीर बनते ही बाहर की किताबों की तबाअत, इशाअत (छपाई व प्रकाशन) और इन पर मज़मून लिखवाकर काग़ज़ की दुकानों पर मज़ीद इस्तहकाम (और अधिक मज़बूती) बख़्शने की वबा फूट पड़ी है। पहले ठेके पर मकान बनते थे अब किताबें भी ठेके पर छपने लगी हैं। मुदीर होने की वजह से मज़ामीन लिखने वालों की कमी नहीं पड़ती। चालीस हज़ार से पचास हज़ार की ठेकेदारी में ख़राब और कमज़ोर अदब की अच्छी से अच्छी किताब बाज़ार में आ जाती है। सीधी सच्ची दुकानदारी में भी हज़ार रुपयों की फ़ौरी बचत हो जाती है। डण्डी मारने से यह आमदनी पन्द्रह से बीस हज़ार तक पहुँच जाती है। जिन लोगों को हिन्दुस्तान में किताबें भेजी जाती हैं उसमें डाक टिकट और कोरियर ख़र्च से भी हज़ारों रुपये की बचत का पहलू निकाल लिया जाता है। तब्सिरे के लिए आयी किताबों का सौदा किसी कुतुब फ़रोश (पुस्तक विक्रेता) से इस तरह किया जाता है कि जिस वरक़ पर *'बराये तब्सिरा'* लिखा होता है उस वरक़ पर सफ़ेद रौशनाई से साहिबे किताब की तहरीर मिटाकर फ़ोटो कापी करवायी जाती है फिर इस वरक़ को सलीक़े से किताब में चिपकाकर सरकारी अदारों में या लाइब्रेरियों में सप्लाई कर दिया जाता है। यानी उर्दू ज़बान की तरवीज (प्रचार) और तरक्क़ी के नाम पर शेरो अदब की ख़िदमत का दम भरते हुए इस तरीक़े से मज़लूम उर्दू ज़बान की जिस्म फ़रोशी हो रही है :

ज़बानें भी तिजारत का ज़रिया बन गयीं राना
हमारे मुल्क में उर्दू का कारोबार होता है

इक इमारत शहर में काफ़ी पुरानी और है

फ़ैज़ाबाद में *सहमत* वालों का मुशायरा था। शबनम हाशिमी जो मरहूम सफ़दर हाशिमी की बेवा और सहमत की कर्ताधर्ता भी हैं, उनका हुक्म था कि आप मुशायरे में ज़रूर शिरकत करें। हालाँकि वह दिन मुशायरों में शिरकत करने के नहीं थे और फिर फ़ैज़ाबाद में मुशायरा... वह भी दंगों के ज़माने में, लेकिन :

हम इसलिए मुक़ामे फ़ना से गुज़र गये
वो ये कहीं न कह दें कि मरने से डर गये

लिहाज़ा मैं कलकत्ता से शाम का जहाज़ पकड़कर लखनऊ पहुँचा और वहाँ से एक टैक्सी किराये पर लेकर फ़ैज़ाबाद के लिए रवाना हो गया। बाराबंकी से निकलते ही अचानक एक बिल्ली ने हमारी टैक्सी का रास्ता काट दिया। ड्राइवर ने गाड़ी फ़ौरन ही उसी जगह खड़ी कर दी और उतरकर एक किनारे जाकर खड़ा हो गया। मैंने पूछा, क्या हुआ? कहने लगा, बिल्ली ने रास्ता काटा है। मैंने पूछा, इसकी काट क्या है? उसने कहा, जब तक कोई गाड़ी सामने से नहीं आ जाएगी मैं एक इंच भी आगे नहीं बढ़ सकता। मैंने सोचा, कितने मासूम लोग हैं हिन्दुस्तान के। बिल्ली के रास्ता काट देने से यह ड्राइवर आगे नहीं बढ़ रहा है और कैसे शातिर हैं यहाँ के मज़हबी और सियासी लीडर जिन्होंने बाबरी मस्जिद उन्हीं भोले-भाले लोगों के ज़रिये गिरवा दी जो किसी मज़ार के पास से भी गुज़रते हैं तो एहतरामन हाथ जोड़कर खड़े हो जाते हैं। मैंने पूछा, महाराज! अगर सामने से रात भर कोई गाड़ी नहीं गुज़री तो क्या आप रात भर यहीं खड़े रहेंगे। वह बोले, "साहब! भगवान की जो मर्ज़ी हो उसके आगे किसी का बस नहीं चलता।" फ़ैज़ाबाद के हालात मख़्दूश (आशंका ग्रस्त) रहने की वजह से इस सड़क पर ट्राफ़िक भी कम चल रहा था। बड़ी मुश्किल से तक़रीबन आधे घण्टे के बाद सामने से एक गाड़ी आयी तो हम लोगों का सफ़र दोबारा शुरू हुआ। अभी हम लोग मजाज़ के शहर रुदौली के आसपास के इलाक़े से ही गुज़र रहे थे कि बदक़िस्मती से फिर एक बिल्ली ने रास्ता काट दिया। ड्राइवर साहब दोबारा उसी तरह गाड़ी रोककर किनारे खड़े हो गये। अब मुझे उलझन होने लगी क्योंकि तक़रीबन नौ बज रहे थे। मैंने पहले तो उनको समझाया कि आपके कमज़ोर अक़ीदे (विश्वास) के चक्कर में मेरा मुशायरा छूट जाएगा। लेकिन जब वह किसी तरह नहीं

माने तो मैंने ड्राइविंग सीट पर बैठकर कार स्टार्ट कर दी। ड्राइवर साहब मजबूरी में या मेरे गुस्से को देखते हुए चुपचाप मेरे बराबर वाली सीट पर बैठ गये और पता नहीं कौन-कौन से मंत्र पढ़कर सलामती की दुआ माँगने लगे। खुदा-खुदा करके फ़ैज़ाबाद आ गया। ड्राइवर साहब ने मेरी हिम्मत और ड्राइविंग की तारीफ़ की। मैंने उनको समझाया कि ड्राइवर तो मैं ख़ानदानी हूँ और जहाँ तक हिम्मत की बात है तो बिल्ली के रास्ता काटने से अगर मैं रुकने लगता तो ज़िन्दगी की बेशतर रातें कलकत्ता की सड़कों पर सोकर गुज़ारनी पड़तीं क्योंकि मैं जिस मोहल्ले में रहता हूँ वहाँ तक़रीबन एक दर्जन गोश्त की दुकानें हैं लिहाज़ा अक्सर रात में घर पहुँचते-पहुँचते दर्जनों बिल्लियाँ मेरा रास्ता काट चुकी होती हैं। मैंने उनको यह फ़लसफ़ा भी बताया कि माँगने वाले चाहे इंसानी शक्ल में हो या बिल्ली और कुत्ते की शक्ल में, ग़रीब मोहल्लों में ही दिखाई देते हैं। कालोनियों और सरमायादारों के इलाक़े में न भूखे-प्यासे जानवर मिलते हैं और न ही आदमी क्योंकि ग़रीबी इंसान को हमेशा रहम दिल बनाये रखती है। ग़रीब से ग़रीब आदमी भी हड्डी में लगा कुछ गोश्त इसलिए छोड़ देता है कि वह जानवरों में भी रिश्तेदारी की खुशबू सूँघ लेता है लेकिन अमीरी का कोई रिश्तेदार नहीं होता। हाँ! यह बात ज़रा देर से समझ में आती है।

मैंने फ़ैज़ाबाद शहर में दाख़िल होते ही एक जगह रुककर मुशायरागाह का पता पूछा। लोगों ने बताया कि आज का मुशायरा रोडवेज़ स्टैण्ड के अहाते में है। बस स्टैण्ड पर पहुँचते ही एहसास हुआ कि यह मुशायरा नहीं होगा बल्कि यह तो पुलिस और पी.ए.सी. वालों का ट्रेनिंग कैम्प हो सकता है क्योंकि तक़रीबन दस बारह पुलिस और पी.ए.सी. वालों की गाड़ियाँ बस अड्डे पर घेरा तंग किये खड़ी थीं और तक़रीबन दो हज़ार पुलिस वाले मुशायरा गाह के इर्द-गिर्द बल्कि चहार गिर्द (चारों ओर) मौजूद थे। जबकि सामिईन की तादाद बमुश्किल चार-पाँच सौ रही होगी। मुशायरे में एक अंजाने से ख़ौफ़ का एहसास हो रहा था। न शायर दिल लगाकर शेर पढ़ रहा था और न सुनने वालों में गर्मजोशी दिखाई पड़ रही थी। मुशायरा क्या था मुशायरे की अदाकारी हो रही थी बल्कि मुशायरे की रस्म अदा हो रही थी। मैं गाड़ी से उतरकर मुशायरे के स्टेज के पास पहुँचा। स्टेज पर जाने से पहले अचानक अपनी नयी चप्पलों का ख़याल आया जिन्हें मैंने आज ही ख़रीदा था। एक बार तो जी चाहा कि हस्बे आदत चप्पलें बग़ल में दाबकर स्टेज पर चला जाऊँ, लेकिन चूँकि चप्पलें बिल्कुल नयी थीं लिहाज़ा हमेशा की तरह इस पुरानी आदत पर अमल नहीं कर सका कि लोग मेरी इस हरकत को मेरा छिछोरापन समझेंगे। थोड़ी देर तक तो मैं इसी पसोपेश में स्टेज की सीढ़ियों के पास खड़ा सोचता रहा। अचानक मैंने स्टेज के क़रीब ही एक पुलिस इंस्पेक्टर को बड़ी मुस्तैदी के साथ खड़ा देखा तो मैंने उससे आँखों ही आँखों में अपनी चप्पलों पर निगाह रखने के लिए मोवद्दिबाना (सभ्यतापूर्ण) गुज़ारिश की, लेकिन वह मेरी आँखों के कहने का भी बुरा मान गया और कहने लगा कि मुझसे क्या मतलब, और यह कहकर मुँह फेरकर खड़ा हो गया। मैंने तमाम तहज़ीबो तकल्लुफ़ बरतरफ़ करते हुए चप्पलें उठायीं

और स्टेज पर अपने साथ लिये चला गया। वहाँ एक मुनासिब और महफ़ूज़ कोना देखकर चप्पलें रख दीं। इस ग़ैर अदबी हरकत पर शर्मिन्दगी के एहसास को कम करते हुए मैंने सोचा कि यह मुशायरे का स्टेज है, यहाँ तो लोग शराब की बोतलें तक लेकर आ जाते हैं बल्कि कई शायर तो आराम से यहीं बैठकर पीते भी हैं। दिल को और ज़्यादा तसल्ली देते हुए मैंने यह भी सोचा कि लोग तो मस्जिदों में भी अपनी चप्पलों को हिफ़ाज़त की ग़रज से उठाकर ऐसी जगह रख देते हैं कि मुमकिन है उनकी नमाज़ ही क़ुबूल न होती हो, उल्टे इस बेअदबी और बेहुरमती पर गुनाह भी होता है।

मुशायरा अपनी मंज़िल की तरफ़ धीरे-धीरे बढ़ रहा था। मैं एक मुनासिब जगह पर बैठ गया। तमाम शायरों से इशारे-इशारे में सलाम-दुआ होती रही। अनवर जलालपुरी निज़ामत कर रहे थे लेकिन बहुत मोहतात (सतर्क) होकर बोल रहे थे। हर शायर माइक तक शायद इसलिए जा रहा था कि माइक तक आये बग़ैर कहीं भी नज़राना नहीं मिलता। डॉक्टर उर्फ़ी फ़ैज़ाबादी और जनमोर्चा के एडिटर शारदा प्रसाद सिंह मुशायरे के मुक़ामी मुन्तज़िम (प्रबन्धकर्ता) थे। डॉक्टर उर्फ़ी अपनी जगह से उठकर मेरे पास आये और मुझसे कहने लगे कि मुनव्वर भाई! कलाम पढ़ते हुए ज़रा एहतियात से काम लीजिएगा क्योंकि बजरंग दल वालों ने बाक़ायदा एलान कर रखा है कि बाबरी मस्जिद के सिलसिले में शेर पढ़ने वाले शायर को स्टेज पर ही गोली मार दी जाएगी। उन्होंने यह भी बताया कि लखनऊ से उनका एक दस्ता फ़ैज़ाबाद आया हुआ है। मैंने डॉक्टर उर्फ़ी से कहा कि प्यारे भाई! मजबूरी यह है कि मैं क़व्वाल नहीं हूँ, शायर हूँ। मैं तो जो लिखता हूँ वही पढ़ता हूँ। अब अगर मरना ही है तो सच बोलते हुए मरना चाहिए कि शायद यही जन्नत में जाने का वसीला (ज़रिया) बन जाये। चूँकि मुशायरा बहुत ही फीका हो रहा था इसलिए अनवर जलालपुरी ने मेरा नाम पुकार लिया। मैं माइक पर आया, गिर्देपेश (आस-पास) का जायज़ा लिया और ग़ज़ल पढ़ने से पहले मैंने सामिईन को मुख़ातिब करते हुए बताया कि मैं सफ़र की किन परिस्थितियों से गुज़रता हुआ यहाँ तक पहुँचा हूँ। फिर उन्हें यह भी बताया कि नयी चप्पलें कलकत्ता से इस वादे पर उधार ख़रीदकर लाया हूँ कि मुशायरे से वापसी पर उसकी क़ीमत अदा करूँगा। चूँकि मुझे स्टेज पर चप्पलें लाना बुरा तो लग रहा था लिहाज़ा मैंने उधर बायीं जानिब बैठे हुए इंस्पेक्टर साहब से गुज़ारिश की थी कि सर! ज़रा ध्यान रखिएगा, लेकिन वह बुरा मान गये और फ़ौरन मुझे डाँटते हुए बोले कि मुझसे क्या मतलब। मैं अपनी ग़लती पर बहुत नादिम् (शर्मिन्दा) हुआ और दिल ही दिल में सोचा कि यह बिल्कुल ठीक फ़रमा रहे हैं। जब इन लोगों की मौजूदगी में बाबरी मस्जिद गिरा दी गयी और यह उसकी हिफ़ाज़त नहीं कर सके तो ये मेरी चप्पलों की क्या हिफ़ाज़त करेंगे। ख़ौफ़ और दहशत में डूबे हुए मुशायरे में मेरे इस मज़ेदार और सच्चे जुमले ने नयी ज़िन्दगी फूँक दी। पुलिस वाले भी मेरी इस साफ़ गोई की दाद दिये बग़ैर नहीं रह सके। फिर तो मुशायरा जितनी देर तक हुआ मुशायरे की फ़ज़ा में हुआ। ख़ौफ़ो हिरास की धुन्ध बिल्कुल ग़ायब हो चुकी थी।

ज़िन्दगी ढूँढ़ मगर जा के मज़ारों में नहीं

मुशायरे की मन्दी के ज़माने में बेगम तो मेहमान लफ़्ज़ पर ही बहुत बुरे-बुरे मुँह बनाती हैं, हालाँकि शादी से पहले अगर एक भी तस्वीर इस बने हुए मुँह की दिखाई पड़ जाती तो मैं निकाह तो क्या *मुता* (शिया समुदाय में प्रचलित एक अल्पकालिक विवाह) पर राज़ी नहीं होता, लेकिन खुदा भला करे ब्यूटी पार्लर वालों का, चेहरे की रंगाई, चुनाई और प्लास्टर के बाद गधी को भी ऐसा बना सँवार देते हैं कि बेचारी आलाज़ात (उच्च वर्ण) की घोड़ियाँ घर बैठी रह जाती हैं। मैं भी रोज़-रोज़ की दाता किलकिल (झगड़े फ़साद) से इतना उकता चुका हूँ कि मेहमान तो दूर, लफ़्ज़ मेहमान तक का इस्तेमाल ग़ज़ल में करने से डरता हूँ। औरतों की यह नफ़्सियात (मनोविज्ञान) भी उनकी ज़िहानत की सनद है कि उनकी तरफ़ का जो भी आये वह 'ख़ानदान' के लोग हैं, बाक़ी तमाम लोगों पर मेहमानों की मुहर लगी हुई है, उधर के आये हुए चौपाये भी मेहमान हैं। मेरे एक साले जब भी अपने हमशीरा (बहिन) के घर आते हैं तो उनका एकाध दोस्त और उनका पालतू कुत्ता भी उनके साथ रहता है। मेरे घर में ये सब मेहमान तसव्वुर किये जाते हैं और यह ख़ाकसार मुक़ामी शायरों की तरह चाय-पानी का इन्तिज़ाम सँभालने में ख़र्च होकर रह जाता है :

दिल में कहाँ लहू था कि इक तीर आ लगा
फ़ाक़े से था ग़रीब कि मेहमान आ गया

कहाँ तो मेहमानों के नाम से बेगम का बिदकना और कहाँ नेकियों की तौफ़ीक़ (हौसला) दिलाने और हल्वा खिलाने को मोहतरमा *शबे बरात* तशरीफ़ ले आयीं, मुख़्तलिफ़ क़िस्म के हल्वे तैयार होने लगे, 'ख़ानदान' की फ़ेहरिस्त तैयार होने लगी। मैं भगा के लायी हुई औरत के शौहर की तरह समाजी अदालत के कटघरे में पहलू बदल रहा था। इतने में मेरी खुशदामन (सास) साहिबा अपनी कई कुशादा कमर (चौड़ी कमर) साहबज़ादियों के साथ तशरीफ़ ले आयीं। थोड़ी देर तक घर और घर के माहौल का जायज़ा लेती रहीं। घर के सुकून को उन्होंने बदशगुनी समझा और ख़मोशी को ग़ीबत की तौहीन समझते हुए घर के पुरसुकून माहौल में गाय के पुराने गोबर का धुआँ गच्छरों को भगाने के बहाने फैलाना शुरू कर दिया। मैं घर के एक कोने में मजरूह सुल्तानपुरी के गुनहगारों की तरह खड़ा हुआ था। अचानक वह घर

की ख़ामोशी को तोड़ने के बहाने मुझ पर हमलावर हुईं और कहने लगीं कि अरे, यह मुशायरे के शायरों की तरह घर की ख़वातीन को क्यों घूल रहे हो, त्योहार का दिन है, ज़रा घर में भी हाथ पैर हिलाया करो, मुशायरे के स्टेज पर और ख़ास तौर से माइक पर तो ख़ूब अठखेलियाँ करते हो लेकिन घर में चुपशाह का रोज़ा रख लेते हो। एक कवियित्री के माथे की बिन्दी गुज़री हुई रात की शर्मिन्दगी से फिसल गयी थी तो उसको दोबारा उसी जगह चिपकाने में बड़ी मेहनत कर रहे थे, ज़रा ये हल्वे की थाल पर चाँदी का वरक़ भी चिपका कर दिखाओ। उनके हर तंज़िया (व्यंग्यात्मक) लफ़्ज़ में दो अदद कुशादा क़मर सालियों की खनकती हुई हँसी की मौसीक़ी भी शामिल थी। वह तो खुदा भला करे मेरे ड्राइवर अमरूद इलाहाबादी का जो इस मुत्तहिदा महाज़ (संगठित मोर्चा) की यलग़ार (आक्रमण) से मुझे बचाने के लिए आ धमका और उसने कहा कि साहब, चलिए क़ब्रिस्तान फ़ातिहा पढ़ आइए, अम्मी को भी जाने दीजिए क्योंकि अभी इन्हें तीन और बेटी दामादों को समझाने के लिए जाना है। खुशदामन साहिबा चोट खायी हुई नागिन की तरह अमरूद इलाहाबादी की तरफ़ पल्टी ही थीं कि वह मारूति के नये मॉडल की तरह दहलीज़ का पुल पार कर चुका था।

इस बरस क़ब्रिस्तान में कुछ ज़्यादा ही भीड़ थी। शायद लोगों के दिलों में ख़ौफ़े खुदा के साथ-साथ अपने मरहूम बुजुर्गों के लिए ज़्यादा मोहब्बत पैदा हो गयी थी या फिर ये सभी मेरी तरह चाँदी का वरक़ छोड़ भागे हुए थे। कई ख़राब तरन्नुम और क़िरदार वाले शायर अगरबत्ती और मोमबत्ती की दुकानें खोले बैठे थे बल्कि इस संजीदा माहौल में वह अपनी ग़ज़ल भी ख़रीदारों को मर्सिये (शोक गीत) के तरन्नुम में सुना रहे थे। किसी की दुकान चल जाती थी तो किसी की ग़ज़ल... लेकिन ख़ुदा के फ़ज़्ल से ग्राहक तार की तरह आ रहे थे। क़रीब ही एक काफ़ी मशहूर शायर मोबाइल पर किसी कन्विनर को मुशायरे की मंजूरी देने से पहले वाले मोल भाव में लगे हुए थे। मुझे देखते ही उन्होंने आवाज़ के एक्सीलेटर से ऐसे पैर हटाया कि जैसे ट्राफ़िक इंस्पेक्टर को देखकर मोटर साइकिल सवार लड़के अपनी रफ़्तार कम कर लेते हैं। एक तहत के शायर उसी आवाज़ में फ़ातिहा पढ़ रहे थे जिस लय और आवाज़ में वह सद्दाम हुसैन और उसामा भाई को मुशायरे के स्टेज से ख़िराजे तहसीन पेश करते हैं।

क़ब्रिस्तान गुलो गुलज़ार बना हुआ था। एक तो बरसात की वजह से हर तरफ़ हरियाली थी, फिर बादलों की मदद से चाँद का आँख मिचौली करना भी दिल को लुभा रहा था। नयी क़ब्रों के क़रीब खड़े हुए लोगों की डबडबाती आँखें... नन्हे-नन्हे बच्चे ज़िन्दगी के अंजाम से बेख़बर क़ब्र के सिरहाने झिलमिलाती शम्ओं को अपनी हथेलियों की मदद से बचाने की कोशिश में मसरूफ़ थे। दुरूदो सलाम की पुरकैफ़ आवाज़ आँसुओं की कहकशाँ (सितारों का एक आकर्षक झुरमुट) के सहारे पूरी कायनात में फैलती हुई महसूस हो रही थी। क़ब्रों की मिट्टी जहाँ-जहाँ आँसुओं से

तर नहीं हो सकी थी उस हिस्से की प्यास बुझाने के लिए अब्रे रहमत (ईश्वरीय दया के बादल) करम की मशक लिये हुए खड़ी हुई थी। क़ब्रिस्तान में खिले हुए फूलों की खुश्बू में भी एक शाइस्ता-सी उदासी दिखाई दे रही थी जैसे फूलों की महक हमारे क़रीब आकर अपनी पलकों की नमी दिखाना चाहती हो और इसके बाद ही वह हमारी सूँघने की ताक़त से छेड़छाड़ करने पर आमादा होना चाहती हो। क़ब्रिस्तान की मिट्‌टी में ऐसे-ऐसे मासूम और मुक़द्‌दस (पवित्र) आँसू जज़्ब (विलीन) होते हैं जो हमेशा क़ब्रिस्तान को पुरनूर और हरा भरा रखते हैं। सच्चे आँसुओं से उगी हुई फूल पत्तियाँ आम दिनों में लोगों से छुपकर क़न्दीलों और शम्ओं में तब्दील हो जाती हैं।

एक साहब टार्च की रौशनी में मुख़्तलिफ़ मज़ारात के चक्कर लगा रहे थे। मैंने सोचा कि कोई परदेसी होंगे... अपने बुजुर्गों की क़ब्रें तलाश कर रहे होंगे, लेकिन जैसे ही वह मेरे क़रीब से गुज़रे मैंने उन्हें पहचान लिया। वह एक ऐसे खुशबख़्त (खुशनसीब) शायर थे जो बरेली और देवबन्द दोनों जगह यकसाँ (एक समान) मक़बूल थे। शबे बरात में हल्वा खाते भी थे और नहीं भी खाते थे। मतलब यह है कि हल्वा कहीं से मिल जाये तो खा लेते थे, अगर नहीं मिलता तो अपने आपको देवबन्दी डिक्लेयर कर देते थे। उनको देखते ही मुझे एक साधु याद आ गया जो अकसर किसी सेठ के दरवाज़े पर बैठकर हाकिमाना शान से आवाज़ देता था कि जल्दी से कुछ खाने को ले आ, नहीं तो वही करूँगा जो बनारस में किया था। मैंने उससे पूछ लिया कि बाबा, बनारस में आपने क्या कोई चमत्कार कर दिया था? बाबा ने कहा, हाँ! हाँ, मैं वहाँ भूखा सो गया था। हालाँकि शायर मौसूफ़ कई बार गीत का मुखड़ा लिये हुए मुझे शमशान घाट के आस-पास भी किसी जोगन की तलाश में दिखाई दिये थे लेकिन आमना-सामना न होने की वजह से कभी गुफ़्तगू का मौक़ा नसीब नहीं हुआ था। आज तो वह क़ब्रिस्तान में ही परेशानी की हालत में टहलते हुए मिल गये थे लिहाज़ा उनका इण्टरव्यू लेना ज़रूरी हो गया था। पहले तो मैं यही समझा कि किसी कन्विनर के रिश्तेदार को मिट्‌टी में मिलाकर आ रहे होंगे। मैंने ताज़ियत (शोक व्यक्त करना) भी करनी चाही, लेकिन वह तो किसी सफ़्फ़ाक़ दस्ते क़ातिल (क़ातिल के क्रूर हाथ) की तरह धुले-धुलाये दिखाई दिये। इधर-उधर की गुफ़्तगू में उलझाव बहुत था। मैं सिरा ढूँढ़ने के चक्कर में हाथ पैर मार रहा था। बेतकल्लुफ़ी के स्विच पर हाथ पड़ते ही वह ज़मीर (आत्मा) की तरह रौशन हो गये और यह बात पहली बार समझ में आयी कि ज़मीर का बल्ब ज़ीरो पॉवर का भी आता है। मैंने रौशनी बढ़ाने की बात की तो उन्होंने पन्द्रह वाट का बल्ब जलाया। थोड़ी सी रौशनी होते ही मैंने फ़ौरन पूछा कि आज आप इधर कैसे निकल आये। आलिमाना (विद्वत्तापूर्ण) मुस्कुराहाट के साथ बताने लगे कि मुशायरे वग़ैरह तो आज कल हैं नहीं लिहाज़ा ग़ज़ल का मूड बना रहा हूँ। मैंने हैरतज़दा लहजे में पूछा कि ग़ज़ल के मूड का क़ब्रिस्तान से क्या तअल्लुक़ है? शरमाते हुए कहने लगे कि लौहे

मज़ार (मज़ार के सिरहाने का पत्थर) पर ज़मीनें अच्छी मिल जाती हैं, बस एक परेशानी है जो बाल खोले पीछे पड़ी रहती है। मैंने पूछा ऐसी कौन-सी परेशानी रास्ते में आ गयी है। कहने लगे कि दरअस्ल लौहे मज़ार ज़्यादातर उर्दू में लगे होते हैं और मेरी उर्दू ज़रा कमज़ोर है। मैंने कहा 'प्यारे भाई! उर्दू को मज़बूत क्यों नहीं करते, यूँ भी आप उर्दू शायर की हैसियत से ही जाने-पहचाने जाते हैं... आपको तो बहरहाल उर्दू सीख लेनी चाहिए।' पहले तो शर्मिन्दगी के बोझ से गर्दन डाले रहे फिर रफ़्ता रफ़्ता चेहरा ऊपर की जानिब उठाया और फ़रमाने लगे कि दरअस्ल जनाब, मेरे उस्तादे मोहतरम को भी उर्दू नहीं आती और फिर एक दिन उस्ताद ने यह कहकर मुझे डरा भी दिया कि "मियाँ बहुत ज़्यादा उर्दू सीखने के चक्कर में पड़ोगे तो मुशायरों से ग़ायब हो जाओगे, नामुरादी की मक्खियाँ भिनकने लगेंगी... साथ ही मुझसे ये भी सवाल किया कि मुशायरे के स्टेज पर मौजूद शायरों में किसी एक का नाम बताओ जिसकी उर्दू बहुत अच्छी हो?" मैंने अख़लाक़न आपका नाम ले लिया। आपका नाम लेते ही उस्ताद हत्थे से उखड़ गये। कहने लगे, अच्छा! तो अब आपने इतनी तरक़्क़ी कर ली है कि एक गँवार ट्रक वाले की वकालत भी फ़रमाने लगे। अब मेरा वहाँ से निकल जाना ही बेहतर था और शायद आफ़ियत (भलाई) भी इसी में थी क्योंकि अब वह मेरे लौहे मज़ार तक पहुँचने की कोशिश कर रहे थे।

फुन्नक ताल
(सर्दे मुशायरा)

ज़बान ऐसी जैसे रेशम धोया जा रहा हो, जैसे शरीफ़ा दूध में घोला जा रहा हो, जैसे आम की मीठी क़ाशों पर ख़स्ता बालाई की तहें जमायी जा रही हों... लहजा, जैसे पहाड़ी चश्मा चाँदनी रात में पत्थरों से गुफ़्तगू करते हुए नीचे उतर रहा हो, जैसे शाइस्तगी ने इंसानी जिस्म ओढ़ लिया हो, जैसे तहज़ीब बराहेरास्त (सीधे) महफ़िल से मुख़ातिब हो रही हो... गुफ़्तगू में इतनी शीरीनी (मिठास) जैसे कई हज़ार फूलों से कशीद किया हुआ (निचोड़ा हुआ) शहद कानों में घुल रहा हो... अल्फ़ाज़ ऐसे चुने हुए जैसे कोई पुजारन मस्जिद के सहन से फूल चुनती हुई मन्दिर की तरफ़ जा रही हो... एहतराम इतना जैसे अध खिले फूल शाख़ों से अलग होकर नंगे पाँव किसी के लिए बाअदब खड़े हो जायें... ख़ामोशी इतनी जैसे मश्शाक़ रक्क़ासा (अभ्यस्त नर्तकी) अपनी साँसों की लय रोक ले और पैरों में बँधे हुए घुँघरू पत्थर के होंठ हो जायें। मुगल बादशाहों ने अपनी फ़ौज को आदाब सीखने के लिए शायद यहीं भेजा होगा, हुकूमतों ने इसी ख़ानक़ाहे अदब से तस्वीरें ले जाकर अपने-अपने महलों में दस्तूरे एहतराम (सम्मान के विधान) बनाये होंगे। दीवानों की इन्हीं महफ़िलों में मज़हबों के तक़द्दुस (पवित्रता) का एहतराम तो होता था लेकिन उन्हें दाख़िले की इजाज़त नहीं थी। यहाँ तो सिर्फ़ इंसानियत, मोहब्बत, रवादारी और हुस्ने सुलूक याद कराया जाता था। ये महफ़िल हिन्दुस्तानी चौपाल की तरह होती थी, यह महफ़िल क़लन्दरों के ख़ानक़ाह की तरह होती थी, इन महफ़िलों में जूतियाँ सीधी करने वालों की शख़्सियत पर यूनिवर्सिटियों की डिग्रियाँ छोटी पड़ती थीं, उन्हें ओहदे बुरे मालूम होते थे, एज़ाज़ो इकराम (श्रेष्ठता और गौरव) उन्हें टूटे हुए मिट्टी के घड़े और सुराहियों के टुकड़े नज़र आते थे। यहाँ दो जानू होकर (घुटने मोड़कर) बैठने वालों की रीढ़ वाली हड्डी रबर की तरह मुलायम हो जाती थी। यहाँ चेहरे के गुरूर को अदबी प्लास्टिक सर्जरी से ख़ाकसारी में तब्दील किया जाता था। यहाँ आलिमों का इल्म नहीं, किरदार परखा जाता था। यहाँ तवायफ़ों का जिस्म नहीं दिल देखा जाता था... यह था मुशायरा, उसका सदारती अक्स (छवि) और मिले जुले हिन्दुस्तान की दूधिया तस्वीर।

अल्ला, अल्ला! उर्दू मुशायरों ने कैसे-कैसे लोग देखे होंगे, क्या ज़माना देखा होगा, कैसे बहारों के दिन देखे होंगे। पढ़ो तो हैरत होती है, सोचो तो रोना आता है, ग़ौर करने बैठो तो बिल्कुल ऐसा लगता है जैसे किसी ख़ानदानी हवेली में बाज़ार खुल गया हो या चकलाख़ाने के लोगों ने हवेली पर कब्ज़ा कर लिया हो। नमाज़ में सलाम फेरते वक़्त जितनी गर्दन मोड़नी पड़ती है उससे भी कम गर्दन को ख़म करते ही उर्दू ज़बान के अच्छे दिन दिखाई पड़ने लगते हैं। न जाने इस गुलिस्ताने अदब को किसकी नज़र लग गयी। कोयल की कूक फ़ाख़्ता के दर्द में गडमड होने लगी। आज़ादी से पहले ही नहीं, आज़ादी के बाद भी शहर के शरीफ़ लोग उर्दू मुशायरों का एहतराम किसी मज़हबी जल्से की तरह करते थे। मुशायरागाह में फ़िरक़ापरस्ती की दुकान को अपने पट खोलने का इजाज़त नामा हासिल नहीं हुआ था, शोअराए किराम दुर्वेशी और क़लन्दरी की धूल में अटे रहते थे। शहर के अमीर ऐसे दुर्वेशों के सामने शर्मिन्दा शर्मिन्दा से रहते थे। वज़ारत का ओहदा तक उनके एहतराम में खड़ा हो जाता था। उनकी आहट से ऐवाने सियासत लरज़ते थे। नवदौलतिये उनके क़दमों की चाप सुनकर अपने चेहरे पर फ़क़ीरी की भभूत मल लेते थे। शहर हफ़्तों से अपनी निंदासी आँखों को रतजगे के लिए तैयार करता था। आसमान पर चारों तरफ़ छिटके हुए सितारे, चाँद के गिर्द अपना घेरा तंग करने लगते थे और चाँद भी चश्मे महबूब को आईना बनाकर अपने आपको सँवारने में मसरूफ़ हो जाता था। सुख़न की शम्अ अपने परवानों के इन्तिज़ार में पल-पल पिघलने लगती थी। कैलेण्डर की ख़ुश्क रौशनाई भी इन्तिज़ार की हिद्दत (गर्मी) में क़तरा-क़तरा होकर टपकने लगती थी। ज़मीने अदब के आसमान, शेरो सुख़न के मुख़्तलिफ़ रंगों के हमराह उदासियों और बेताबियों को दर्दे दिल की दवा देने आ रहे हैं। ओस की बूँदों को पता है कि अपने आँसुओं से रौशनाई का काम लेने वाले शेरो अदब के ये खेवनहार रौशनाई से क़लम का मुँह धुलवाते हैं तो ख़ुद-ब-ख़ुद बहार का मौसम आ जाता है। शबे मुशायरा से पहले वाली रात ने अपनी शब आँखों ही आँखों में काट दी क्योंकि चिराग़ों ने आज की रात बुझने से इनकार कर दिया है। उनकी इस नाफ़रमानी (अवज्ञा) पर गुज़रती हुई शब नाराज़ होने के बजाय ख़ुश होती है क्योंकि इनकार और नाफ़रमानी ये सब ईसार (त्याग) और मोहब्बत के वो चेहरे हैं जिनकी तलाश के लिए सिद्धार्थ को गौतम बनना पड़ा था। सुबह होते ही शहर बग़ैर किसी भी सजावट के पूरी तरह सजा सजा दिखाई देता था। हर आदमी सुबह से ही शाम के इन्तिज़ार में है, रौशनी के हिंडोले अब इधर-उधर दौड़ने लगे हैं। आशिक़ाने अदब, गिरफ़्ताराने गेसुए ग़ज़ल और जौहर शनास सामिईन सितारों से सजी इस महफ़िले शेरो सुख़न में अपनी-अपनी नशिस्त (बैठने की जगह) पर बैठकर इन्तिज़ार में यूँ गुम हैं जैसे ये कई सदियों से ज़बान और अदब को ख़िराजे तहसीन (श्रद्धा और सम्मान) पेश करने के लिए बैठे हैं, जैसे भगवान राम चौदह बरस का बनबास काटकर लौटने वाले हैं और उनके इस्तक़बाल (स्वागत) के लिए ज़र्रा ज़र्रा अयोध्या की तरह जगमगा रहा है। अब अदब के इबादतगाह का चबूतरा जिसे

कम पढ़े लिखे लोगों ने स्टेज का नाम दे दिया, आबाद हुआ चाहता है। मौसम बार-बार एक-एक मेहमान से मिज़ाज पूछकर अपनी कारगुज़ारी की दाद तलब कर रहा है।

ये मसनदे सदारत है जिसके चारों तरफ़ फ़रिश्ते भी बा अदब खड़े हैं क्योंकि इसी मसनद पर कभी हज़रते मीर अपनी दुर्वेशी और परेशाँहाली के साथ विराजमान होते थे लेकिन उनके रख रखाव और उनकी तमकनत (शानौ शौकत) पर किसी भी बादशाह के इक़्तिदार की धूप-छाँव का कोई असर नहीं पड़ता था।

लेकिन सब कुछ ख़्वाब हो गया, आईने की तरह टूटकर सब कुछ रेज़ा-रेज़ा बिखर गया, अब तो यादों के कबूतर भी अपने पर नहीं खोलते, अब तो गुज़रे हुए उस दौर के क़िस्से भी लतीफ़ मालूम होते हैं। कितनी बदनसीब होंगी वो पुरानी और ख़ूबसूरत आँखें जिन्हें ये बदसूरत और बाज़ारी मंज़र देखने पड रहे हैं। काश! ज़िन्दगी भी पीछे की तरफ़ लौटने का हुनर जानती, काश! हम ख़्वाब ही अपनी पसन्द के मुताबिक़ देख सकते, काश! कुछ तो वैसा ही होता जैसा इंसान सोचता है :

बिछड़कर भी मोहब्बत के ज़माने याद रहते हैं
उजड़ जाती है महफ़िल और चेहरे याद रहते हैं

न चाहते हुए भी नये ज़माने के एक मुशायरे में शिरकत करने के लिए नईमुद्दीन पहलवान के साथ कानपुर होते हुए सुल्तानपुर जाना पड़ रहा था। नईम पहलवान उम्र में मुझसे काफ़ी छोटे थे। मेरे बराबर की बिल्डिंग में कभी दरबानी करते थे। फिर यह काम छोड़कर मोबिल ऑयल और दूसरे केमिकल के ख़ाली टिन की ख़रीदो फ़रोख़्त में लग गये। क़िस्मत ने ज़रा ज़्यादा साथ दे दिया। एयरपोर्ट एरिया में कुछ अण्डरग्राउण्ड टैंकरों को कबाड़ में ख़रीदने का ठेका मिल गया, क़िस्मत मदद कर रही थी, टैंकरों के नीचे से सबसे अच्छी क़िस्म की स्टील की सैकड़ों चादरें उनकी गुर्बत को चाँदी-सोने की चादरें ओढ़ाने के लिए निकल आयीं, अब क्या था, रातों रात वह अपने हमपेशा लोगों में साहब बहादुर का दर्जा पा गये। कलकत्ते के सबसे महँगे इलाक़े में कई करोड़ का फ़्लैट खरीदा, बहुत ख़ूबसूरत ऑफ़िस बनाया, कई अदद लक्ज़री कारें खरीदीं और सुल्तानपुर, जहाँ के मौसूफ़ रहने वाले थे, वहाँ के वी.आई.पी. मान लिए गये। मुशायरे की सदारत (अध्यक्षता) के एज़ाज़ (सम्मान) के एवज़ उन्होंने कमेटी की कुछ ख़िदमत करनी चाही तो कमेटी वालों ने उनसे डोनेशन के तौर पर मेरी फ़रमाइश कर दी। शाम को चार बजे नईम पहलवान अपने कुछ गुर्गों के साथ दो-तीन कारों का क़ाफ़िला लेकर मेरे ऑफ़िस आ गये। मैंने कई तरह की कोशिशों के जरिये पहलवान से छुटकारा चाहा लेकिन उनकी ख़िदमत गुज़ारी और चेहरे की मासूमियत मुझे उनके सेहर (जादू) से निकलने नहीं दे रही थी, यहाँ तक कि मेरे तक़रीबन तमाम स्टाफ़ के लोग भी उनकी हमदर्दी का ढोल बजाने लगे। लिहाज़ा मैं मुक़र्ररा (निर्धारित) तारीख़ पर नईम पहलवान और उनके लोगों के साथ हावड़ा स्टेशन के लिए रवाना हो गया। देहली जाने वाली राजधानी एक्सप्रेस में हम लोगों का रिज़र्वेशन था जो Confirm भी हो चुका था। रिज़र्वेशन

तो देहली तक का था लेकिन हम लोगों को कानपुर में राजधानी एक्सप्रेस छोड़ देनी थी। ट्रेन में ए.सी.-2 में हमारी ऊपर-नीचे की बर्थें थीं। सामने की बर्थ पर एक ख़ातून अपने दस-बारह बरस के बेटे के साथ सफ़र कर रही थीं। गुफ़्तगू के दौरान उन्होंने बताया कि वो मशहूर 501 साबुन के क़ारखाने की मालिका हैं। सिगरेट पीने के बहाने मैं कई डिब्बों का दौरा भी कर आया था। इत्तिफ़ाक़ से बराबर वाले कोच में अल्हाज मंजूर अली साहब (मालिक, रॉयल इण्डियन होटल) और मौलाना इरफ़ानुल हुसैनी भी तशरीफ़ फ़रमा रहे थे। वह लोग मुस्लिम पर्सनल लॉ बोर्ड की मीटिंग में शिरकत की ग़रज़ से देहली तशरीफ़ ले जा रहे थे। मैं भी उन लोगों के पास ही बैठ गया। मौलाना की गुफ़्तगू मुझे बहुत अच्छी लगती है क्योंकि वो मज़हबी मौलाना नहीं हैं, भागती-दौड़ती और तिकड़म बाज़ी में मसरूफ़ दुनिया के मौलाना हैं। अपनी दरोग़ गोई (ग़लत बयानी) के क़िस्से बड़े फ़ख़्र (गर्व) से सुनाते हैं। हालाँकि उनके वालिद मरहूम मौलाना हकीम मोहम्मद ज़मा हुसैनी का शुमार अपने वक़्त के बड़े आलिमेदीन में होता था। मरहूम मुफ़स्सिरे कुरआन (कुरआन के व्याख्याकार) भी थे। हिन्दुस्तान के बड़े-बड़े आलिमेदीन उनसे मशविरा लेते थे। बहुत कम बोलते थे जबकि इरफ़ान भाई की इल्मियत (ज्ञान) और हिकमत दोनों की दुकान उनकी ज़बान पर चलती है। रेलवे मिनिस्टर जाफ़र शरीफ़ के ज़माने में रेलवे का कोई पास भी उनको मिल गया था। सफ़र पर निकलते तो रेलवे के स्टाफ़ को हलकान कर डालते थे। रेलवे कैंटीन और पैंट्रीकार से भी रॉयल इण्डियन होटल जैसा खाना खाकर दम लेते थे। वो तो अच्छा हुआ कि उनका रेलवे पास एक दो बरस के बाद बरगद के पीले पत्ते की तरह बेकार हो गया वर्ना रेलवे सिर्फ़ उनको खिलाने पिलाने में दिवालिया हो जाता और आज तो मंजूर साहब, मालिक रॉयल इण्डियन होटल भी उनके साथ सफ़र कर रहे थे। मैंने सोचा कि मौलाना सबका माल खाते हैं लिहाज़ा इस वक़्त अगर मौलाना को मैंने नुकसान नहीं पहुँचाया तो मुमकिन है मैदाने हश्र में मुझसे इसकी बाज़पुर्स (जवाब तलबी) हो। लिहाज़ा मैंने बहती गंगा में हाथ धोना ऐन ईमान समझा और अपने हिस्से का खाना एक पैकेट में मौलाना से रखवा लिया। तब तक नईम पहलवान मुझे तलाश करते हुए पहुँच गये। मुझे देखते ही इत्मीनान की साँस ली फिर कहने लगे कि चचा मैं तो समझा था कि शायद आप धनबाद में उतरकर कलकत्ता वापस चले गये। मेरे चेहरे पर एक तरह की नागवार संजीदगी देखकर नईम पहलवान हमारे पास ही ख़ामोशी के साथ बैठ गये। मज़हबी मसलों पर बातचीत हो रही थी। एकाध बार नईम पहलवान ने भी हिस्सा लेना चाहा लेकिन मेरी तरफ़ से इजाज़त न पाकर ख़ामोश हो गये। गुफ़्तगू उलझावे के मोड़ पर पहुँचते ही पहलवान ने कहा कि चचा चलिए, खाना आ गया है, खा लीजिए। मैं पहलवान के साथ उठकर बादिले ना ख़्वास्ता (बुझे दिल के साथ) अपनी बर्थ पर आ गया। रॉयल होटल की चाँप और बिरयानी का पैकेट भी हमारे खाने में शामिल था। खाने के दौरान पहलवान ने उन लोगों का तआरुफ़ जानना चाहा। मैंने

उन्हें बताया कि ये जो हल्के बदन वाले थे ये मौलाना इरफ़ानुल हुसैनी थे, हज़रत मौलाना हकीम मोहम्मद ज़माँ हुसैनी के साहबज़ादे... जो दूसरे साहब थे ये निहायत दीनदार और ग़रीब परवर शख़्स हैं। नईम पहलवान जो शायद नये-नये देवबन्दी पाले में आये थे और सबको बरेलवी समझते थे, मुझसे कहने लगे कि ये मंजूर साहब बरेलवी मालूम होते हैं। मैंने कहा कि नहीं, ये कट्टर क़िस्म के देवबन्दी हैं। पहलवान ने छूटते ही कहा कि नये-नये देवबन्दी मालूम होते हैं। मैंने उन्हें बताया कि तुम्हारी पैदाइश से पहले के ये देवबन्दी हैं। पहलवान मेरी बात पर ख़ामोश तो हो गये लेकिन वो मेरी बात से मुत्तफ़िक़ (सहमत) नहीं दिखाई पड़ रहे थे। मैं भी पहलवान को मुतमइन करने के मूड में नहीं था लिहाज़ा मैं सोने की तैयारी करने लगा। पहलवान ने एक लायक़ शागिर्द की तरह मेरा बिस्तर लगाया फिर अपना बिस्तर लगाने में मसरूफ़ हो गये। नईम पहलवान अपना बिस्तर लगाने के बाद मेरे पास आये और बड़ी सआदतमन्दी (विनम्रता) से बोले कि चचा, लाइए आपके पाँव दबा दूँ। मैंने उन्हें मना किया और ये भी कहा कि मेरे पाँव में दर्द भी नहीं है लेकिन वो बहुत भर्रायी हुई आवाज़ में बोले कि माँ-बाप की ख़िदमत का तो मौक़ा मिला नहीं क्योंकि वो मेरे बचपन में ही इन्तिक़ाल कर गये थे, कम से कम अपनी ख़िदमत करने की हसरत ही पूरी कर लेने दीजिए।

सफ़र के दौरान पहलवान ने पूछा कि चचा, ये सदारत क्या होती है और कैसे की जाती है? मैंने पूछा, इसकी क्या ज़रूरत पड़ गयी? वो शर्माते हुए बोले कि कल के मुशायरे की सदारत मेरे ही ज़िम्मे है। हालाँकि मैंने कमेटी वालों से कह दिया था कि चचा से सदारत करवाइए, हम उन्हें इतनी दूर से ला रहे हैं और फिर कलकत्ते में मुझसे ज़्यादा उनका नक़्शा है लेकिन उन लोगों ने कहा कि इस बार तो पोस्टर वग़ैरा में आपका नाम चला गया है लेकिन हाँ, इन्शा अल्लाह अगले साल हम लोग चचा से सदारत करायेंगे। मैंने शराफ़त और ख़ौफ़ के मिले जुले जज़्बात के साथ पहलवान को सद्र की ज़िम्मेदारियों के बारे में बताना शुरू किया जो उन्होंने वैसे ही सुनी जैसे कुश्ती के दौरान मद्दे मुक़ाबिल (प्रतिद्वन्दी) को पटख़ने देते वक़्त फ़ाउल का इस्तेमाल करता हुआ पहलवान सुनता है, लेकिन मुझे तो सरकारी स्कूल के मास्टर की तरह अपना वक़्त काटना था। काफ़ी मशक़्क़तों और बहलावे-फुसलावे के बाद मैं पहलवान को इस लायक़ बना चुका था कि पड़ोसी मुल्क की मसनदे सदारत भी वो आसानी से सँभाल सकते थे। हालाँकि तमाम गुफ़्तगू सरगोशियों के अन्दाज़ में हो रही थी लेकिन पड़ोस में लेटे हुए लोग बुरे-बुरे मुँह बना रहे थे। पहले तो मैं समझा कि शायद आलमे ख़्वाब (नींद) की कैफ़ियत में हैं लेकिन जब एकाध मुसाफ़िर ने कनखियों से हमारी तरफ़ देखने की कोशिश की तो मैंने भी पहलवान को सदारत की तहज़ीबी मिसाल क़ायम करने के लिए फ़ौरन सो जाने को कहा। पहलवान ने मेरी बात फ़ौरन मान ली तो मुझे ख़ुशी हुई कि उर्दू मुशायरों की सदारत अपने सही रास्ते पर जा रही है। अपनी बर्थ पर पहुँचने से पहले ही पहलवान ने फ़रमाँबरदार (आज्ञा पालक) बच्चे की तरह आँखें बन्द कर लीं और धड़ाम से नीचे

आ गये। नतीजे के तौर पर मुशायरे की सदारत ने मेरे घुटनों को पहले ही झटके में ज़ख़्मी कर दिया। जिसका दर्द मैं आज तक महसूस करता हूँ। आस-पास के लोग हमारी बर्थों के पास इकट्ठे हो गये, नींद से जागे हुए मुसाफ़िर कभी हमारी तरफ़ देखते, कभी पहलवान पर नज़र डालते। ग़ालिबन ये लोग हम दोनों के दरम्यान क़ातिल और मक़तूल की शिनाख़्त कर रहे थे। यूँ भी राजधानी एक्सप्रेस के मुसाफ़िर कुछ ज़्यादा ही नाजुक मिज़ाज़ और उसूल पसन्द होते हैं। एक साहब जो ज़ुकाम की वजह से मुस्तक़िल नाक सिकोड़ रहे थे, हम दोनों की तरफ़ देखकर भौंहें भी सिकोड़ने लगे। हालाँकि सुनते तो यही आये थे कि सर्दी ज़ुकाम से डॉक्टरों को फ़ायदा होता है लेकिन पहली बार एक मरीज़ को अपनी बीमारी से बग़ैर रूमाल के फ़ायदा उठाते देख रहे थे। मेरा तो जी चाह रहा था कि मैं उन्हें अपना साफ़ सुथरा रूमाल पेश कर दूँ लेकिन वह लोग अकसरियत में थे और अक़लियत को ख़ातिरख़्वाह (काफ़ी) नुकसान पहुँच सकता था। पहलवान और हमने अपनी-अपनी चोट भूलकर मुसाफ़िरों से माफ़ी तलाफ़ी करके अपनी जान छुड़ायी।

ट्रेन अपने वक़्त पर यानी सुबह पाँच बजे कानपुर स्टेशन के प्लेटफ़ार्म पर रुक कर हम लोगों को फ़रार होने का मौक़ा दे रही थी। डिब्बे से बाहर निकलते ही आठ दस लोग पहलवान को खुशआमदीद कहने के लिए खड़े थे। दो एक के हाथों में कुछ मुरझाये हुए हार थे लेकिन उनके फूल हार पहनाने वालों से ज़्यादा तरोताज़ा दिखाई दे रहे थे। बाहर कई गाड़ियाँ तैयार खड़ी थीं जो हम लोगों को लखनऊ के रास्ते से होते हुए सुल्तानपुर जाने के लिए बजाय पर तोलने के, धुआँ छोड़ रही थी। पहलवान ने मेरे फ़रार की बुरी ख़बर सुनने से बचने के लिए मुझे अपने पास ही बिठाया। एक बन्दूक़धारी भी ड्राइवर के बराबर में विराजमान हो गया। उसकी बन्दूक़ की नाल रास्ते भर मेरी तरफ़ ही उठी रही। पता नहीं इसमें बन्दूक़ की मजबूरी थी या बन्दूक़ बरदार की। उन्नाव में गाड़ियाँ रोकी गयीं। एक ढाबे पर ड्राइवरों वाला नाश्ता और कड़क चाय से फ़ैज़याब (लाभान्वित) होने का मौक़ा मिल गया। क़ाफ़िला फिर लखनऊ के रास्ते सुल्तानपुर के लिए चल पड़ा। सियासत और अदब में लखनऊ हमेशा आड़े आता है, सो लखनऊ आड़े आ रहा था। अचानक बन्दूक़ बरदार ने पहलवान से कहा कि भय्या! मौसी एयरपोर्ट आ रहा है। मैंने सोचा लखनऊ क़रीब है, इसकी ज़बान तो दुरुस्त कर ही दी जाये। मैंने बन्दूक़ बरदार से कहा कि प्यारे भाई, जहाँ तक मुझे याद पड़ता है ये अमौसी एसरपोर्ट है। उसने बग़ैर मेरी तरफ़ देखे ही जवाब दिया, पहले वही था लेकिन जब से भय्या की मौसी पास वाले गाँव में ब्याह कर आ गयी हैं इसे हम लोग मौसी एयरपोर्ट ही कहते हैं। बन्दूक़ बरदार का इतना बलीग़ (भरपूर) जवाब सुनने के बाद मैंने अपना यह एतराज़ भी दाख़िल दफ़्तर कर दिया कि आसिफुद्दौला, वाजिद अली शाह और बेगम हज़रत महल के शहर लखनऊ के एयरपोर्ट को चौधरी चरन सिंह के नाम से क्यों जोड़ दिया गया है। फिर बड़े बूढ़ों का क़ौल है कि जब आगे बन्दूक़ बरदार हो और बग़ल

में सदारत का दावेदार तो फिर सोचने का काम भी इन्हीं दानिश्वराने क़ौम (क़ौम के बुद्धिजीवियों) पर छोड़ देना चाहिए :

किसी के हाथ किसी की ज़बान चलती है
ख़ुदा का शुक्र है लेकिन दुकान चलती है

लखनऊ क़रीब आता जा रहा था, मीर की तरह लखनऊ की ख़ुशबू तो मेरे पास नहीं आयी, फिर कहाँ मीर कहाँ ये फ़क़ीर। मीर के पास तो पंखड़ी और अत्तार के लौण्डे की दुकान दोनों थीं लेकिन अपने आस पास तो हमेशा नागफनी रही। जब इसका नाम ज़्यादा डसता हुआ महसूस होता तो हम इसे कैक्टस कहकर क़िलोपैट्रा की मुमकिना ज़हरीली मुस्कुराहट का मज़ा लेते थे वर्ना अभी तक तो लखनऊ नगर निगम के बोर्ड से पता चलता है कि लखनऊ में अपनी सवारी दाख़िल हो चुकी है। हालाँकि बोर्ड पर तो लिखा रहता है कि 'मुस्कुराइए कि आप लखनऊ में हैं' लेकिन जब बराबर में कोई पहलवान विराजमान हो तो मुस्कुराना जबड़े की हड्डियों के लिए ख़तरनाक साबित हो सकता है और फिर मुस्कुरायें वो लोग जिन्होंने लखनऊ में बड़े बड़े प्लाट ले रखे हों, लखनऊ से मिले हुए इलाकों में मीलों लम्बे-चौड़े बाग़ लगा रखे हों। अपने पास तो सदियों से एक ऐशबाग़ है जहाँ की दो गज़ ज़मीन एक क़नाअत-पसन्द (सन्तोषप्रिय) मुसलमान के लिए काफ़ी होती है। इससे ज़्यादा की उम्मीद करना भी सय्यदी की शान के ख़िलाफ़ मालूम होता है।

लखनऊ में दाख़िल होने से पहले ही नईम पहलवान ने अपने लखनऊ के कई प्रोग्राम गिनवा दिये लेकिन मेरी आदम बेज़ारी अब वीराना चाहती थी। लिहाज़ा मैंने बड़े रूखे अन्दाज़ में पहलवान से कह दिया कि मैं गुलमर्ग होटल जाऊँगा, मेरी नींद भी पूरी नहीं हुई है, जब क़ाफ़िला सुल्तानपुर के लिए रवाना होने लगे तो मुझे वहीं से आकर ले लेना। नईम पहलवान ने ड्राइवर को फ़ौरन गुलमर्ग होटल जाने के लिए कह दिया। पहलवान डरे हुए थे कि चचा कहीं वही हरकत मेरे साथ भी न कर दें जिसके लिए वो बैनुल अक़वासी (अन्तर्राष्ट्रीय) शोहरत रखते हैं और ये शोहरत यूँ ही तो नहीं मिलती होगी :

क्या करूँ मैं मेरा यकसूई में दम घुटता है
मैं बहुत देर गवर्नर भी नहीं रह सकता

तक़रीबन चार बजे शाम को वो लोग गुलमर्ग होटल आ गये। मैं इत्तिफ़ाक़ से वाली भाई की दुकान पर आकर बैठ गया था। चूँकि वाली भाई की दुकान और गुलमर्ग होटल की इमारत तक़रीबन मिली हुई है लिहाज़ा होटल वाले मेरे हर मुलाक़ाती को वाली भाई की दुकान की तरफ़ भेज देते थे। चुनांचे वही हुआ कि नईम पहलवान उस्ताद वाली आसी की दुकान पर आ धमके। मैंने उनको दूर से ही आता देख लिया था। उस्ताद को मैं पूरी रूदाद सुना चुका था लेकिन उन्हें मेरे बयान में मुबालग़े (अतिशयोक्ति) का ख़मीर ज़्यादा महसूस हुआ होगा। इससे पहले कि पहलवान कुछ शुरू करते मैंने उस्ताद से उनका भरपूर तआरुफ़ कराया, लेकिन पहलवान तो हमेशा अपनी रौ में बहते थे। तआरुफ़ के दौरान ही पहलवान ने उस्ताद

से पूछ लिया कि उस्ताद, आप भी शायरी करते हैं? उस्ताद ने पहलवान को पहले तो खा जाने वाली नज़रों से देखा फिर बोले, नहीं-नहीं! मैं हारमोनियम बजाता हूँ। इससे पहले कि उस्ताद का मूड और ख़राब होता मैंने बात का रुख़ मोड़कर पहलवान से पूछा कि कितनी देर में चलना है, तब तक नईम पहलवान दुकान के बाहर निकलकर मुझे इशारे से बुला रहे थे। दुकान से बाहर आते ही पहलवान ने निहायत ग़ैर शायराना ज़बान में मुझसे पूछा कि चचा, इनको भी कर लिया जाये। मैंने पहलवान से कहा कि अब यहाँ से निकल लो, ये पहलवानी नहीं है जहाँ पटख़नी दी जाती है, ये शेरो अदब की बारगाह है यहाँ हमेशा के लिए अखाड़े से बाहर कर दिया जाता है :

पड़ा रहने दो अपने बोरिये पर हम फ़क़ीरों को
फटी रह जायेंगी आँखें जो मुट्ठी खोल दी हमने

ये क़ाफ़िला अब एक बार फिर सुल्तानपुर के लिए रवाना हुआ। रास्ते में कांग्रेस के तेज़ तर्रार मेम्बर एसेम्बली और उत्तर प्रदेश के साबिक़ (पूर्व) वज़ीर मुईद अहमद साहब से मिलने के लिए विधायक निवास पर हम लोग रुके, थोड़ी-सी गुफ़्तगू और बहुत से नाश्ते के बाद एक बार फिर सफ़र शुरू हुआ। रास्ते में पहलवान अपने आदमियों से पूछ रहे थे कि जगदीशपुर के पास तवायफ़ों की बस्ती हुआ करती थी। काफ़ी देर तक वो लोग इसी गुफ़्तगू में उलझे रहे। जगदीशपुर में दाख़िल होते ही एक जगह होटल पर चाय पीने के लिए तमाम गाड़ियाँ रुकीं। नईम पहलवान उतरकर एक साहब से पूछने लगे कि तवायफ़ें कहाँ मिलती हैं? उन साहब ने पहलवान की बात का तो कोई जवाब नहीं दिया बल्कि मुझसे उन्होंने पूछा कि क्या तुम अनवर भाई के लड़के हो? क्या हाल हैं अनवर भाई के, वहीं कलकत्ते में हैं? उस वक्त मेरा क्या हाल हुआ होगा ये काग़ज़ की पेशानी पर तो उतारा नहीं जा सकता। मैंने उल्टे सीधे जवाब दिये और गाड़ी में आकर बैठ गया। पहलवान को मैंने आवाज़ देकर बुलाया और फ़ौरन ही गाड़ी स्टार्ट कर देने के लिए कहा बल्कि मैं तो इस पर भी आमादा था कि अगर सूट केस मिल जाये तो मैं यहीं से वापस चला जाऊँ। गाड़ियाँ फिर चल पड़ीं। थोड़ी ही दूर चलकर गाड़ियाँ एक कम आबादी वाले गाँव के पास रुक गयीं। सामने ही तवायफ़ें और उनके घर दिखाई दिये। एक दारोग़ा अपनी बुलट मोटर साइकिल किनारे खड़ी करके एक नवउम्र तवायफ़ से बोसो कनार (चुम्बन वग़ैरह) में मसरूफ़ था। जैसे ही उसने कई गाड़ियाँ देखीं उसने अपने आपको मौजूदा ड्यूटी से अलग करके हम लोगों को सैल्यूट किया फिर मौक़ा देखते ही अपनी मोटर साइकिल स्टार्ट की और निकल लिया। मैं गुस्से और निदामत (शर्म) की मिली जुली कैफ़ियत से गुज़रते हुए गाड़ी में बैठा रहा। पहलवान और उनके दोस्त अहबाब ने गाँव का एक चक्कर लगाया और वापस आ गये। मालूम हुआ कि इस गाँव का नाम फुन्नक ताल है। यहाँ मुम्बई, देहली और कलकत्ता के लिए लड़कियाँ पालपोस कर तैयार और आमादा की जाती हैं। यह गाँव एक तरह का ट्रेनिंग सेंटर था जहाँ कच्चा माल बाहर भेजने के लिए तैयार किया जाता

है। ये धन्धा दुनिया भर में बड़े बड़े बाज़ार तय करता है और उन बाज़ारों से जुड़े हुए लोग दुनिया के ताक़तवर तरीन लोग होते हैं जो बज़ाहिर शरीफ़ होते हैं, समाज सेवक शुमार किये जाते हैं लेकिन उनके जुल्म के पंजे के नीचे कैसी-कैसी मासूमियत और कमसिनी फड़फड़ाती रहती है। जो लोग इस धन्धे के तौर तरीक़ों से वाकिफ़ हो जाते हैं वो या तो सारी ज़िन्दगी किसी मजबूरी के तहत ब्लैकमेल होते रहते हैं या उनकी लाशें कहीं झाड़ियों में पड़ी मिलती हैं :

राज़ अपने वो बता देता है जिन लोगों को
फिर उन्हें बोलने वाला नहीं रहने देता

कभी-कभी आदमी को अपनी बेबसी पर बेतहाशा हँसी आती है। शायद मुझ पर भी वही वक़्त गुज़र रहा था। गाड़ियाँ दोबारा सुल्तानपुर की तरफ़ चल पड़ी थीं। अब मैंने शोहरत की हवस को हर आने वाली मुसीबत और रुसवाई के लिए तैयार कर लिया था। सुल्तानपुर के जिस होटल में हम लोगों की क़यामगाह थी वहाँ तक पहुँचते पहुँचते अच्छा ख़ासा वक़्त हो चुका था। बड़ी उजलत में नहाकर कपड़े तब्दील किये और होटल की लॉबी में आकर चुपचाप बैठ गये। थोड़ी ही देर में नईम पहलवान सदारती लिबास पहने हुए तशरीफ़ लाये और मेरे पास ही आकर बैठ गये। क़ीमती साबुन और शैम्पू, धुले धुलाये कपड़े और बेहतरीन फ्रांसीसी इत्र लगाने के बावजूद सदरे मुशायरा के पास से फुन्नक ताल की नागवार बू आ रही थी। मुशायरों की सदारत हो या मुल्कों की सदारत, किसी के किरदार की महक को खुशबू में नहीं बदल सकती। थोड़ी ही देर में तमाम लोग मुशायरागाह की तरफ़ चल पड़े। सद्रे मुशायरा नईम पहलवान ने मुझसे ख़ुशामदाना लहजे में कहा कि चचा, आप मेरे क़रीब ही बैठियेगा ताकि मेरी हिम्मत बँधी रहे। मैं दिल से न चाहते हुए भी स्टेज पर उनके बहुत क़रीब ही बैठ गया। मुशायरा कराने वाले लोग नईम पहलवान के तआवुन (सहयोग) और पुरखुलूस इमदाद की वजह से उनकी शान में क़सीदे पढ़ रहे थे। कुछ ऑल इण्डिया क़िस्म के शायर भी पहलवान की मुसाहिबी और ख़िदमत में लगे हुए थे। मुशायरा तेज़ी से अपनी मंज़िल की तरफ़ रवाना हुआ। सद्रे मुशायरा हर शायर या शायरा के माइक पर आते ही मेरी तरफ़ किसी ख़ास इशारे की तवक़्क़ों में देखते, अगर मैं माइक पर आने वाले शायर को मुस्कुराकर देखता और ख़ुशआमदीद कहता तो सद्रे मुशायरा उस शायर को दादो तहसीन और कुछ नज़राना भी स्टेज पर ही पेश कर देते थे लेकिन अगर बिलफ़र्ज़ मैं किसी शायर पर तवज्जो नहीं दे पाता और मेरे चेहरे पर कोई चमक भी नहीं आती तो सद्रे मुशायरा उस शायर को मतला पढ़ते ही बैठ जाने का हुक्म देते, अगर शायर क़िस्मत के भरोसे मज़ीद (और ज़्यादा) ज़ोर आज़माई की कोशिश में लग जाता तो सद्र के अग़ल-बग़ल में बैठे हुए लोग माइक पर जल्वा अफ़रोज़ शायर को फ़ौरन पैवेलियन की तरफ़ बाइज़्ज़त तौर पर ढकेलते हुए ले जाते। सदारत अपनी ख़ौफ़नाक रूप में स्टेज पर विराजमान थी। मेरा वजूद दबंगों में हरिजन औरत की तरह था। मैं अपनी मर्ज़ी से

किसी ज़रूरत के पेशे नज़र भी जैसे ही उठने की कोशिश करता तो पहलवान सरग़ोशी के अन्दाज़ में मुझे धमकी देते हुए पूछते, चचा! क्या फुन्नक ताल जाना है? मेरी तमाम हिम्मत साबुन के झाग की तरह फ़ौरन बैठ जाती। मुशायरा पूरे आबोताब से रौशन था। सदारत अपने करिश्माती (चमत्कारी) पहलू पर बहुत खुश थी। अचानक सद्रे मुशायरा मेरे पास आकर बैठ गये। मैंने पहलवान से पूछा कि क्या कुश्ती का कोई नया दाँव याद आ गया है? पहलवान ने अपनी बन्द होती हुई आँखों की मदद के लिए जम्हाई ली और फिर मुझसे बोले कि चचा! अब मुझे नींद आ रही है। दरअस्ल वर्ज़िश करने के लिए मैं सुबह चार बजे जाग जाता हूँ इसीलिए मुझे जल्दी सोने की आदत है। आप कब पढ़ेंगे... बस आपको सुनना है... फिर हम लोग होटल चलकर आराम करें। मैंने पहलवान को अपनी तरबियत (ट्रेनिंग) का वो हिस्सा याद दिलाया कि मुशायरा गाह में सद्र की मर्ज़ी के बग़ैर कुछ भी नहीं होना चाहिए और सद्रे मुशायरा जब और जिसको पढ़ने का हुक्म दे दे, शायर पढ़ सकता है। पहलवान फ़ौरन ही हुक्म देने के लिए उतावले दिखाई देने लगे। मैंने पहलवान को अखाड़े के इर्द-गिर्द लगी लचकदार रस्सियों की तरह रोका। उन्होंने मुझसे पूछा कि सदारत किसी को सौंपने में कोई ख़तरा तो नहीं है? मैंने पहलवान को समझाया कि मुशायरे से सदारत का सिलसिला ख़त्म हो जाये तो अदब को फ़ायदा पहुँच सकता है लेकिन आपको किसी क़िस्म का नुकसान नहीं पहुँचेगा। मेरी बात उनकी समझ में शायद आज तक न आयी हो लेकिन वो फ़ौरन ही सदारत अपने उस ख़ास दोस्त को सौंपकर होटल के लिए चल दिये जो फुन्नक ताल में कस्बियों (पेशेवर औरतों) के आगे पीछे घूम रहा था।

इस वाक़िये को गुज़रे हुए सोलह सतरह बरस होने को आ गये हैं, फुन्नक ताल यक़ीनन तरक़्क़ी की राहों पर गामज़न होगा, जो दारोगा वहाँ एक तवायफ़ से लिपटा हुआ मिला था अब यक़ीनन वह तरक़्क़ी पाकर कहीं का कोतवाल या डिप्टी एस. पी. हो चुका होगा। वहाँ मुस्तक़िल जाने वालों में कई लोग वज़ारत के दावेदार हो चुके होंगे। मोहक़मये सेहत फुन्नक ताल के नाम पर करोड़ों रुपये मुल्की और ग़ैर मुल्की इमदाद के तौर पर कुछ ख़ास लोगों में तक़सीम कर चुका होगा। अब वहाँ तवायफ़ों की नयी और ताज़ा खेप आ चुकी होगी। उस वक़्त की बेशतर तवायफ़ें मुख़्तलिफ़ जिंसी (Sexual) और छूत की बीमारियों की बदौलत दुनिया से रुख़सत हो गयी होंगी। बची खुची हुई फुन्नक ताल की तवायफ़ें आईने में अपने बिगड़ते ख़दोख़ाल (नाक नक़्शे) देख देखकर अपने रूठे हुए तमाशबीनों को याद कर रही होंगी और उर्दू मुशायरे की सदारत के नये दावेदार फुन्नक ताल से निकलकर मुशायरा गाह की तरफ़ बढ़ रहे होंगे :

देर तक क़ायम रहे दाता! तेरी ऊँची सराय
सब मुसाफ़िर हैं यहाँ कोई नहीं रह जायेगा

□□